Laurent Gounelle

Der Philosoph, der nicht mehr denken wollte

Unterwegs ins Innere der Seele

Aus dem Französischen von Jochen Winter

GOLDMANN

Die Originalausgabe erschien 2012 unter dem Titel
»Le philosophe qui n'était pas sage« bei Éditions Kero,
en coédition avec les Éditions Plon, Paris.

MIX
Papier aus verantwortungsvollen Quellen
FSC® C014496

Verlagsgruppe Random House FSC® N001967
Das für dieses Buch verwendete FSC®-zertifizierte Papier
München Super liefert Arctic Paper Mochenwangen GmbH.

1. Auflage

Deutsche Erstausgabe April 2014

Lektorat: Nadine Lipp
Umschlaggestaltung : UNO Werbeagentur, München
Umschlagmotiv: FinePic ®, München
NL · Herstellung: cb
Satz: EDV-Fotosatz Huber/Verlagsservice G. Pfeifer, Germering
Druck und Bindung: GGP Media GmbH, Pößneck
Printed in Germany
ISBN: 978-3-442-22050-2

Für meine Mutter

Lebe jeden Tag so, als wäre es der letzte;
weder unruhig noch schläfrig
und ohne etwas vorzutäuschen.

MARC AUREL

1

Die Tür öffnete sich, und am Ende des Flurs zeichnete sich ein schwacher Lichtschein ab. Sandro setzte seinen Weg fort. Er hatte lange nachgedacht, aber all seine Überlegungen mündeten in die gleiche Litanei: *Versuch, wieder ein normales Leben zu leben, komm zur Vernunft, schau nach vorn.* Doch das war unmöglich. Im heftigen Aufruhr der Gefühle findet die Vernunft keinen Platz. Es genügt nicht, mit den Fingern zu schnalzen, um ein neues Kapitel aufzuschlagen.

Er wusste nicht, wohin ihn das alles führen würde, nur dass er diese Reise unternehmen musste. Das hatte er neulich abends beschlossen, nach einem Anfall von Wahnsinn, als er das Wohnzimmerfenster seines Apartments in Manhattan weit aufriss und wutentbrannt die Hälfte seiner Bücher ins Leere schleuderte. Er ertrug einfach nicht mehr, von ihnen verhöhnt zu werden.

Ja, er *musste* dorthin fahren, wenngleich es gewiss völlig verrückt war. Er hatte keinen Plan, keine Ahnung, wie er die Sache in Angriff nehmen sollte. Vielleicht würde er dabei sein Leben lassen, aber es konnte nicht mehr so weitergehen wie bisher. Sonst würde er in der Irrenanstalt oder im Leichenschauhaus enden – vielleicht sogar in beiden.

Das Büro des Rektors der New Yorker Universität lag hinter der dritten Tür rechts. Das seiner Assistentin diente als Vorzimmer. Die junge Frau erhob sich mit verlegenem Lächeln, klopfte behutsam an die Tür ihres Chefs, trat ein und murmelte ein paar Worte. Dann bat sie Sandro ins Büro und schloss hinter ihm leise die Tür.

»Ich hab nicht viel Zeit«, sagte der Rektor lächelnd zu seinem Besucher«, »aber nimm doch bitte kurz Platz. Ich tippe nur noch etwas zu Ende und bin dann für dich da.«

Das weiträumige Büro war in Licht gebadet. Die schweren Metallmöbel schienen sich in den beigen Teppichboden zu bohren, wie Panzer, die vom Treibsand verschluckt wurden.

Sandro blieb stehen, die Miene ernst.

»Ich brauche sechs Monate Urlaub ohne Bezahlung«, sagte er.

Die Finger des Rektors erstarrten über der Tastatur. Sein Lächeln verflog. Er hielt ein paar Sekunden inne, lehnte sich dann im Sessel zurück und atmete tief ein.

»Um was zu tun?«

»Persönliche Angelegenheiten.«

Der Rektor wandte den Blick ab. Sandro sah auf dem Schreibtisch den scheußlichen kleinen Silberrahmen mit dem Foto seines Vorgesetzten und dessen Frau, beide breit lächelnd. Er fühlte einen Schmerz in sich hochsteigen, den er zu unterdrücken versuchte. Es war nicht der Moment, um zusammenzubrechen.

»Sandro, ich weiß, dass du eine … harte Prüfung hinter dir hast. Ich weiß, wie schwer das für dich war, und …«

»Erspare mir dein Mitgefühl, bitte. Sag mir einfach, dass du einverstanden bist.«

»Sandro … Ich war immer auf deiner Seite, um dich zu unterstützen, und glaub mir …«

»Ja oder nein?«

Sein Chef ließ den Blick durch das Büro schweifen.

»Ich hab beide Augen zugedrückt, als du in den vergangenen Monaten immer wieder gefehlt hast … Ich hab dir Rückendeckung gegeben, als du letzten Juni mit einem Tag Verspätung bei den mündlichen Prüfungen aufgekreuzt bist und deinetwegen das ganze Programm abgeändert werden musste … Ich hab dich verteidigt, als du impulsiv und völlig unangemessen auf die harmlose Bemerkung eines Kollegen reagiert hast … Ich war für dich da, als du mitten in der Vorlesung vor dreihundert Studenten in Tränen ausgebrochen bist …«

»Sechs Monate ohne Bezahlung, das ist alles.«

Sein Gegenüber stieß einen tiefen Seufzer aus.

»Sandro, was du erlitten hast, ist gewiss schrecklich. Es ist normal, eine Phase der … Bestürzung und der Trauer durchzumachen, aber irgendwann muss man sich wieder fangen …

»Genau.«

»Um weiterzuleben, musst du aufhören, ständig an die Vergangenheit zu denken. Nur wenn du in die Zukunft schaust, kannst du eines Tages wieder glücklich werden.«

»Ich weiß nicht mehr, was einen glücklich macht. Aber ich könnte eine Enzyklopädie des Unglücks schreiben.«

»Du wirst damit nicht fertig, wenn du die ganze Zeit nachgrübelst … Wer dich nicht kennt, könnte glauben, dass du dich im Leid förmlich suhlst.«

»Sie kennen mich in der Tat nicht.«

»Was weiß ich … Geh mal raus, triff Leute, unternimm irgendwas, beschäftige dich mit Projekten …«

»Richtig, ich hab ein Projekt, und dafür brauche ich sechs Monate.«

Sichtlich verstimmt blickte der Rektor um sich.

»Ich bin hier nicht allein. Es gibt einen Verwaltungsrat, dem ich Rechenschaft ablegen muss …«

Sandro schwieg, ohne eine Regung zu zeigen.

Sein Chef betrachtete ihn lange und setzte dann plötzlich eine sorgenvolle Miene auf.

»Sag mir bloß nicht, dass du … *dorthin* reisen willst …«

Keine Antwort.

»Du bist verrückt, total verrückt.«

»Es muss sein. Das ist der einzige Ausweg.«

»Reiß dich zusammen, verdammt noch mal! Keine Ahnung, lies wieder Platon, Seneca, Arendt … Ich werd dir nicht all die Philosophen herunterbeten, die du besser kennst als ich, aber widme dich der Lektüre …«

»Lass mich in Ruhe damit!«

»Was bringt's dir denn, da runterzufahren? Es ist krankhaft, das alles noch mal zu durchleben, es ist …«

»Meine Seele wird so lange keinen Frieden finden, bis ich nicht das getan habe, was ich tun muss.«

»Du wirst nur eines erreichen, nämlich das gleiche Schicksal erleiden wie deine Frau!«

Die Worte waren gefallen und verschmutzten die Atmosphäre mit einem schweren Hauch von Verlegenheit. Mit feuchten Augen fixierte Sandro seinen Chef, verstärkte absichtlich dessen Unbehagen, bis dieser undeutliche Entschuldigungen stammelte.

»Gib mir diesen Urlaub ohne Bezahlung, und du wirst von der Sache nichts mehr hören.«

Der Rektor atmete tief ein und blieb einen langen Moment still. Der junge Professor hielt die Luft an.

»Ich kann nicht, Sandro. Unmöglich. Tut mir leid.«

Sandro sah ein, dass nichts zu machen war, dass er niemals erhalten würde, was er dringend benötigte. Er kämpfte allein gegen einen übermächtigen Egoismus, gegen Leute, unfähig, die Intensität des Schmerzes zu verstehen, der ihn heimsuchte, peinigte, kurze Zeit verließ, nur um dann noch heftiger zuzuschlagen wie eine grausame Katze, die mit ihrer Beute spielt. Sie konnten höchstens ein paar süßliche Ratschläge erteilen, die er einfach zu befolgen habe.

»Ich fahre trotzdem.«

Er drehte sich auf dem Absatz um.

»Mach das ja nicht! Dir ist klar, was dies bedeuten würde. Es gibt zu viele Professoren, die verzweifelt auf ihre Ernennung warten ...«

»Dann wird einer der Glückliche sein«, erwiderte Sandro und ging zur Tür.

»Du bist verrückt.«

»Das hast du mir schon gesagt.«

»Du weißt nicht, was dich da unten erwartet.«

»Ich weiß, was ich hier durchmache.«

»Sandro, komm zur Vernunft! Du wirst keine halbe Stunde überleben. Du hast die stillen Gänge der Bibliotheken und klimatisierten Seminarräume nie verlassen ...«

»Reisen bildet«, erwiderte der andere und öffnete die Tür.

»Wenn du dich schon auf Sprichwörter verlässt, dann denk mal über dieses nach ... ein brasilianisches.«

Sandro blieb stehen, ohne sich umzudrehen. Der Rektor machte eine Pause, als wollte er ihn umso entschiedener zurückhalten. Dann fuhr er fort, jedes Wort genau betonend.

»Aus dem Regenwald des Amazonas kehrt niemand zurück.«

2

Der Urwald lag vollkommen still. Die Geister schwiegen, lauschten den letzten Atemzügen des alten Schamanen. In der tiefen Kathedrale der Wildnis hatte das Licht zu schwinden begonnen. Hoch oben, in den Wipfeln der zahllosen Bäume, ließ das durchscheinende Blattwerk an wenigen Stellen ein paar schwache Strahlen eindringen, die sich im Reich der Schatten einen Weg zu bahnen versuchten.

Élianta kniete neben ihrem Meister. Ausgestreckt auf einem Teppich aus Flechten und Moos, das so weich war wie die Haut eines Neugeborenen, hatte er seine Hand in die ihre gelegt. Sie verharrte reglos, betrachtete ihn und bewunderte den alten Mann mehr denn je, der sich gelassen auf seine letzte Reise vorbereitete.

Sie atmete die feuchte Luft ein, erfüllt von den aromatischen Düften des Waldes und der Stille des Augenblicks. Sie war nicht traurig; der Tod ist nur ein Übergang, das wusste sie. Und sie hatte gelernt, all das, was der Himmel ihr schenkte, vorbehaltlos zu akzeptieren: die Prüfungen ebenso wie die Freuden. Doch allzu gern wäre sie noch lange bei dem alten

Weisen geblieben, um weiterhin seine so wertvollen Lehren zu empfangen.

Das Licht rings um sie wurde immer milder, immer schwächer …

Noch nicht bereit, die Nachfolge ihres Meisters anzutreten, fragte sie sich, warum die Geister ihn von ihr fortnahmen … Worin bestand die Botschaft?

Sie ließ den Blick über die schläfrigen Pflanzen schweifen.

Alles hatte in ihrer Kindheit begonnen. Damals sah sie Dinge im Traum voraus, was die Aufmerksamkeit der anderen Stammesmitglieder auf sie lenkte. Man betrachtete sie als ein etwas sonderbares Wesen; das schien ihr amüsant und zugleich unangenehm. Als sie in die Pubertät kam, schlug der Schamane ihr vor, ihn auf seiner visionären Suche zu begleiten. Während sie ein kompliziertes Ritual aus Gesängen und Tänzen mit den immer gleichen betörenden Bewegungen bis ins kleinste Detail vollzog, verließ sie ihr Bewusstsein, um in die Tiefen der Seele einzutauchen, wo der Körper nicht mehr zählt, wo man sein Ich übersteigt, um sich mit einer anderen, höheren Dimension zu verbinden, in der die Zeit, unbedeutend geworden, sich ins Unendliche dehnt … Élianta beobachtete sich dabei, wie sie mitten unter den Pflanzen schwebte, deren jede eine besondere, äußerst melodische Musik zum Klingen brachte. Durch diese Musik kommunizierten die Pflanzen mit ihr. Sie stellte ihnen Fragen und erhielt spontan Antworten, was sie keineswegs erstaunte. Später, im Wachzustand, deutete sie ihre Vision als ein Zeichen: Sie würde selbst Schamanin sein.

Der alte Weise nahm sich ihrer Initiation an, erleichtert darüber, endlich eine Nachfolgerin zu haben, die zu gegebener Zeit die Fackel weitertragen würde. Élianta fühlte sich dazu bestimmt, überzeugt, ihren Weg gefunden zu haben, und beglückt durch die Vorstellung, eine nützliche Aufgabe zu erfüllen, mit der sie zum Gleichgewicht ihrer Gemeinschaft beitragen konnte. Das Gleichgewicht … Darin lag, dem Meister zufolge, der Schlüssel. Das Gleichgewicht bewahren, es nötigenfalls wiederherstellen.

Das Murmeln des Alten riss sie aus ihren Gedanken.

»Vergiss nicht, dass du auf deine Heilungen niemals stolz sein darfst, sonst bleibt das Übel, von dem du den Leidenden befreit hast, in dir.«

Élianta stimmte zu, um den Meister zu beruhigen. Doch eine ganz andere Sorge beschäftigte sie. Um auf solche Taten stolz zu sein, musste sie zunächst die Gabe besitzen, derlei zu vollbringen. Ihre Initiation war noch nicht abgeschlossen … Würde sie die Meisterschaft in dieser so schwierigen Kunst allein erlangen können? Ein Schamane ist nicht nur ein Heiler, er muss sich auch um die Lösung zahlreicher Probleme der Gemeinschaft bemühen, die mit der Witterung zu tun haben, der knappen Nahrung oder mit zwischenmenschlichen Konflikten … Zwar konnte sie weiterhin nach und nach aus ihren Erfahrungen lernen, aber wie sollten ihre tastenden Versuche sie nicht in Verruf bringen? Man beurteilte die Schamanen aufgrund ihrer Ergebnisse, nicht nach ihrem Titel. Umso mehr in ihrem Fall, da sie ursprünglich nicht vom Clan ausersehen worden war. Ihre Berufung kam aus einer persönlichen Intuition, einer inneren Offenbarung …

»Erinnere dich auch an deinen Schwur, niemals etwas Schlechtes über jemanden zu sagen, keine Kritik zu üben, keine negativen Bemerkungen zu verbreiten.«

Élianta nickte.

Ihre Gedanken kehrten immer wieder zu der gleichen Frage zurück: Welche Botschaft übermittelten ihr die Geister durch den Verlust des Lehrmeisters? Handelte es sich um eine Prüfung, um ihren Willen auf die Probe zu stellen, ihre Fähigkeit, sich anzustrengen und aus eigener Kraft Lektionen zu sammeln? Oder war dies im Gegenteil ein Zeichen, dass sie den eingeschlagenen Weg nicht mehr fortsetzen sollte, dass dieser Auftrag nicht für sie bestimmt war? Hatte sie sich etwa Illusionen hingegeben? Was sie als Intuition bezeichnete, war vielleicht nur der Ausdruck eines sehnlichen Wunsches … Sie beschloss, ihr Schicksal unter allen Umständen zu akzeptieren; aber was hielt es eigentlich für sie bereit?

In der Ferne war ein Knacken zu hören, gefolgt vom Rauschen der Blätter und einigen Affenschreien. Ein Ast hatte sich vom Baum gelöst.

Der alte Weise betrachtete eindringlich seine Schülerin, die Augen voller Mitgefühl und Wohlwollen. Sie ahnte, dass er ihre Fragen verstanden hatte. Warum sollte sie an sich zweifeln, wenn doch er, der Meister, ihr vertraute? Er konnte sich nicht irren …

Sie entspannte sich, atmete tief ein und lächelte ihm zu. Im Laufe der vielen Jahre hatte sich den Gesichtszügen des Alten die Güte eingeschrieben, und wunderbare Falten zeugten von der Schönheit der Seele. Seine funkelnden Augen strahlten ein intensives Licht aus – das der unendlichen Liebe, zu der nur jene fähig sind, die keine Angst mehr kennen.

Schweigsam drückte sie mit dem Blick ihre tiefe Dankbarkeit für all das aus, was er ihr gegeben hatte. Dann begann sie zu beten, hielt seine Hand, war ganz und gar bei ihm.

Die Dämmerung hüllte die Erde in ihr geheimnisvolles Halbdunkel, verhieß eine heilsame Frische. Die von den riesigen Bäumen herabhängenden Lianen ähnelten jetzt großen pflanzlichen Orgelpfeifen. Die Gewächse schwängerten die Luft weiterhin mit ihren betörenden Düften. Die Augen des alten Mannes belebten sich, glänzten vor Freude, über seine Lippen huschte ein Lächeln.

Mit klatschenden Flügeln erhob sich ein Falke, kreiste einige Augenblicke über ihnen, stieg dann höher, durchquerte das Dach des Waldes und verschwand im Himmel.

3

»Miststück!« Die fleischige Hand von Roberto Krakus schlug auf das linke Handgelenk – zu spät. Seine Haut schwoll bereits zu einem gewaltigen Höcker an, auf dem der zerquetschte Moskito ruhte.

Sandro, zusammengekauert in einer Ecke des Einbaums, wandte den Blick ab und richtete ihn auf das braune, undurchsichtige Flusswasser. Nach bald vier Stunden Fahrt wurde der rasenmäherartige Lärm des kleinen Außenbordmotors ohrenbetäubend. Die Sonne brannte unerbittlich herab. Nur die ständige Brise auf seinem Gesicht ließ ihn die erdrückende Hitze ein wenig vergessen.

Die fünf Männer waren auf zwei Boote verteilt. Krakus war – zweifellos aus Rücksicht auf seinen Klienten – in das von Sandro gestiegen. Einer seiner Kumpanen namens Alfonso hielt das Ruder und kaute dauernd auf einem Kokablatt herum. Die beiden anderen folgten im zweiten Boot, bis zum Rand beladen mit Material: Benzinkanister, Seile, Wasserbehälter und wasserdicht verpackte Vorratstaschen, darunter eine voller Medikamente, hauptsächlich Antibiotika; das sagte genug über die Gefahren des Urwalds aus. Die Männer trugen Militäranzüge unterschiedlicher Herkunft. Zu Beginn der Expedition hatten ihre männlichen Allüren Sandro ein gewisses Gefühl von Sicherheit vermittelt, das ihn vor dieser feindlichen Umgebung zu schützen schien. Nun aber nervten sie ihn zusehends.

Marco, der Steuermann des zweiten Bootes, ein kleiner, tief gebräunter Mann, beschleunigte das Tempo und scherte nach links aus, ein siegessicheres Lächeln auf den Lippen. Alfonso, der nicht überholt werden wollte, brachte seinen Motor auf Hochtouren und ließ ihn laut aufheulen. Die Situation wurde immer unerträglicher.

»Genau«, rief Krakus, »verschwendet nur das Benzin, so werden wir auf der Rückfahrt gegen die Strömung paddeln!«

Die anderen hörten nicht auf, hämisch zu grinsen.

»Gody hat ausgerechnet, dass wir genug Sprit dabeihaben«, erwiderte Alfonso.

Der besagte Gody war der Sonderbarste unter den vieren. Krakus hatte ihn stolz vorgestellt, indem er seinem Namen den Titel »Doktor« beifügte, woraufhin die beiden anderen sofort in schallendes Gelächter ausbrachen. Er war völlig kahl, ausgestattet mit einer quadratischen Bifokalbrille, die den verschwommenen Blick, der nichts und niemanden zu fixieren schien, umrahmte. Selbst inmitten der Gruppe wirkte er wie ein Einzelgänger. Obwohl sein Körper an der Reise teilnahm, waren seine Gedanken in weiter Ferne. Dann und wann gingen aus seinen Überlegungen ein paar Worte hervor, die er mit hoher Stimme artikulierte, unzusammenhängende Bruchstücke unvollständiger Sätze, als hätte sich sein Gehirn einiger überzähliger Ideensplitter entledigt.

»Ist das sein wahrer Name, Gody?«, fragte Sandro ebenso taktvoll wie ungläubig.

Der Anführer der Expedition lächelte.

»Wir nennen ihn so, weil er sich für Gott hält.«

Die Boote kamen gut voran, wurden nur manchmal abgebremst durch das treibende Skelett eines toten Baumes, den es zu umfahren galt. Sobald sie sich Kaimanen näherten, verschwanden diese misstrauisch im schlammigen Wasser.

»Mittagspause!«, schrie Krakus, offensichtlich bemüht, über seine Männer wieder Macht zu gewinnen.

Das Heulen der Motoren endete in kurzen Ächzern, während die Steuerleute die Einbäume nebeneinander ans Ufer manövrierten, das von wild wuchernder Vegetation bedeckt war. Die Brise verschwand, und die feuchte, stickige Hitze ergriff von Sandro Besitz. Ein Schwarm Moskitos tauchte auf, als hätte man sich mit ihnen verabredet. Sandro stellte den Kragen seiner Safarijacke hoch. Nach dem Aufwachen hatte er sich reichlich mit Insektenschutzmittel eingerieben, um dann in lange, sorgfältig ausgewählte Kleidungsstücke zu schlüpfen, die seinen Körper optimal vor äußeren Angriffen abschirmen sollten. Jeder Zentimeter der unbedeckten Haut war Insekten, Spinnen und Parasiten jeder Art ausgeliefert.

Krakus schraubte einen der Wasserbehälter auf und verteilte die Sandwichs. Marco, aufrecht stehend im hinteren Teil des Bootes, öffnete seinen Hosenschlitz und begann zu pinkeln, wobei er auf den Kopf eines Kaimans zielte, der schläfrig in der Strömung trieb. Alfonso gluckste. Blitzartig schleuderte das Reptil mit ungeahnter Kraft und Schnelligkeit die Hälfte seines Körpers aus dem Wasser. Es schloss sein Maul direkt vor dem Geschlechtsteil des Brasilianers, der gerade noch zurückweichen und sich im heftig schwankenden Einbaum zusammenkauern konnte. Seine Kumpane lachten schallend los. Sandro blickte in eine andere Richtung, verzehrte ohne Appetit dieses Sandwich, das noch schlechter als jene im Drugstore auf der 13th Avenue war. Die 13th Avenue … New York … Wie fern ihm die Metropole nun schien …

»Aaaaaaah!«

Sandro drehte sich um.

»Haaatschiii!!!«

Alfonso, stolz darauf, in der ganzen Gegend gehört worden zu sein, wischte sich die Nase am Ärmel ab.

»Erkältet in den Tropen!«, sagte Marco. »Meine Fresse, das ist echt der Gipfel!«

»Kannst du ihm nicht helfen?«, fragte Krakus an Gody gewandt, der allein im zweiten Boot geblieben war.

Der Medikus verharrte einen Augenblick unbewegt und antwortete dann, ohne die Augen zu heben, mit monotoner Stimme:

»Eine nicht behandelte Erkältung dauert eine Woche, eine behandelte Erkältung sieben Tage.«

Sandro nahm seinen Hut ab, wischte den Schweiß von der Stirn und fächelte sich Luft zu. Er hatte den Eindruck, der einzige Leidende zu sein … Die anderen trieben entspannt Scherze miteinander, die genauso schwer zu ertragen waren wie die ganze Atmosphäre. Er musste durchhalten und an etwas anderes denken. Aber wie sollte er einfach gar nichts mehr empfinden?

Vor ihm huschte ein kleiner tiefschwarzer Affe über das Ufer, offenbar neugierig geworden auf diese ungewohnten Besucher.

»Alles okay?«, fragte Krakus.

Sandro zwang sich zu nicken, ohne den Blick vom Tier abzuwenden.

»Sie scheinen fasziniert«, fuhr der andere fort.

Sandro spürte eine Welle der Gefühle in sich hochsteigen. *Sie scheinen fasziniert.* Die ersten Worte derjenigen, die später seine Frau wurde … Paris, drei Jahre zuvor … Das Musée Rodin … Ein Morgen kurz nach Öffnung der Pforten, niemand in den Räumen … Räume, durchflutet von weißem Licht, das durch die hohen Fenster des herrschaftlichen Stadthauses fiel … Kein Mensch weit und breit … Nur Auguste Rodin, der Künstler und sein Werk … Überall seine weißen Skulpturen, nackt. Marmorkörper, Frauenkörper, ineinander verschlungene Körper. Schultern, wahrer als in der Natur, ausdrucksvolle Hände, verführerische Brüste, leicht angespannte Muskeln im

Stein … Die Hautfalten von einem ergreifenden Realismus … Eine sublime, unerhörte Schönheit. Meisterwerke in verschwenderischer Fülle in allen Richtungen, in jedem Raum. Ein unermessliches Genie, leidenschaftlich zum Ausdruck gebracht … Und dort, hinter einer Säule … Ein reines Gefühl … Angehaltener Atem … Die absolute Schönheit … Diese Skulptur, da vorn … Dieser weibliche Körper, hemmungslos und geheimnisvoll, lebensecht, zugleich aber transzendent … Eine durchscheinende Weiße, die Schenkel so glatt, so zart, göttlich geöffnet …

»*Sie scheinen fasziniert.*«

Eine weibliche Stimme mit fröhlichem Unterton.

Sandro drehte den Kopf in ihre Richtung und entdeckte eine junge Frau, leibhaftig, bekleidet, die ihm in die Augen schaute. In diesen Augen sah er eine Seele aufleuchten, schöner als die feinste Schulter, die grazilste Hand, der zarteste Schenkel …

»Dem dürfen Sie nicht zu nah kommen, sonst pisst er auf Sie«, sagte Krakus mit seiner tiefen Stimme. »Ist ein Kwata, ein Klammeraffe. Übrigens, können wir uns duzen?«

Sandro antwortete nicht. Er schloss die Augen und kehrte in seine Innenwelt zurück, eine sanfte und subtile Welt, wo die Gefühle sich ausbreiteten wie Harfenklänge oder Farbnuancen eines Gemäldes. Er tauchte erneut ein in diese wunderbare Vergangenheit, die nun für immer entschwunden war, und ließ sich in eine süße Melancholie gleiten …

»Wir brechen das Lager ab!«, rief Krakus plötzlich in den Raum.

Die Boote schwankten heftig, als die Männer das Material verstauten und ihre Plätze wieder einnahmen. Sandro warf sein Sandwich über Bord. Drei Sekunden später erschienen aus dem Nirgendwo Fische in dunklem Aufruhr und stürzten sich darauf, wobei ihre schwulstigen Lippen lautstark an Luft, Wasser und Brot saugten. Nach wenigen Augenblicken war von der Nahrung nichts mehr zu sehen. Das schlammige Wasser kam zur Ruhe; nur ein paar Kräuselungen entfernten sich in Kreisen.

Die Motoren heulten auf, und die Einbäume fuhren erneut über den Fluss. Ein starker Wind wehte den Gesichtern entgegen; Sandro atmete tief durch.

Am Abend wurden die Boote am Ufer festgemacht und miteinander verzurrt. Die Männer stiegen aus, ohne sich weiter als ein paar Meter zu entfernen, nachdem Marco die Umgebung genau inspiziert hatte. Sie aßen ein wenig an Bord und ließen sich dann, als die Nacht eine überraschende Kühle herbeitrug, in ihre Schlafsäcke gleiten.

Endlich trat eine erholsame Ruhe ein. Sandro atmete erneut tief durch und entspannte sich. Die Luft war erfüllt von den Düften des nahen Urwalds.

Er blieb einen langen Moment wach, den Rücken gegen den Boden des Einbaums gedrückt, gewiegt von der leichten Wellenbewegung, die Augen geöffnet auf die Milliarden Sterne, mit denen der Himmel Amazoniens übersät ist.

Seit ihrem Aufbruch im Morgengrauen waren sie nur einem Boot begegnet. Das musste wohl gegen neun Uhr gewesen sein. Von da an nichts mehr. Ein ganzer Tag auf dem Wasser, ohne auf irgendeinen Menschen zu treffen. Nach und nach hatte der Fluss Sandro immer tiefer ins Innere des Urwalds gezogen. Weit entfernt von seinem Land, von Dörfern, von der Zivilisation … Er hatte den Eindruck, inmitten des Nirgendwo verloren zu sein, in einem vergessenen Gebiet der Erde, auf keiner Karte verzeichnet, einem schwarzen, von Pflanzen umsäumten Loch, das die Leichtsinnigen verschlang, nachdem sie den Frevel begangen hatten, sich dorthin zu wagen.

Er dachte an Tiffany. Wie hatte sie den Mut aufgebracht, bis zu einem solchen Ort vorzudringen? Und wie hatte das Magazin, für das sie arbeitete, es zulassen können, dass eine seiner Journalistinnen ein derartiges Risiko auf sich nahm?

* * *

Die Fahrt dauerte drei Tage. Drei lange Tage, die in jeder Stunde, jeder Minute Sandro das Gefühl vermittelten, in einem Dschungel zu versinken, größer als ein Ozean.

Am Morgen des vierten Tages informierte Krakus seinen Auftraggeber, dass sie gleich anlegen und die Expedition zu Fuß fortsetzen würden, durch den Urwald. Sandro zwang sich, die leichte Angst, die in ihm aufstieg, nicht weiter zu beachten.

Nach einer guten Viertelstunde in verlangsamtem Tempo, während der die Besatzung aufmerksam das Ufer nach der idealen Anlegestelle absuchte, glitten die Einbäume auf eine schmale, von Bambus eingefasste Sandbank. Die Männer stiegen aus, leerten die Boote, zogen sie an Land, versteckten sie unter Blattwerk und befestigten sie an einer dicken Wurzel. Alfonso verstaute sämtliche Benzinkanister in den Rucksäcken.

»Man wird uns nicht die Boote klauen«, erklärte Krakus, »aber Sprit ist ’n knappes Gut.«

Marco schwenkte eine Machete mit glänzender Klinge, die so lang war wie sein Bein, und fing an, die Vegetation abzuschlagen, um ihnen einen Weg zu bahnen. Krakus kritzelte ein Zeichen auf seine Karte.

Schwer beladen folgte der Trupp Marco in seiner bedächtigen Vorwärtsbewegung. Die heiße und feuchte Luft war gesättigt vom intensiven Aroma gekappter Bambusstöcke.

Sandro graute davor, sich mit dem Kopf in einem Spinnennetz zu verfangen. Er hatte gelesen, dass es davon riesige Exemplare gab, in Kopfhöhe zwischen Gewächsen gespannt. Also achtete er darauf, direkt hinter Krakus zu gehen, der ihn überragte.

»Ich rate Ihnen ab, in dieser Position zu bleiben.«

»Warum?«

»Wenn mehrere hintereinander marschier’n, wird immer der Dritte von ’ner Schlange gebissen …«

Sandro schluckte. Er ließ Alfonso passieren, der ein Gewehr umgeschnallt hatte, und nahm die vierte Stelle ein. Gody schloss die Reihe ab.

Im dichten Bambuswald, Gefängnis aus grünen Gitterstäben, kamen sie nur sehr langsam voran. Sandro ließ den Blick über den Boden schweifen, stets auf der Hut vor Reptilien. Er hatte gut daran getan, diese Militärstiefel aus dickem Leder zu kaufen … das Modell mit dem höchsten Schaft. Wäre da nicht diese Hitze, hätte er gern kniehohe Stiefel oder gar einen Taucheranzug gewählt.

Vor ihm griff Alfonso regelmäßig in seine Tasche, um Kokablätter hervorzuholen, die er unaufhörlich kaute, fast den ganzen Tag lang.

Irgendwann tauchten die Bäume auf, hünenhafte Wächter, unbewegt und würdevoll. Ihr dichtes Blattwerk verdeckte den Himmel, verdunkelte die Atmosphäre. Unter ihrem unheimlichen Gewölbe wich der Bambus einer überaus üppigen, wild wuchernden Vegetation. Ein Gewirr von Pflanzen jeder Art, unbekannte Spezies mit Blättern, größer als die einer Bananenstaude, andere schmal und lang wie riesige Schwertlilien. Pflanzen, die nach oben kletterten, Pflanzen, die herabfielen oder sich zu verrenken schienen, um noch den kleinsten freien Platz in Besitz zu nehmen.

Sandro hatte das Gefühl, in einer Anstalt wahnsinniger Pflanzen gefangen zu sein, wo das Grün in all seinen Schattierungen unerbittlich herrschte – vom durchscheinenden Blassgrün über die ganze Palette greller, ausgefallener Grüntöne bis zu Tiefgrün, dunkel wie der Tod.

Sein Blick reichte nicht weiter als zehn Meter, von allen Seiten eingeschlossen durch diese Pflanzen, die ihn zu umklammern schienen wie ein riesiger Krake mit tausend Tentakeln.

Er wischte die feuchte Stirn am Ärmel ab und zwang sich, tief durchzuatmen. *Ja nicht in Klaustrophobie geraten. Ruhig bleiben*, dachte er.

Eine seltsame bleierne Stille hüllte sie ein. Eine Stille, die regelmäßig zerrissen wurde vom schneidenden Geräusch der Machete. Die Menge der Pflanzen hielt den Atem an, während das Fallbeil der Guillotine auf die Verurteilten herabschoss.

»Stellen Sie Ihren Kragen hoch, und bedecken Sie den Kopf«, sagte Krakus zu Sandro.

»Warum?«

»Wenn Sie unter den Ästen durchgeh'n, haben Sie doch wohl keine Lust, dass Ihnen 'ne Termitenkolonie in den Nacken fällt.«

Sandro schauderte und kam der Aufforderung nach.

Ringsum verbarg der Urwald die Wesen, die ihn bewohnten. Selbst wenn man die Blätter, Äste, Lianen und Gräser mit den Augen absuchte, sah man keines der unzähligen Tiere und Insekten, die in seinem Dämmerlicht lebten. Dennoch waren sie auf unsichtbare Weise anwesend. Sandro spürte ihre Gegenwart.

Der Marsch durch den Dschungel erwies sich als äußerst anstrengend. Das schleppende Tempo in stickiger Hitze erhöhte das Gewicht der Rucksäcke, sodass man eher einzusinken als voranzuschreiten glaubte. Die heimliche, von den

Tieren ausgehende Gefahr rief eine ständige Anspannung hervor, eine Unruhe, die jedes innere Loslassen verhinderte.

Die Mittagspause war kurz, ein kleiner Imbiss, der im Stehen verzehrt wurde; dann machten sich die Männer erneut auf den Weg, wobei ihnen die Rucksäcke noch schwerer vorkamen als vorher.

Für Sandro war es, als dringe er vor in einen Raum, der sich widersetzte, um unberührt zu bleiben, sich dann hinter ihnen wieder schloss, um jene zu verschlingen, die sein Gesetz übertreten hatten. Bisweilen fiel ihm das von seinem Rektor zitierte brasilianische Sprichwort ein, das ihm keine Ruhe ließ und seine Beklemmung noch verstärkte: »Aus dem Regenwald des Amazonas kehrt niemand zurück.«

Schließlich verkündete Krakus, dass man jetzt haltmachen und das Lager aufschlagen werde. Sandro war erleichtert und zugleich überrascht. Die Sonne stand weiterhin hoch am Himmel. Es war nicht einmal fünfzehn Uhr. Krakus, der pro Tag bezahlt wurde, vertrat seine Interessen ausgesprochen gut. In diesem Rhythmus würde er für mehrere Monate Arbeit haben …

Der Anführer der Expedition ortete eine Art Felsplatte unter großen Bäumen, wo das Lager aufgeschlagen werden konnte. Dort setzten sie ihre Rucksäcke ab. Sandro blieb mit Gody zurück, während sich die anderen in entgegengesetzten Richtungen zerstreuten.

Er wollte seine Sachen auspacken, aber Gody gab ihm mit einer Handbewegung zu verstehen, sich noch zu gedulden.

Sie warteten lange, der eine ebenso wenig zum Reden aufgelegt wie der andere.

Unter den Bäumen bildete das Halbdunkel einen scharfen Kontrast zu der sengenden Sonne, die sie in den Tagen zuvor auf dem Fluss hatten ertragen müssen. Doch die Hitze war hier nicht weniger drückend. Manchmal hörte man das Knacken von Zweigen aus den drei Richtungen, in denen die Männer verschwunden waren. Es verging eine gute Viertelstunde.

»Ameisenhaufen!«, schrie plötzlich Marcos Stimme, deutlich gedämpft durch die Vegetation.

Nachdem alle sich versammelt hatten, wurden die Rucksäcke erneut auf schmerzende Rücken geladen, und die Gruppe setzte sich langsam in Bewegung, um eine passende Stelle für die Nacht zu suchen. Sandro schlug sorgfältig wieder den Kragen seiner Jacke hoch. Krakus, einen Kompass in der Hand, gab Anweisungen.

Eine halbe Stunde später deutete er auf einen Platz, der ihm geeignet erschien – aufgrund von Kriterien, die offenbar nur er kannte. Das Gepäck wurde abgesetzt, und abermals entfernten sich drei Männer voneinander. Die nächste Wartezeit begann …

»Toter Baum!«, brüllte Alfonso.

Sandro schauderte bei dem Gedanken, dass ein solches Ungetüm während ihres Schlafs hätte auf sie stürzen können.

Der Trupp versammelte sich und brach ein weiteres Mal auf.

Der junge Dozent hatte sich den Urwald ganz anders vorgestellt. In seinen Träumen waren die Bäume zwar riesig, aber die Bereiche darunter weniger überwuchert. Er hatte gedacht, sie müheloser durchqueren zu können, wie die westlichen Wälder, bei denen man leicht vergisst, dass sie instand gehalten, von Gestrüpp und anderen Hindernissen befreit werden. Nie wäre ihm in den Sinn gekommen, dass er gegen die Pflanzen ankämpfen musste, um sich einen Weg zu bahnen. Er hatte geglaubt, dort ein betörendes Licht vorzufinden; doch das Halbdunkel, ähnlich dem in einem Verlies, verstärkte auf schreckliche Weise das Gefühl des Eingeschlossenseins.

Endlich entdeckte Krakus einen neuen Lagerplatz. Die Männer inspizierten auch diesmal die Gegend. Das Warten setzte sich fort. Auf seinem Rucksack sitzend, den Blick in die Vegetation getaucht, hatte Sandro das seltsame Gefühl, von einem unsichtbaren Feind beobachtet zu werden. Die zahllosen Blätter waren zugleich Schutzwände, die eine andere Wirklichkeit als diese scheinbare Stille verbergen mochten. Er schloss die Augen und versuchte, sich zu entspannen. *Kühlen Kopf bewahren*, sagte er sich. *Ja nicht irgendwelchen Einbildungen nachgeben.*

»Wespennest!«

Erneut mussten alle zusammenkommen, um sich dann in Marsch zu setzen. Sandro zwang sich, seinen widerlichen Rucksack hochzuheben und aufzusetzen, ein Sträfling, der Steine schleppte.

Der vierte Versuch schließlich war erfolgreich, und die Männer machten sich daran, im Umkreis des Camps das Unterholz zu roden.

»Um den Angriffen von Insekten oder Schlangen vorzubeugen«, erklärte Krakus seinem Auftraggeber.

Sie befestigten nämlich die Hängematten zwischen Baumstämmen und gut einen Meter darüber ein waagerecht gespanntes Seil, das mit einer großen Plane bedeckt wurde, um den Schlafplatz ringsum abzuschirmen. Dann zogen sie an den vier Enden mit langen Schnüren und verknoteten diese um Metallpflöcke im Boden.

»So fallen weniger Biester auf uns drauf. Außerdem sind wir dadurch vor Regen geschützt.«

Gody schritt mit einer Dose Rasierschaum in der Hand um das Lager. Auf jedes Seil, das die Hängematten mit den Bäumen verband, sprühte er ein wenig, um die Knoten in weißen Schaum zu tauchen.

»Das hat Gody rausgefunden«, sagte Krakus stolz zu Sandro, »damit die Ameisen sich nicht über uns hermachen, wenn wir schlafen. Diese Miststücke können einen auffressen, bevor man überhaupt 'nen Fuß auf 'n Boden kriegt.«

Marco und Alfonso brachten Äste und Zweige herbei und schichteten sie aufeinander.

Einige Minuten später brach ohne Vorankündigung die Nacht herein, und die Temperatur fiel merklich. Das Halbdunkel war einer kühlen und tiefen Finsternis gewichen. Die riesigen, unsichtbar gewordenen Pflanzen blieben auf intensive Weise gegenwärtig und lebendig. Sandro glaubte zu spüren, wie sie weiterwuchsen und in der Schwärze ihre maßlose Eroberung des Gebiets fortsetzten. Der Urwald verwandelte sich endgültig in einen unheimlichen, furchterregenden Ort.

Man entzündete das Feuer. Geruch von feuchtem Holz, das in der Nacht aufflammte. Rauch, begleitet von Knistern und Prasseln. Die Erschöpfung ergriff von Sandro Besitz. Er zwang sich, eine der Überlebensrationen zu verzehren, ein teigiges Zeug mit undefinierbarem Geschmack, aber derart konzentriert, dass die Bissen im Rachen stecken blieben. Es bedurfte großer Schlucke Wasser, um ihn davon zu befreien und nicht zu ersticken.

»Morgen werden wir versuchen, ein richtiges Essen zu machen. Heut Abend ist's schon zu spät«, sagte Krakus, als wollte er sich entschuldigen.

Marco und Alfonso fingen an, schmutzige Witze zu erzählen, die ihr Chef bald auch zum Besten gab. Gody saß einige Schritte entfernt und schaute vor sich hin. Sandro wiederum suchte Zuflucht in seiner Innenwelt. Er dachte an New York, an die Rückkehr auf der Fähre von Staten Island ins nächtliche Manhattan, nach einem am Strand verbrachten Tag. All die funkelnden Lichter, die so beruhigend wirkten. Straßen und Avenues wohlgeordnet, wie mit dem Lineal gezogen. Die Abendessen bei Wallsé, wo der Lachsstrudel besser schmeckte als irgendwo in Österreich. Ein kleines Glas North Fork-Wein, genossen im Back Forty, die Ellbogen auf die Bar aus gealtertem Holz gestützt … Dann die Brunchs am Sonntagmorgen bei Moody's mit frisch gepresstem Orangensaft, der Duft der Muffins, die heiß aus dem Backofen kamen, die Pancakes mit Ahornsirup, serviert mit einer dampfenden Tasse Darjeeling, während der Pianist mechanisch eine Melodie von Erroll Garner herunterspielte und dabei an etwas anderes dachte. Wie fern schien ihm jetzt New York … Und der Gedankenaustausch mit seinen Kollegen an der Philosophischen Fakultät, so stimulierend in intellektueller Hinsicht, so aufregend auf der spirituellen Ebene …

Unwiderstehlich führten ihn seine Gedanken zu Tiffany. Die leidenschaftlichen Gespräche mit ihr, die gemeinsam verbrachten Augenblicke der Liebe, der Zärtlichkeit. Tiffany …

Seine Melancholie ging über in Traurigkeit, und Sandro spürte, wie ihm Tränen in die Augen traten. Er unterdrückte sie, zugleich aber stieg ein anderes, stärkeres, bedrängenderes Gefühl in ihm auf. Ein inzwischen vertrautes Gefühl, das ihn seit einem Jahr regelmäßig heimsuchte und die Kontrolle über sein Leben gewonnen hatte – nämlich Wut vermischt mit Hass und Rachedurst. Ein übermächtiger, anspruchsvoller Drang, der sein Innerstes erschütterte, ihm zu handeln befahl und dabei ungeahnte Kräfte verlieh.

Diese Reise ist eine Tortur, sagte er sich, aber er würde nicht auf halbem Weg stehen bleiben, auch wenn er am Ende mit offenem Mund in einer Schlangengrube krepieren müsste. Niemals würde er aufgeben. Nie und nimmer.

»Ein bisschen Tabasco?«, fragte Krakus. »Sandro? Sandro?«

Sandro schüttelte den Kopf.

Der andere stand auf und setzte sich vor ihn.

Nein, das ist nicht der Moment. Weder lustige Geschichten noch Kneipengespräche. Auf gar keinen Fall. Man soll mich in Ruhe lassen, dachte Sandro.

»Also, raus mit der Sprache«, sagte Krakus mit einem breiten Lächeln. »Warum wollen Sie zu diesem Stamm? Ich hab keinen blassen Schimmer, was Sie vorhaben.«

Sandro gab keine Antwort. Er kaute weiter auf dem scheußlichen Zeug in seinem Mund herum. Marco und Alfonso feixten noch immer in ihrer Ecke.

Krakus unternahm einen neuen Vorstoß.

»Lassen Sie mich mal raten … Sie sind Journalist und wollen 'ne Reportage machen über das glücklichste Volk auf Erden.«

Sandro blieb schweigsam.

»Sie sind Forscher und untersuchen, warum diese Leute da nie Krebs bekommen.«

Sandro sagte nichts. *Verflixt, der ist vielleicht aufdringlich …*

»Oder warum die keine Malaria kriegen, obwohl der Urwald davon verseucht ist.«

»Nein.«

»Sie arbeiten für ein Pharmaunternehmen und wollen was über Heilpflanzen rausfinden.«

»Nein.«

»Über Impfstoffe?«

Sandro seufzte. Vor seinen Augen explodierte die Glut, und ein Funkenregen sprühte auf.

»Nein.«

»Wozu also? Warum wollen Sie diese Leute treffen?«

Völlig unerwartet, infolge seiner Verzweiflung und vielleicht auch aufgrund eines unbewussten Willens zu provozieren, erwiderte Sandro mit eiskalter Stimme:

»Um sie alle zu vernichten.«

Sein Gegenüber erstarrte und hörte endlich auf zu reden. Marco verstummte ebenfalls, und Alfonso öffnete ein wenig den Mund, worauf das Kokablatt herausfiel. Sie wandten sich ihm zu. Gody schaute in seine Richtung und runzelte die Stirn. Die Flammen warfen ihren verzerrenden Schein auf die Gesichter. Ein ebenso verlegenes wie bedrückendes Schweigen trat ein. Krakus tauschte Blicke mit seinen Kumpanen. Er wirkte verstört.

Sandro wurde sich plötzlich der Ungeheuerlichkeit seiner Aussage bewusst – und wie sehr er die anderen damit erschreckt hatte. Warum war er gerade jetzt auf diesen Punkt zu sprechen gekommen? Was für eine Dummheit, er hätte vorläufig besser geschwiegen. Doch die Worte waren ihm herausgerutscht, Ausdruck seiner Gereiztheit.

Auf einmal schämte er sich zutiefst – seiner Bemerkung, seiner selbst. Diese Männer waren zwar rüpelhaft, ungeschliffen, vulgär, aber nichtsdestotrotz im Grunde Beschützer. Man sagt nicht solche Dinge zu Leuten, deren Beruf es ist, anderen zu helfen … Nun würden sie die Expedition abbrechen und umkehren. Er brauchte nur ein paar Worte zu äußern, um alles zu verderben, alles zunichtezumachen …

Krakus musterte ihn besorgt. Er sprach langsam, jedes Wort genau abwägend.

»Sie sind … äh … aus der Familie … der jungen Frau … die letztes Jahr im Dschungel umgekommen ist?«

Sandro nickte. Sämtliche Blicke ruhten forschend auf ihm. Er spürte, wie die Anspannung ringsum stieg, in einer Atmosphäre, die wenige Minuten vorher noch unbeschwert gewesen war. Aus der nächtlichen Ferne drang ein Knacken.

»Sie müssen wissen …«, fuhr Krakus fort, sichtlich beklommen, »dass wir es war'n, die losgefahr'n sind … um vor Ort ihren Leichnam zu bergen …«

Die Männer ließen Sandro nicht aus den Augen, warteten ungeduldig auf seine Reaktion.

»Das weiß ich«, sagte er. »Deshalb habe ich Sie ausgewählt.«

Wieder herrschte Stille, bleischwer. Krakus starrte ihn seltsam an, seine Gesichtszüge eine Mischung aus Unverständnis und Verblüffung. Einen langen Augenblick blieb er sprachlos, um dann erneut den Blickkontakt mit seinen Gefährten zu suchen, als wollte er ihre Gedanken entschlüsseln. Schließlich stand er auf und tat so, als würde er sich um das Feuer kümmern. Tatsächlich aber verrückte er die Glut- und Holzstücke ohne erkennbare Logik, wobei seine Gesten vielleicht zu mühsam errungenen Überlegungen führten.

Sandro erwartete die Ankündigung über den Abbruch der Expedition wie ein Verdächtiger die Bestätigung der bereits feststehenden Strafe erwartet. Krakus nahm sich Zeit, stocherte weiter in der Glut.

»Auf diese Weise woll'n Sie sich also rächen«, sagte er, den Blick unverwandt auf das Feuer gerichtet. »Ich versteh. Das versteh ich sehr gut …«

Sandro hielt den Atem an.

»Wissen Sie, wir haben nicht immer Missionen im Dschungel durchgeführt, um Personen zu begleiten oder zu suchen. Für uns ist das sogar …'ne Art vorzeitiger Ruhestand.«

Marco und Alfonso lauschten aufmerksam ihrem Chef.

»Früher war'n wir alle beim Militär … aber nicht in 'ner normalen Armee, nein. Dazu sind wir zu unabhängig«, sagte er mit gezwungenem Lächeln. »Wir war'n eher Söldner …«

Nach jedem Satzteil schaute er zu Sandro, als wollte er dessen Reaktion einschätzen.

»Als junge Männer hab'n wir in Befreiungstruppen in Nicaragua, El Salvador gekämpft … Wir hab'n in Konflikte in Lateinamerika eingegriffen. Kämpfen, das ist unser Beruf. Vor Blut haben wir keine Angst. Heute machen wir das nicht mehr, aber dieses Kapitel ist für uns nicht unbedingt abgeschlossen …«

Er hielt kurz inne, beobachtete seinen Gesprächspartner. Sandro wartete ab.

»Wenn meine Freunde einverstanden sind«, fuhr Krakus mit zögerlicher Stimme fort und warf ihnen einen Seitenblick zu, »könnten wir den Dienst wieder aufnehmen, um … Ihnen auszuhelfen … anstatt Sie bloß an Ort und Stelle zu begleiten. Das heißt, falls Sie in der Lage sind, uns dafür zu entlohnen, versteht sich.«

Sandro erwiderte nichts. Verblüfft ließ er den Blick über die kleine Gruppe schweifen, die ihn anstarrte. Da sie nun aufgehört hatten zu grinsen, konnte er ihre ernsten Gesichter mit harten Zügen sehen, die stämmigen Körper in den Militäranzügen.

Ohne Weiteres konnte er sie sich im Hinterhalt auf einem Schlachtfeld vorstellen, schwere Kriegswaffen zwischen den Händen, auf einen Feind schießend, ohne mit der Wimper zu zucken.

Krakus musste das Schweigen des anderen als Zustimmung auffassen. Seine Stimme wurde sicherer und zugleich entspannter.

»Haben Sie schon 'ne genaue Idee, wie Sie's denen tüchtig heimzahlen wollen?«

Sandro blieb stumm. Die Wendung der Ereignisse war ihm unbegreiflich. Er hätte nicht gedacht, dass diese Männer, die ihn vor Ort führen sollten, ihm helfen konnten, seine Rache zu vollstrecken. Natürlich erleichterte das die Sache … Doch war es wirklich das, was er wollte? Es handelte sich um eine persönliche Angelegenheit, *sein* Leben war zerstört worden … Im Innersten fühlte er, dass es an ihm war zu handeln, die Sache in die Hand zu nehmen, sich einzubringen. Er selbst musste den Preis für das zahlen, was er diesen Wilden zufügen wollte, er wollte sie …

Erneut stieg in ihm jener schreckliche Hass auf, der ihn seit einem Jahr peinigte, diese unterdrückte Wut, die ihn verrückt machte.

»Die sind nicht viele«, fuhr Krakus fort. »Wir sind gut bewaffnet. Man kann verschied'ne Methoden anwenden … Wie denkt ihr darüber, Jungs?«

Die Kumpane wechselten einverständige Blicke, erwiderten aber nichts.

»Na?«, hakte Krakus nach. »Was meint ihr?«

Schließlich erhob Marco die Stimme und entwickelte tastend seine Vorstellung vom Massaker. Danach äußerte sich auch Alfonso, ehe Krakus wieder das Wort ergriff und seinen Gefährten neue Ideen eingab. Der zunächst mühsame Austausch wurde intensiver. Sehr schnell überboten sie sich gegenseitig mit Gräueltaten, wobei ein jeder die zuvor unterbreiteten Vorschläge aufnahm, um immer abscheulichere Pläne auszuhecken. Die ehemaligen Söldner kannten kein Halten mehr. Sie stachelten sich auf, wetteiferten um den blutrünstigsten Einfall. Krakus amüsierte sich köstlich. Gody hingegen blieb an seinem Platz. Mit unbeteiligter Miene säuberte er einen seiner Stiefel, so als würden die anderen über das vorhersehbare Ergebnis eines Fußballspiels diskutieren.

Die Szene hatte etwas Episches, ja Surreales. Während Sandro zuhörte, wie sie ihre makabren Geschichten zum Besten gaben, wurde ihm klar, dass er den Ablauf des Geschehens nicht genau durchdacht hatte. Sein Projekt der Rache glich einem unscharfen Foto. Es beschränkte sich auf eine bloße Vorstellung vom Schmerz, den er durch Vergeltungsmaßnahmen zufügen wollte und nach dem sein eigener Schmerz verlangte. Eine Abstraktion, die auf einer Emotion gründete.

Obwohl die vorgeschlagenen Misshandlungen allesamt schrecklich waren, schienen sie ihm doch nicht dem Leiden zu entsprechen, das er hervorzurufen gehofft hatte. Ein echtes Leiden, der gleichen Art wie das seine. Nicht nur ein körperlicher Schmerz, nicht nur ein befreiender Tod …

Krakus, sichtlich zufrieden über den Einfallsreichtum seiner Handlanger, wandte sich schließlich Sandro zu.

»Also, was halten Sie von der ganzen Sache?«

Schlagartig verstummten alle und richteten den Blick auf Sandro. Die Stille empfand er als ebenso betäubend wie die Aufregung zuvor. Der übermächtige Urwald steigerte diese düstere Atmosphäre noch. Aus dem Halbdunkel waren erneut alle Augen auf ihn geheftet. Sandro blieb einen langen Moment schweigsam. Der Rauch verbreitete den herben Geruch der Holzkohle. Die Flammen schienen sich zu winden vor Schmerz und verzerrten die Gestalten ringsum. Sein schweißnasses Gesicht brannte. Die brutalen Ausdrücke der Milizionäre schwebten noch in der Luft, kreisten in seinem Kopf, hallten wider in den geheimsten Winkeln seiner Seele.

Man wartete auf seine Antwort … Er musste etwas sagen, das Schweigen brechen.

»Ihre Ideen«, erwiderte er mit einer Stimme, die einen seltsam tiefen Klang hatte, als käme sie von woanders. »Ihre Operationen würden diesen Leuten ein zu leichtes … zu schnelles Ende bereiten.«

Marco und Alfonso rissen die Augen weit auf. Sie hatten ihren Meister gefunden.

»Ich will sie unglücklich machen in jeder Stunde, jeder Minute, jeder Sekunde ihres Lebens, bis ans Ende ihrer Tage.«

4

»Singt weiter! Wir sind bald da!«

Krakus verstaute die Landkarte sorgfältig in der Tasche seines Militäranzugs, während seine Leute wieder die üblichen Gassenhauer anstimmten.

Juegas a la dama
Dices que no eres una cualquiera
Pero todos pagan por tu precio
Que supera el millón.

»Mir steht's bis hier oben! Seit vier Tagen singen wir. Ich kann nicht mehr«, sagte Marco.

Dennoch sang er mit. In diesem Punkt war Krakus unnachgiebig. Keiner kannte den genauen Aufenthaltsort der verschiedenen Stämme. Fremde, die heimlich in ihr Gebiet eindrangen, wurden als Feinde betrachtet. Der Gesang, überall als Zeichen eines friedlichen Besuchs gedeutet, verhinderte, dass man zwischen den Schulterblättern von einem Pfeil durchbohrt wurde.

Krakus drehte sich um. Mit verstörter Miene bewegte sich sein Klient mühsam vorwärts. Wie gut, dass er immer noch auf den Beinen steht, sagte er sich. Der Inhalt von Sandros Rucksack war – nicht ohne Zähneknirschen – unter den anderen aufgeteilt worden. Seit zwei Tagen litt er an einem seltsamen Unwohlsein. Gody hatte zunächst an einen Malariaanfall gedacht, dann an Denguefieber. Im Grunde aber handelte es sich vielleicht nur um ein Stresssymptom. Gewisse Reisende ertrugen nicht das Gefühl, eingeschlossen zu sein im Dschungel mit seiner Hitze und seinen überall lauernden Gefahren, und rasteten auf ganz unterschiedliche Weise aus. Das bezeichnet man als *akuten Wahnsinnsanfall.* Völlig unerwartet stellen sie Unfug an oder fallen zurück in einen kindlichen Zustand, sodass man sie regelrecht füttern muss. Die Psyche bedient sich vielerlei Mechanismen, um einer unerträglich gewordenen Realität zu entfliehen.

Arme kleine Kreaturen, sagte sich Krakus. Ausgesetzt in der freien Natur, überlebten dort die meisten Menschen unserer Epoche nicht länger als ein Yorkshireterrier mit seiner Schleife aus rosa Satin.

Und wenn Sandros Problem woanders lag? Je näher er dem Ziel seiner Reise kam, desto größer wurde sein Leiden. Doch Krakus beschwerte sich nicht darüber, denn so konnte er die Zügel wieder in die Hand nehmen. Der Verzicht seines Klienten, die Indianer zu massakrieren, beraubte ihn zwar einer Goldgrube, auf die er kurzzeitig gehofft hatte; aber die Krankheit veranlasste Sandro möglicherweise, ihm die Leitung der

Operationen anzuvertrauen. Die Leute unglücklich machen, das sollte nicht allzu schwer sein. Hatte man ihn in der Kindheit nicht »Nervensäge« genannt? Natürlich wäre ein solches Geschäft weniger einträglich, als die Wilden einfach kaltzumachen, doch immer noch besser als das Honorar, das er als Reisebegleiter einstrich. Er würde alles dafür tun, sich unentbehrlich zu machen, und dann den Preis erhöhen. Ein Universitätsprofessor verdiente sicherlich eine Menge Geld. Der Amerikaner musste steinreich sein.

Cuando ves a un hombre
Haces que gaste
Toda su billetera
Lo desangras, lo desplumas
Y lo tiras en un rincón.

Krakus dachte zurück an die erste Nacht im Dschungel. Während sie alle tief schliefen, hatte Sandro ihnen eine höllische Angst eingejagt, indem er plötzlich einen Schrei ausstieß, der die Nacht erbeben ließ. Die Männer, gewaltsam aus dem Schlaf gerissen, sprangen hoch und warfen sich auf ihre Waffen. In einer Viertelsekunde waren sie in Angriffsstellung, den Gewehrkolben an der Wange, und spähten ins Dunkel.

»Was gibt's?«, brüllte Krakus, den Finger am Abzug. »Was ist los?«

»Dort«, erwiderte Sandro und streckte die Hand aus.

»Was?«

»Augen … Ich habe Augen gesehen …«

Krakus richtete den Lichtstrahl seiner Taschenlampe in die angegebene Richtung und suchte damit den Raum ab. Nichts.

Die Männer blieben still, auf der Lauer, bereit zu handeln. Die Spannung war kaum auszuhalten.

»Menschenaugen?«

»Ich weiß nicht …«

»Wie war'n denn diese Augen?«, fragte Krakus genervt.

»Leuchtend.«

»Auf welcher Höhe?«

Sandro zögerte.

»Schwer zu sagen, sie waren zehn Meter weg … Ungefähr so«, sagte er, die Hand waagerecht auf halber Höhe des Körpers.

»Bestimmt ein Jaguar.«

»Ein Jaguar …«

Vorsichtshalber hielten sie wechselweise Wache bis zum Ende der Nacht, aber niemandem gelang es, wieder einzuschlafen.

Juegas a la dama
Dices que no eres una cualquiera
Pero todos pagan por tu precio
Que supera el millón.

Krakus griff in seine Hosentasche, holte Landkarte und Kompass hervor, um sich erneut zu orientieren, denn ihm waren

Zweifel gekommen. Nein, es war alles in Ordnung, sie befanden sich auf dem richtigen Weg.

Kurz vor dem Ziel brach Sandro plötzlich zusammen. In halb bewusstlosem Zustand suchten ihn alle Leiden der Welt heim. Die Männer hatten keine andere Wahl, als ihn abwechselnd zu tragen. Zum Glück erreichte die Gruppe kurz darauf die Siedlung.

Nichtsdestotrotz war Krakus angespannt, auch wenn es dafür keinen objektiven Grund gab.

Ein Kind, das auf einem liegenden Baumstamm spielte, entdeckte sie zuerst. Es rannte davon, um die Erwachsenen zu benachrichtigen.

In unmittelbarer Nähe eines Baches war die Siedlung rings um eine *maloca*, eine riesige Strohhütte angeordnet, in der die Eingeborenen gemeinsam die Nacht verbrachten. Die Anlage hatte sich seit dem letzten Jahr nicht verändert. Nur die Vegetation war so üppig geworden, dass der Ort anders wirkte. Doch es herrschte nach wie vor jene friedliche Atmosphäre, die fast beunruhigte. Man hatte den Eindruck, das Leben laufe dort in verlangsamtem Tempo ab. Auch der Geruch war der gleiche, eine Mischung aus verbranntem Holz und getrocknetem Maniok. Die Indianer rodeten ihr Wohngebiet kaum, und das Licht war klar, aber fahl, wie gefiltert, als befände man sich in einem mit Weichzeichner gedrehten Film von David Hamilton. Man sah einige Frauen, die sich völlig unbekümmert um das Feuer bewegten, andere, die ihre Kinder versorgten.

Die Indianer erkannten Krakus wieder und gestatteten ihm, sich auf ihrem Gebiet niederzulassen.

Er beschloss, das Lager etwas abseits, weiter oben am Bach aufzuschlagen.

»Dort ist das Wasser sauberer«, vertraute er Alfonso an.

Mit seinen Männern baute er drei Hütten, eine für Gody, dessen Bedürfnis nach Abgeschiedenheit quasi lebenswichtig war, die zweite für Sandro, die dritte für Marco, Alfonso und ihn selbst. Die Pfeiler bestanden aus Ästen und Schilfrohren, Dächer und Wände wurden mit übereinandergeschichteten Blättern der Toulouri-Palme bedeckt. Die Böden stattete man mehr schlecht als recht mit Stämmen der Wassaï-Palme aus.

Sie legten Sandro in eine Hängematte, die in seiner Unterkunft aufgehängt worden war. Krakus gab ihm ein wenig Wasser zu trinken und setzte sich auf einen runden Holzblock daneben. Die anderen zogen sich zurück.

Gut, dass er krank ist, dachte er, *aber er soll auch nicht gleich abkratzen.*

Er riss ein Streichholz an, dessen kleine blaue und gelbe Flamme kurz die Hütte erhellte, und näherte ihr seine Zigarette.

Gody hatte ihrem Klienten Ruhe und Erholung verschrieben. Die würde er zur Genüge haben.

Krakus inhalierte tief. In der Hütte roch es nach grünem Holz.

Die Expedition war für alle Beteiligten strapaziös gewesen. Sein Klient schlief jetzt fest, die langen braunen und leicht gelockten Strähnen ruhten zerzaust auf dem entspannten Gesicht. Der Schlaf offenbarte die Züge eines Engels, während im Wachzustand die ständig gerunzelte Stirn ihm eher ein rebellisches Aussehen verlieh. Nur den Augen von tiefem, zugleich aber leuchtendem Blau gelang es, diese finstere Miene aufzuhellen.

Aus der Ferne war der Gesang der Indianer zu hören, und Krakus stellte sich vor, dass sie um ein Feuer versammelt waren, um eines ihrer zahlreichen Rituale zu vollziehen.

Er dachte nach. Es lag ganz in seinem Interesse, unverzüglich entsprechende Maßnahmen zu ergreifen und die Rache seines Auftraggebers auszuführen. Je mehr er die Zügel anzog und seiner Rolle gerecht wurde, desto geneigter wäre jener, ihn weiter gewähren zu lassen.

Er tat einen Zug und blies den Rauch in Ringen aus, die sich zwischen den Palmblättern auflösten. Draußen beschleunigten die Indianer den Rhythmus ihres Gesangs.

Krakus seufzte.

Erneut musste er seine Fähigkeit unter Beweis stellen, den anderen das Leben zur Hölle zu machen …

5

Die folgenden Tage bemühte sich Krakus, die Indianer näher kennenzulernen. Seine vorherige, zu kurze Reise hatte ihm dazu keine Gelegenheit gegeben. Er versuchte, mit ihnen zu sympathisieren, Beziehungen herzustellen und sich eine respektable Position zu verschaffen. Im richtigen Moment sollte er unbedingt als Leitfigur betrachtet werden, deren Anweisungen man befolgte.

Während Sandro in seiner Hütte dahinvegetierte, bereitete er den Weg und erzielte Bodengewinne.

So begegnete er Mojag, den man ihm als großen Erzähler voller Weisheit vorstellte.

»Groß bin ich nur … meinem Alter nach«, protestierte dieser und kniff die ebenso faltigen wie schalkhaften Augen zusammen. »Es genügt mir, am Lagerfeuer Geschichten … zum Besten zu geben.«

Zu bescheiden, um aufrichtig zu sein, dachte Krakus, misstrauisch gegenüber diesen alten Affen mit dem Gebaren ehrwürdiger Meister.

Sie wechselten einige Phrasen. Beim Reden wiegte der alte

Mann den Kopf hin und her und suchte manchmal mühsam nach seinen Worten.

»Hast du schon Élianta getroffen?«, fragte er.

Krakus schüttelte den Kopf. Mehrere Personen hatten bereits ihren Namen erwähnt. Sie musste eine wichtige Rolle spielen, aber er hatte noch nicht herausgefunden, worin diese bestand.

Der Erzähler ließ den Blick über die Versammelten schweifen, sah sie jedoch nirgends.

»Sie zu kennen … ist ein Gewinn«, sagte er, ohne genauere Angaben zu machen.

Für Krakus war das Leben der Eingeborenen völlig uninteressant. *In diesem Nest passiert rein gar nichts*, dachte er, *man langweilt sich zu Tode*.

Die Indianer waren halb nackt, ihre Scham kaum von einer Art Lendenschurz bedeckt. Die Frauen mit entblößten Brüsten verbrachten jeden Tag lange Stunden, um auf ihre Körper und die der Kinder bestimmte Motive zu malen. Sie besaßen fast nichts, außer einigen Keramiken, groben Wäschestücken, farbigen Federn, Korbwaren, Bögen, Pfeilen und Blasrohren für die Jagd, ein paar Rindern und einer kleinen Lichtung, wo Maniok wuchs. Ein bisschen jagten sie, wenige Stunden dann und wann, sammelten Früchte, aber den größten Teil ihrer Zeit hatten diese armen Menschen offenbar nichts zu tun. Sie saugten förmlich die vergehende Zeit ein.

Wie angeödet müssen die sein!, sagte sich Krakus.

Er verstand überhaupt nicht die Begeisterung der Forscher und Journalisten für diese »Urvölker«, wie sie sie nannten. Noch so ein süßliches Gesäusel, um die Realität zu verschleiern. Primitive, ja. Und wenn diese Wilden glücklich waren, dann eindeutig deshalb, weil sie naiv waren. Geistig zurückgeblieben, weiter nichts. Spricht man im Übrigen nicht von »glücklichen Idioten«? Falls man Dummkopf werden musste, um aufzublühen, so zog er, Roberto Krakus, es vor, seine Kümmernisse und Leiden zu behalten. Das verlieh seiner Existenz wenigstens etwas Würze.

Er ahnte, dass seine Mission zu einem Geduldsspiel würde. Wie konnte man Leuten, deren Dasein eine gähnende Leere war, das Leben verderben? Wie konnte man diejenigen unglücklich machen, die nichts hatten, um glücklich zu sein?

Am dritten Tag beschloss er, einige vorsichtige Versuche zu unternehmen, einfach um zu sehen, was daraus würde. Nach Einbruch der Nacht wartete er, bis die Stammesmitglieder in Morpheus' Arme sanken, und verließ auf leisen Sohlen die Hütte. Es herrschte völlige Finsternis. Er knipste seine Taschenlampe an, aber die verbrauchten Batterien warfen nur einen schwachen Schein. Die nächtliche Kühle ergriff ihn, und er fröstelte. Das feuchte und dunkle Unterholz strömte einen leichten Moosgeruch aus. Er ging in Richtung der *maloca*.

Da die Vegetation in dem Bereich, wo das tägliche Leben sich abspielte, ein wenig gerodet war, konnte das Mondlicht sich dort einen Weg bahnen. Dessen weiße Strahlenbündel hüllten die große Hütte in eine übernatürliche Atmosphäre. Von Weitem schien sie wie ein Geisterschiff aus der Finsternis des Urwalds aufzutauchen, um alle Schatten zu zerreißen.

Er näherte sich. Aus dem Innern drang ein mehrstimmiges Schnarchen.

So leise wie möglich öffnete er den großen Korb, in dem die Männer ihre Waffen verwahrten. Der Deckel knarzte kaum. Er untersuchte die zahlreichen, lose übereinandergeschichteten Bögen und entdeckte den größten und schönsten, der am kunstvollsten verziert war. Krakus erinnerte sich, wie einer der Indianer diesen Bogen stolz der Gruppe vorgeführt hatte. Er nahm ihn zwischen zwei Finger und versuchte, ihn behutsam herauszuziehen. Doch das Gleichgewicht zwischen den Bögen war ebenso labil wie das zwischen den Stäbchen eines Mikados, und das Geräusch gegeneinanderstoßender Hölzer hallte in der Nacht wider. Krakus erstarrte, hielt den Atem an und wartete eine Weile. Dann nahm er sein Schweizer Messer, klappte eine sehr feine Klinge aus und sägte in der Mitte des äußeren Randes vorsichtig das Holz des Bogens an. Die Kerbe war zwar tief, aber kaum sichtbar. Zufrieden legte Krakus den Gegenstand wieder an seinen Platz und verschloss den Korb.

Als er sich auf den Rückweg machen wollte, fiel ihm auf, dass an einer Leine frisch gewaschene Wäsche hing. Ein kurzer Blick nach rechts und nach links versicherte ihm, dass er weiterhin der Einzige im Wachzustand war. Er hob Erde auf und schleuderte sie dagegen. Es war, als würde er in die Kindheit zurückkehren, in die Zeit, da man den Nachbarn böse Streiche spielt, um sie zu ärgern und über ihre Reaktionen zu lachen.

Es handelte sich zwar nur um kleine, hämische Aktionen, weit entfernt von Krakus' ursprünglichen Vorstellungen, die um Folter und Blutbad kreisten … Doch was konnte er tun? Diese Leute hatten nichts. Also hatten sie auch nichts zu verlieren. Wie konnte man ihnen das Leben vermiesen?

In diesem Augenblick hörte er hinter sich ein Geräusch. Er drehte sich um und nahm einen vorbeihuschenden Schatten wahr. Instinktiv kauerte er sich zusammen und verharrte regungslos. Mit den Augen suchte er das Halbdunkel ab und erkannte schließlich eine weibliche Gestalt. Die junge Frau ging auf den Dschungel zu. Und wenn er ihr folgte? Er wartete einige Augenblicke und wollte sich gerade wieder aufrichten, als eine zweite Gestalt erschien, die offensichtlich denselben Weg beschritt, aber mit größerer Vorsicht, und im Dunkel blieb. Doch im Bruchteil einer Sekunde erhellte ein Strahl des Mondes ihr Gesicht – das eines jungen Indianers, dem Krakus schon einmal begegnet war. *Awan, ja, das ist Awan*, schoss ihm durch den Kopf. Als dieser sich entfernt hatte, schlug er, stets auf der Hut, die gleiche Richtung ein.

Die beiden Indianer trafen sich an der kleinen, mit Maniok bewachsenen Lichtung. Krakus kam näher und versteckte sich hinter dem Blattwerk. Der Mond verströmte sein fahles Licht im Feld. Am Saum des Urwalds erschienen ihm die zwei Indianer wie Figuren eines chinesischen Schattenspiels, deren schwarze Silhouetten sich deutlich vom weißen Schimmer der Lichtung abhoben. Einige Momente standen sie sich gegenüber, dann folgte eine lange Umarmung. Plötzlich eine weitere Geste, die Lendenschurze wurden abgestreift, und beide sanken zu Boden. Im Profil ragten die Brüste der jungen Frau wie Höcker empor. Das Glied des Mannes war erigiert. Sie bewegten sich aufeinander zu, und ihre Körper verschmolzen mit der Nacht.

6

Am nächsten Morgen schlüpfte Krakus wie üblich in seinen Militäranzug, zog die Stiefel an, setzte die Kappe auf, stellte den Kragen hoch und begab sich in die Siedlung. Die Männer waren noch nicht von der Jagd zurückgekehrt. Die Kinder spielten barfuß auf dem Boden. Er sah, wie eine junge Frau die Wäsche von der Leine nahm.

»Oje!«, rief er. »Deine Wäsche ist ekelhaft! Keine Ahnung, ob's der Wind war oder die Kinder, aber das ist wirklich Pech!«

»Macht überhaupt nichts«, sagte sie fröhlich lächelnd. »Das geht mit Wasser wieder weg.«

Sie rollte die Wäsche zusammen und trug sie unterm Arm zum Bach. Krakus ging hinter ihr her.

»Hast *du* sie gestern gewaschen?«

»Ja.«

»Wie heißt du eigentlich?«

»Zaltana.«

Sie setzte sich ans Ufer. Eine Reihe von Steinen hielt die Strömung etwas zurück und bildete eine Art Waschplatz. Sie tauchte die Stoffe ins frische Wasser und rieb sie aneinander.

Ihre nackten Brüste baumelten hin und her, was Krakus in heftige Erregung versetzte.

»Jetzt musst du noch mal von vorn anfangen, armes Ding! Die ganze Arbeit für umsonst …«

Um zu antworten, begnügte sie sich mit einem Lachen … einem kristallinen Lachen, das ihn völlig aus der Fassung brachte. Er begehrte sie leidenschaftlich. *Später*, sagte er sich, *ich kümmere mich später um sie*.

»Verflixt! Das kann nicht der Wind gewesen sein! Die Nacht war ruhig. Jemand muss es absichtlich gemacht haben.«

»Ich sehe dafür keinen Grund.«

»Wenn ich den Mistkerl kennen würde, der dich zwingt, alles noch mal zu waschen …«

»Schon gut, bin fast fertig.«

»Aber damit wird dir dein Vormittag verhunzt. Hättest dich ja ausruh'n und entspannen können … Schau nur: Musst jetzt richtig schuften!«

Mit großer Ruhe wrang sie die Wäsche aus, erhob sich und marschierte in Richtung der Hütten.

Krakus folgte ihr, versuchte mit allen Mitteln, sie zu einer negativen Haltung zu bewegen. Ohne Erfolg.

Kurz vor der *maloca* wandte sie sich ihm zu, ein breites Lächeln enthüllte ihre schönen weißen Zähne.

»Die Schmutzstellen sind schon lange aus meiner Wäsche verschwunden, aber sie sind immer noch in deinem Kopf.«

Die Männer kehrten trällernd von der Jagd zurück. Sichtlich zufrieden legten sie das Wild ab. Heute würden die Kinder ein bisschen Fleisch essen dürfen. Krakus beobachtete aufmerksam die Gruppe und erspähte jenen, der keine Waffe um die Schulter trug. In vertraulichem Ton sprach er zu einem der Indianer.

»Dein Freund jagt nicht?«, fragte er, auf den Unglücklichen deutend.

»Doch, aber er hat keinen Bogen.«

»Warum?«

»Er hat seinen zerbrochen.«

Als der betreffende Mann merkte, dass über ihn gesprochen wurde, kam er neugierig näher.

»Hab gehört, was mit deinem Flitzebogen passiert ist«, sagte Krakus. »Echt schade, 's war der schönste von allen, der größte und am reichsten verzierte. Tut mir leid für dich. Bestimmt hab'n dich alle darum beneidet ... Du musst ihn vermissen ...«

Der Mann betrachtete ihn erstaunt und zugleich amüsiert.

»Aber über was sprichst du?«

»Über deinen Bogen natürlich.«

»Ich habe keinen Bogen.«

Krakus verschlug es die Sprache. Der Mann schien sich nicht über ihn lustig machen zu wollen. Warum also leugnete er, was passiert war?

»Hab dich gestern damit gesehn. Der war wunderbar, 'ne prächtige Waffe ...«

»Gestern vielleicht, heute jedoch habe ich keinen Bogen. Das ist so«, sagte er mit größter Seelenruhe.

»Du trauerst ihm nach, behaupte nicht das Gegenteil! Sicherlich bist du enttäuscht, zumindest 'n bisschen!«

»Dieser Gegenstand existiert nicht mehr. Warum sollte ich enttäuscht sein wegen etwas, das nicht existiert?«

Krakus ereiferte sich.

»Gestern hat er sehr wohl existiert!«

»Aber das Gestern ist verschwunden, mein Freund. Wir leben im Heute, immer im Heute.«

Fassungslos zog Krakus sich zurück. Bei diesen elenden Wilden konnte er nichts erreichen. Sie waren zu dumm, um von Widrigkeiten berührt zu werden, zu naiv, um Situationen innerlich zu durchleiden.

Die Partie war noch längst nicht gewonnen. Und er hatte gedacht, sie nerven oder gar provozieren zu können ... Hätte der Jäger doch wenigstens die Reste seines Bogens behalten, so hätte er, Krakus, ihm die Sabotage beweisen und anschließend unter den Stammesangehörigen Zwietracht säen können. Nicht einmal diese Gelegenheit war ihm gegeben worden. Dabei hatte er große Hoffnungen auf seine ersten Versuche mit den Indianern gesetzt, um Sandro zu überzeugen, ihm freie Hand zu lassen. Fehlanzeige!

Er setzte sich auf einen Baumstumpf, zog den Tabaksbeutel aus der Hosentasche, drehte mehrere Zigaretten und steckte sich eine an. Plötzlich kam ihm ein Gedanke, der völlig einleuchtend schien … Wenn ihm es nicht gelungen war, Verwirrung zu stiften, wie konnte dann der empfindliche Sandro derlei bewerkstelligen? Jedenfalls würde der ihn dringend brauchen. Und wenn überhaupt nichts klappte, würde Sandro am Ende vielleicht doch den radikalen Maßnahmen zustimmen, die er und seine Leute anfangs vorgeschlagen hatten …

Sein Blick fiel auf Awan, den Liebhaber der letzten Nacht. *Glück auf!*, sagte er sich, optimistischer gestimmt.

»Eine Zigarette, Awan?«

»Nein, danke«, erwiderte der junge Indianer und grüßte ihn.

Werd ihm erst mal gehörig ins Gewissen reden, dachte Krakus.

»Gestern am späten Abend bin ich rausgegangen, um frische Luft zu schnappen. Hab 'ne kleine Runde gedreht.«

»Die Nacht war mild, nicht wahr?«

Krakus nickte, zog an der Zigarette und blies den Rauch langsam in Richtung seines Gegenübers.

»Hab dich gesehn am Rand der Lichtung, mit deiner Freundin.«

Ohne jeden Anflug von Scham hellte sich Awans Gesicht auf.

»Ah, Icenda … Sie ist schön, stimmt's?«

Krakus schwieg einen Moment und tat einen weiteren Zug.

»Muss dir was Unerfreuliches mitteilen, fällt mir nicht leicht.«

Der Indianer blieb ungerührt und stumm.

»Einige Stunden danach«, fuhr Krakus fort, »bin ich noch mal aufgestanden, um pinkeln zu geh'n.«

Der Rauch schwebte in leichten Spiralen empor und löste sich in der Luft auf.

»Bin wieder auf deine Freundin gestoßen. Aber da war sie mit 'nem andern zusammen.«

Awan zeigte keine Reaktion.

»Das erstaunt mich«, räumte er schließlich ein.

»Ist das alles, was du zu sagen hast?«, rief Krakus aufgebracht.

Der junge Mann strahlte nach wie vor eine große Ruhe aus.

»Wir sind nicht verheiratet, sie hat mir kein Eheversprechen gegeben …«

»Immerhin ist sie deine Freundin!«

»Ja, aber sie ist frei.«

Krakus war außer sich.

»Wach endlich auf, du Träumer! Sie hat mit 'nem andern gepennt, verdammt!«

Awan betrachtete ihn gelassen.

»Weißt du, sie wird sich dabei nicht verschleißen.«

7

Élianta erwiderte das Lächeln der Frau, die ihr die Schüssel reichte, und nahm etwas Maniokpüree, einige gekochte Kerne der Maripa-Palme, junge Bambussprossen, eingelegt in den Saft von Wassaï-Früchten und gewürzt mit geriebenen Samen des Moucou-Moucou. Wie immer hatte die Köchin ihren Vormittag der Zubereitung der Speisen gewidmet, sich dieser Aufgabe völlig hingegeben und das Beste ihrer selbst zum Ausdruck gebracht, um die köstlichsten Gerichte zu kreieren.

In der Gemeinschaft hatte jeder seinen Platz und seine Funktion entsprechend den persönlichen Vorlieben. Es gab keine Hierarchie: Jeder übernahm Verantwortung für die Fähigkeiten, die zu entwickeln er beschlossen hatte. Manche beschäftigten sich nur mit einer Sache, andere teilten ihre Zeit unter zwei Tätigkeiten auf, und wieder andere bevorzugten, je nach Bedürfnis, mehrere Aufgaben.

Élianta fügte ein paar Früchte hinzu und setzte sich zu dem alten Geschichtenerzähler.

Die Indianer aßen in Ruhe zu Abend, unter dem wohltuenden Schatten der Patawa-Palmen. Ein leichter Wind weckte die angenehme Empfindung milder Frische; sein Hauch murmelte im Blattwerk der großen Bäume.

Élianta griff nach einer Maracuja und schnitt sie entzwei. Das orangefarbene, sternförmig angeordnete Fruchtfleisch war von reiner Schönheit, sein Aroma von erlesener Zartheit. Die junge Frau dankte im Stillen Mutter Erde für solch wunderbare Gaben, die ihre Ernährung gewährleisteten. Sie nahm einen Bissen der kostbaren Frucht und schloss die Augen, um den süßsauren Geschmack intensiver genießen zu können.

Derart erfreute sie sich an jeder Speise, die Sinne hellwach, die Gedanken in einer Art Dämmerzustand.

Nach beendeter Mahlzeit wandte sie sich dem alten Mann zu.

»Also, Mojag, was wirst du uns heute Abend erzählen?«

Er hob die Augen in ihre Richtung und lächelte. Sein Gesicht war durchzogen von anmutigen Falten des Glücks. Wie allen Greisen wurde auch ihm hohe Achtung entgegengebracht. Schon die Jüngsten ehrten das Alter. Sobald ein heikles Problem auftauchte, wandten sie sich an ihre Ältesten. Das hohe Alter stattete diese mit einer unersetzbaren Erfahrung aus, sowie mit einer Weisheit, nach der jeder sich sehnte. In der Rolle von Beratern, Lehrern, Richtern oder gar Vertrauten bildeten sie einen wesentlichen Bestandteil der Gemeinschaft.

»Eine Geschichte … über Paviane und Vögel … Zugvögel«, antwortete er mit stockender Stimme, nach Worten suchend.

Élianta kniff die Augen zusammen und versuchte, die Themen zu erraten, auf die er zu sprechen kommen würde. Hinter den scheinbar so einfachen Handlungsabläufen, die selbst Kinder entzückten, luden seine Erzählungen dazu ein, in sich zu gehen und tiefgründige Überlegungen anzustellen.

»Und hast du einen Titel?«, fragte Élianta verschmitzt.

»Nun ja … das heißt … noch keinen endgültigen … Gewiss hab' ich einige gefunden … aber …«

»Lass mich raten: Sie machen nicht *Peng!*«

»Genau! Sie machen nicht *Peng!* Sie vermitteln nicht … wie soll ich sagen … den Funken des Sinns, dieses kleine Etwas, das … die Aufmerksamkeit fesselt … ohne den Inhalt zu offenbaren …«

Mojag versuchte oft vergeblich, seinen Geschichten einen Titel zu geben. Er schwankte zwischen mehreren und ließ sie dann meistens wieder fallen.

Er stand auf, und sie begab sich in die Mitte der Gruppe von Männern, Frauen und Kindern, die zusammengekommen waren, um ihm zuzuhören. Er nahm sich viel Zeit, wartete geduldig, bis die Gespräche verstummten und Stille eintrat. Anschließend erhob er die Stimme, und wie jedes Mal begann der Zauber seine Wirkung zu entfalten. Er, der im Alltag stammelte, über fast jedes Wort stolperte, erzählte die Geschichte auf sanfte, anrührende Weise, ohne je innezuhalten.

Die Stammesmitglieder lauschten seinen Ausführungen, ließen sich wiegen von der Musik der Worte und hinreißen von der Handlung, ihren Wendungen und versteckten Botschaften …

* * *

Krakus war weiterhin erbost. Er hatte nicht den geringsten Einfluss auf die Indianer ausgeübt. Keinerlei negative Reaktion von ihrer Seite, nicht einmal eine kleine Verärgerung. Nichts. *Nada.* Mit ihrem blöden Optimismus waren sie alle genauso störrisch wie Esel. Bei denen konnte man nichts ausrichten.

In diesem Zusammenhang dachte er wieder an die Bemerkung von Christoph Kolumbus: »Sie würden gute Diener abgeben. Mit fünfzig Mann könnte man sie unterwerfen und alles machen lassen, was man will.« Dieser dämliche Seefahrer hatte sich getäuscht, ja einen totalen Reinfall erlebt, da die Ureinwohner nicht mal jene Inder waren, die er gesucht hatte … Und über fünf Jahrhunderte später bezeichnete man sie weiterhin als »edle Geschöpfe«, anstatt Kolumbus als den hinzustellen, der er war: ein Armleuchter.

Krakus schlenderte zu Sandros Hütte und hielt davor einen Moment inne, um tief durchzuatmen. Er musste sich beruhigen und den Eindruck erwecken, sich selbst ebenso fest im Griff zu haben wie die Situation. Sodann klopfte er zweimal kurz auf den Holzpfeiler und trat ein.

Sandro lag in seiner Hängematte, döste mit offenen Augen vor sich hin. Seit zwei Tagen ging es ihm deutlich besser.

»Wie fühlst du dich heute?«, fragte Krakus, der sich schließlich das Recht zugestanden hatte, ihn zu duzen.

Der finster dreinblickende schöne Mann drehte ihm den Kopf zu, blieb aber stumm, zweifellos noch in seinen Tagträumen gefangen.

»Hab unsre Wilden schon öfters beobachtet«, fuhr Krakus fort, um die Stille auszufüllen. »Wird nicht einfach sein, die unglücklich zu machen. Diese Typen haben's echt drauf. Bleiben immer fröhlich, egal, was denen passiert.«

Sandro betrachtete ihn schweigsam.

»Das wundert mich nicht«, sagte er schließlich mit ruhiger Stimme.

»Wieso?«

»Ich habe alle Veröffentlichungen der Anthropologen gelesen, die sie in der Vergangenheit erforscht haben. Inzwischen kenne ich sie vielleicht besser, als sie sich selbst kennen …«

»Du gestattest?«, fragte der Anführer der Expedition und zeigte auf die Bananen, die er am Vorabend auf eine Truhe gelegt hatte.

»Sie gehören dir.«

Krakus nahm eine und fing an, sie zu schälen.

»Wir werden hart zuschlagen müssen, um die aus 'm Gleichgewicht zu bringen.«

Sandro verzog das Gesicht.

»Vergebliche Mühe«, erwiderte er. »Alle negative Kraft der Welt würde an ihrer Gelassenheit nichts ändern.«

Krakus biss in seine Banane und kaute mechanisch.

»Hast du etwa deine Meinung geändert? Bist du dafür, es denen anders heimzuzahlen?«

Der andere schüttelte ein wenig den Kopf.

»Wie willst du dann die Sache anpacken?«

Sandro richtete sich auf. Auf der Hängematte sitzend ließ er die Beine ins Leere hängen.

»Solange die Indianer in diesem Zustand bleiben, sind sie unantastbar.«

»Das heißt?«

»Sie sind ganz und gar sie selbst ...«

»Ich kapier nicht, wie die sonst sein sollten.«

»Sie sind zentriert, bewusst, im Sein ...«

»Hm ... Kannste das mal in die Alltagssprache übersetzen, Philosoph?«

Sandro warf ihm einen vernichtenden Blick zu.

»Nenn mich nicht so«, antwortete er in scharfem Ton.

Verärgert über seinen Auftraggeber biss Krakus erneut in die Banane. Diese Art, ständig grundlos aufzubrausen, war in der Tat unerträglich. Sogar ein Kompliment fasste der als Beleidigung auf.

»Wenn du bloß wie 'n normaler Mensch reden würdest ...«, nuschelte er mit vollem Mund.

In seiner Verstimmung blieb Sandro eine Weile reglos.

»Ich will damit sagen, dass sie jeden Augenblick intensiv erleben, ohne etwas zu erwarten, ohne daran zu denken, was sie in fünf Minuten, einer Stunde oder nächste Woche tun werden. Wenn sie eine Blume betrachten, betrachten sie eine

Blume. Wenn sie jemandem lauschen, lauschen sie ihm. Wenn sie eine Ananas essen, essen sie eine Ananas …«

Krakus runzelte die Stirn, biss wieder ein Stück Banane ab und musterte sein Gegenüber. Dieser Typ redete dummes Zeug, schien dabei aber höchst inspiriert. *'s gibt welche, die hab'n zu lang studiert und sind dann total durch 'n Wind*, dachte er.

»Sie genießen schweigsam jeden Bissen und sind sich dabei ihrer Empfindungen vollauf bewusst. Jeder Moment ist für sie eine intensive Erfahrung. In Gesellschaft warten sie nicht darauf, bewundert oder geachtet zu werden, noch auf irgendeine andere Reaktion. Sie sind immer aufrichtig. Sie urteilen nicht über andere und fürchten sich daher auch nicht, beurteilt zu werden. Sie sind … frei.«

Krakus verschluckte sich, bekam keine Luft mehr und fing an zu husten. Er öffnete die Tür und warf den Rest der Banane weit weg. *Auch ich bin frei*, sagte er sich und tat weiterhin so, als würden ihn die verworrenen Ausführungen seines Klienten interessieren.

»Also, was hast du vor? Wie sollen wir sie in die Mangel nehmen?«

Sandro legte sich wieder hin und seufzte leicht. Die Hängematte schwang träge hin und her, wurde immer langsamer, bis sie fast stillstand.

Krakus zeigte sich geduldig.

»Zunächst muss man sie in einen unbewussten Zustand versetzen«, sagte Sandro schließlich, »ihren Geist einschläfern, ihre Seele benommen machen.«

»Ihre Seele benommen machen …«

»Man müsste ein Mittel finden, um ihre Aufmerksamkeit in eine andere Richtung zu lenken, weg von ihnen und der Wirklichkeit. Irgendwie müsste man sie … hypnotisieren.«

»Sie hypnotisieren …«

»Ja, hypnotisieren. Vor allem morgens, sobald sie erwachen. Die Neuropsychiater wissen, dass die erste Aufgabe, der man sich nach dem Aufstehen widmet, vom Gehirn als die wichtigste interpretiert wird. Folglich stellt es dann seine Kapazitäten in den Dienst ähnlicher Aufgaben, zum Nachteil der anderen.«

Krakus runzelte die Stirn.

»Das Erste, was ich morgens mach, ist pinkeln geh'n.«

»Ich spreche von bedeutsamen Aufgaben. Wenn du zum Beispiel den Arbeitstag damit beginnst, dass du deine E-Mails liest, glaubt dein Gehirn, das Wichtigste seien die Informationen, die du von außen empfängst. Tust du das jeden Tag, wird es dir immer schwerer fallen, dich zu konzentrieren und eigenständig zu denken, denn dein Gehirn steht vor allem dafür zur Verfügung, äußere Reize zu empfangen, anstatt von innen her Gedanken hervorzurufen.«

»E-Mails … Ich verbring elf von zwölf Monaten im Dschungel.«

»Kurzum, im Hinblick auf die Indianer müsste man sich einen Trick einfallen lassen, um sie mit äußeren Reizen zu überfluten und zugleich nach dem Aufwachen zu hypnotisieren.«

Krakus blickte durch die Fensteröffnung, in der ein Moskitonetz hing. Der Raum war erfüllt vom Duft geschnittenen Schilfrohrs, das als Rahmen diente.

Etwa fünfzehn Meter entfernt saßen Marco und Alfonso vor ihrer Hütte auf runden Holzblöcken und rauchten. Hinter ihnen versuchte ein kleiner Nager, sich der Unterkunft zu nähern, zweifellos angezogen von den Nahrungsmitteln im Innern.

»Ich werd darüber mit Gody reden. Er hat die besten Ideen. Auf den ist Verlass.«

Sandro verschränkte die Hände hinterm Nacken.

»Außerdem müsste man ein Mittel finden, sie von der Außenwelt abzuschneiden«, sagte er grüblerisch. »Damit sie nicht mehr ihre fünf Sinne, ihre Intuition und ihren Instinkt benutzen, um zu fühlen und die Realität wahrzunehmen. Stattdessen zwingt man ihnen eine Vorstellung auf, die von der Realität abweicht.«

»Hm ... Kannste dich etwas genauer ausdrücken?«

»Nun ja, jemand müsste ihnen die Sinnes- und Erkundungsarbeit abnehmen, sie mit vorgefertigten Informationen überhäufen, die ihnen die Illusion eingeben, die eigene Welt gut zu verstehen, sodass sie aufhören, selbst darüber nachzudenken.«

»Langsam wird mir die Sache klarer ...«

»Und man könnte zwei Fliegen mit einer Klappe schlagen«, fuhr Sandro fort und erhob sich wieder in seiner Hängematte. »Bei dieser Gelegenheit könnte man nämlich auch ihre Moral untergraben und ihrer positiven Vorstellung vom Leben ein Ende machen.«

»Ah ja?«

Sandro sprang auf den Boden, ging hin und her.

»Man muss ein neues Ritual in ihr Leben einbringen. Jeden Tag zur gleichen Stunde muss ihnen jemand sagen, was in der Siedlung nicht klappt, alle Probleme und Gefahren benennen, all das, was nicht rundläuft ...«

Krakus sah seinen Klienten schief an und verzog das Gesicht.

»Das wird nicht funktionieren.«

»Aber natürlich!«

»Nein, das wird nichts, aus 'nem sehr einfachen Grund.«

»Und der wäre?«

»Niemand wird auf so jemanden hören! Kein Mensch hat Lust, dauernd negative Bemerkungen zu ertragen. Die sind keine Masochisten.«

Sandro fixierte Krakus und lächelte.

»Im Gegenteil, gerade weil einer negative Bemerkungen macht, wird man ihm zuhören. Und gerade weil er der Überbringer schlechter Nachrichten ist, wird man auf seine Worte achten.«

Ungläubig schüttelte Krakus den Kopf. Sandro näherte sich ihm.

»Die schlechten Nachrichten, die Probleme und Gefahren bündeln unsere ganze Aufmerksamkeit, denn sie aktivieren unseren Überlebensinstinkt. Das ist ein Vorgang, der stärker ist als wir, er ist quasi physiologisch … Sie werden sich dem nicht widersetzen, glaub mir.«

Krakus wusste nicht, was er davon halten sollte. Durchs Fenster sah er den Nager aus der Hütte huschen, einen Müsliriegel zwischen den Zähnen. Und diese beiden Trottel Marco und Alfonso, die weniger als zwei Meter entfernt saßen, bekamen überhaupt nichts mit.

»Auf jeden Fall wird's nicht leicht sein, tagein, tagaus negative Dinge zu finden und darüber zu berichten. Gibt nicht so viele Probleme in der Art …«

»Wenn man Probleme sehen will, findet man sie auch, das steht fest. Darüber hinaus kann man noch etwas anderes machen …«

»Was denn?«

Sandro setzte sich wieder auf die Hängematte.

»Betrachten wir die Sache aus etwas mehr Abstand … Die Schwierigkeit mit diesen Wilden besteht darin, dass sie überall das Positive wahrnehmen. Die Sonne scheint? Sie sind zufrieden. Es regnet? Sie sind zufrieden. In ihrem Maniokfeld wachsen wilde Kräuter? Sie sind zufrieden … Man muss sie dazu bringen, das völlig Normale negativ aufzufassen.«

»Und wie machste das?«

»Wir gewöhnen sie daran, die alltäglichen Dinge negativ zu *bewerten*, und am Ende werden sie diese auch so *sehen*. Gedanken und Worte leiten Empfindungen und Gefühle.«

»Was meinst du mit ›bewerten‹?

»Sie müssen lernen, den Regen als ›schlechtes Wetter‹ zu bezeichnen, die jungen Triebe im Maniokfeld als ›Unkraut‹, unangenehme Gerüche als ›Gestank‹ und so weiter.«

»Verstehe.«

»Dadurch wird ihre Wahrnehmung konditioniert. Bald ist ihre Welt dann gar nicht mehr so schön.«

Krakus seufzte, halbwegs überzeugt.

»Glaubst du, du könntest dich darum kümmern?«, fragte Sandro.

»Ich kümmre mich um alles, Philosoph«, erwiderte er beflissen.

Sandros Blick verfinsterte sich sofort, eine seltsame Mischung aus … Wut und Verzweiflung. Krakus sagte sich, dass er wohl besser den Mund gehalten hätte. Es erstaunte ihn, jemanden vor sich zu haben, dessen Stimmung derart schnell umschlug.

»Ich verbiete dir, mich ›Philosoph‹ zu nennen«, raunte Sandro fast mit Grabesstimme.

»Dachte, du wärst Professor der Philosophie?«

»Philosophieprofessor und Philosoph sind zwei Paar Stiefel.«

Zutiefst verärgert streckte er sich in der Hängematte aus.

»Und … was ist der Unterschied?«, wagte Krakus nachzuhaken.

Sandro schloss die Augen und schwieg. Krakus blieb einen Moment verlegen, unschlüssig, ob er gehen oder eine Antwort abwarten sollte. Schließlich brach der andere das Schweigen.

»Warst du als Junge auf der höheren Schule?«

»Äh, 'ne Zeit lang schon …«

»Erinnerst du dich im Fach Biologie an den Unterricht über geschlechtliche Fortpflanzung?«

»Das ist vielleicht der Einzige, den ich noch im Kopf hab …«

»Die Lehrerin, die dir das beibrachte …«

»Señora Da Silva hat die geheißen …«

Krakus vergegenwärtigte sich seine alte Lehrerin, die äußerst gehemmt war, als sie jene Lektion mithilfe möglichst neutraler medizinischer Begriffe durchnahm.

»Sie kannte sich in ihrem Thema aus?«

»Na ja, ich denk schon.«

»Und wurde sie deshalb etwa zu einer Sexbombe?«

8

»Ist das klar, Kinder?«
Krakus betrachtete die Gruppe vergnügter Jungen, die sich um ihn scharten. Sie lächelten, aber hatten sie wirklich begriffen?

Er klatschte in die Hände, um sie anzustacheln.

»Los geht's! Ihr berichtet mir alles, was in der Siedlung, im Urwald, am Bach und überall sonst nicht hinhaut, all die kleinen Sorgen und Probleme, alles, was nicht rundläuft. Sobald ihr ein Tier entdeckt, das beißt, eine Pflanze, die sticht, dann sagt's mir! Ich will alles wissen.«

Die Jungen strömten lachend in jede Richtung aus. Zum Glück waren sie da. Krakus hatte vergeblich versucht, die Erwachsenen zu mobilisieren. Alle hatten sich abgewandt, ohne deswegen ihr verfluchtes Lächeln zu unterlassen. Seine Unfähigkeit, sich durchzusetzen, brachte ihn auf die Palme. Unmöglich, auch nur den geringsten Einfluss auf diese Wilden auszuüben. Sie waren dermaßen dumm, dass sie nicht einmal seine Zugehörigkeit zu einer höher entwickelten Zivilisation erkennen konnten.

Er rief nach Élianta, die in der Ferne vorüberging. Einige Stunden zuvor hatte er sie kennengelernt und ihr von seinem Projekt erzählt, Informationen auszutauschen, »zum Wohle aller«, wie er sich ausdrückte. Sie hatte gütig gelächelt, was in seinen Augen jedoch überhaupt nichts zu bedeuten hatte.

Er gab ihr ein Zeichen, woraufhin sie näher kam. Ihr Körper war schlank und geschmeidig, ihre Haut sehr glatt und goldbraun wie eine an der Sonne gereifte Papaya. Nur ihre Brüste waren für seinen Geschmack etwas zu klein.

»Ich brauch dich«, sagte er. »Kannste mir 'nen Gefallen tun?«

»Gerne«, erwiderte sie auf die natürlichste Weise.

Er war erleichtert. Endlich mal eine, die vielleicht mit ihm zusammenarbeiten würde.

»Nun denn, die Kinder werden mir viele Informationen liefern. Daher brauch ich jemanden, der sie an die anderen weitergibt. Jemanden, der bereit ist, vor versammelter Mannschaft das Wort zu ergreifen und zu erzählen, was die Kinder rausgefunden haben. Das werden wir jeden Tag wiederholen.«

»Ich verstehe.«

Na bitte, geht doch, dachte Krakus.

»Kannst *du* das übernehmen? Ist 'ne lohnende Aufgabe! Alle werden dich bewundern, was sag ich, *beneiden*. Wirst total stolz sein.«

Sie runzelte ein wenig die Stirn, um dann ihr Lächeln wiederzufinden.

»Ich habe geschworen, aus meinem Tun keinen Stolz zu beziehen. Folglich kann ich dein Angebot nicht akzeptieren, tut mir leid.«

»Das hast du geschworen?«

Sie nickte.

Krakus versuchte, ruhig zu bleiben. Diese verdammten Indios waren drauf und dran, ihn in den Wahnsinn zu treiben. Er atmete tief ein.

»Gut. Vorhin haste gesagt, dass du mir gern helfen möchtest …«

»Ja.«

»Also wirste Folgendes tun: Du findest 'ne Frau, die einverstanden ist, diese Rolle zu spielen, und zwar jeden Tag. Aber schlag das nicht allen möglichen Weibsbildern vor. Ich will, dass du die schönste Frau im ganzen Stamm anheuerst. Kapiert? Die schönste!«

Élianta nickte und entfernte sich.

Krakus schaute ihr einen Moment nach und ging dann in Richtung seines Lagers.

Es war heiß, und sein Militäranzug beengte ihn, ganz zu schweigen von den hohen schwarzen Lederstiefeln. Doch er hatte sich angewöhnt, dem keine besondere Beachtung zu schenken. Ein notwendiges Übel.

Er näherte sich Godys Territorium. Dieser Begriff schien durchaus passend: Der Medikus hatte sein Gebiet nach allen Seiten sorgfältig abgeschirmt durch eine fast zwei Meter hohe Palisade, errichtet aus Bambus, Schilfrohr und anderen Materialien, die er hatte auftreiben können, ähnlich wie ein Vogel sein Nest baut. Damit verfügte er über eine völlig abgeschlossene Parzelle von etwa hundert Quadratmetern. Die Hütte befand sich in der Mitte, gleich einem Schloss aus Stroh, umgeben von einer Mauer. Im Gegensatz zu den anderen Hütten war diese allerdings ohne Fenster. So konnte niemand seinen Blick erhaschen, außer bei den Mahlzeiten, die er bereitwillig mit den anderen einnahm. Oft schaffte er die Reste des Mittagessens in seine Bleibe, was ihm ersparte, noch einmal zum Abendessen zu erscheinen.

Krakus trat an das Tor und spitzte die Ohren. Er hörte Wortfetzen ohne jeden inneren Zusammenhang.

»Ja, ja, ja! Natürlich ... Das Loch ... Nun ja ... Ah ... Gott ... Gott ... Warum bleibt das kalt ... Ah ... Genau ...«

Wie konnte ein Mann, dessen Rede gewöhnlich wohlüberlegt war, derart in die Irre gehen, sobald er sich allein glaubte?

Krakus ergriff den Holzhammer, der an einer wiederverwerteten Schnur vor der Palisade hing, und schlug auf die daran festgenagelte Konservenbüchse. Die innen gegen die Metallwand stoßenden Kieselsteine erzeugten ein groteskes, widerhallendes Scheppern. Auf der anderen Seite wurde es sofort still.

»Wer da?«, fragte der Medikus mit schroffer Stimme.

»Ich bin's.«

Schweigen.

»Wer, ich?«

»Ich, Roberto. Roberto Krakus! Willste, dass ich meine Papiere unterm Tor durchschieb?!«

Ein Geräusch. Offenbar rückte er dahinter einen schweren Gegenstand beiseite. Schließlich wurde das Tor einen Spaltbreit geöffnet, und Godys Gesicht mit quadratischer Bifokalbrille tauchte auf. Die Gläser waren schmutzig und seine Augen kaum zu sehen.

»Können wir reden?«, fragte Krakus.

Der andere nickte, rührte sich aber nicht von der Stelle.

»Darf ich rein?«

Gody fixierte ihn kurz und wich dann zurück.

Krakus warf das Tor zu. Der Medikus schritt voran zu der Ecke seines Areals, wo sie sämtliche Benzinkanister deponiert hatten. Gody hob zwei davon hoch und stellte sie in einigem Abstand wie zwei Hocker einander gegenüber. Sie setzten sich.

»Ich brauch deine Unterstützung.«

Gody erwiderte nichts, verkrampfte sich jedoch ein wenig, was Krakus nicht entging.

»Also, du müsstest für uns 'nen Trick erfinden, wie man die Indios hypnotisiert.«

Wieder Schweigen. Krakus überlegte, warum er sich im Gespräch mit Gody immer ein bisschen dämlich vorkam – selbst wenn der nicht mal den Mund aufmachte.

»Einen Trick?«, wiederholte Gody leicht abfällig.

»Ja, irgendwas, das ihre Aufmerksamkeit fesselt und sie von der übrigen Welt abkoppelt. Verstehst schon.«

Gody hob eine Augenbraue. Nur die eine. Krakus hatte zuvor noch niemanden getroffen, der das konnte.

»Sie abkoppelt?«

Krakus bemühte sich, einen etwas feierlichen Ton anzuschlagen.

»Irgendwie sollte das ihre Seele betäuben.«

Gody betrachtete ihn mit einem Anflug von Verachtung.

»Es gibt keine Seele …«

»Hat Sandro gesagt«, stammelte er. »Sind seine Worte … Er meint, man muss sich was ausdenken, um die in so 'ne Art Dämmerzustand zu versetzen, um ihren Geist einzuschläfern, und zwar jeden Tag.«

Gody steckte sich eine Zigarette in den Mund und zog eine kleine Streichholzschachtel aus der Hosentasche.

»Mach keinen Blödsinn! Wir sitzen hier auf Bomben!«

Der Medikus richtete ein Auge auf ihn.

»Na und? Ist total ungefährlich.«

Er öffnete die Schachtel.

Krakus sprang auf.

»Bist du übergeschnappt? Ein Funke reicht, und alles fliegt in die Luft!«

»Solang die Kanister fest verschlossen sind, können sie nicht explodieren.«

»Hör auf! Und wenn sie nicht richtig verschlossen sind … oder … vielleicht nicht ganz dicht!«

»In dem Fall wäre das Benzin verdunstet. Aber die Kanister sind randvoll.«

Er entzündete das Streichholz und hielt die Flamme an seine Zigarette.

Krakus wich ein paar Schritte zurück.

»Okay … Ich geh jetzt … Denk mal drüber nach, was die Indios betrifft … Und halt mich auf dem Laufenden.«

* * *

Élianta setzte sich ans Ufer des Baches. Sie liebte es, diese Stelle abseits der Siedlung aufzusuchen, wo das ruhige Wasser mehr als zwanzig Meter senkrecht in die Tiefe stürzte und unten heftig aufgewühlt wurde.

Hier am Wasser schien die Luft frischer, und eine Brise überbrachte ihr die köstlichen Gerüche des Urwalds. Vor allem mochte sie den magischen Duft der Nadelhölzer, der bald lieblich, bald würzig war. Es kam vor, dass sie sich einem dieser majestätischen Bäume näherte, ihn mit nackten Armen umfing, um seine Energie am Bauch, ja im ganzen Körper zu fühlen. Dann legte sie sanft die Lippen auf den rauen Stamm, schloss die Augen und gab sich dem Erlebnis der Sinne hin, völlig berauscht vom göttlichen Aroma.

Nun fiel ihr Krakus' Forderung wieder ein. Dass er diesen Auftrag ihr erteilte, war zweifellos ein Vertrauensbeweis. Sie wollte ihm nach besten Kräften gerecht werden.

Élianta griff nach einem Stück Holz, warf es in Richtung der Kante des Wasserfalls und verfolgte nachdenklich seine Flugbahn.

»Nimm die schönste Frau!«, hatte er gesagt.

Die schönste Frau … Wie sollte sie diese Wahl treffen? Nie

war ihr in den Sinn gekommen, die Frauen des Stammes miteinander zu vergleichen … Wie sollte das möglich sein? Alle waren schön … Wie sollte sie dabei vorgehen?

Sie versuchte, eine jede vor dem geistigen Auge vorbeiziehen zu lassen. Die schönste … War es Alyana, eine junge Frau mit strahlendem Blick, in dessen Tiefe ein Engel sich verlieren könnte? Oder Nita, deren Mut in schwierigen Prüfungen von unfehlbarer Anmut zeugte? Oder Amadahy? Ihr großes Herz war nur zu vergleichen mit der Reinheit ihres Wesens …

Mit ihren zarten Fingern nahm sie ein vom Baum gefallenes Blatt, setzte es aufs Wasser und pustete es an. Das Blatt trieb vom Ufer weg, wurde von der Strömung zum Wasserfall getragen und verfing sich in einem halb untergetauchten Wapazweig.

Sie stand auf und kehrte zur Siedlung zurück. Dort angekommen beschloss sie plötzlich, die *maloca* zu umrunden und zum Lager der Weißen weiterzugehen. Voller Neugier wollte sie deren seltsame Hütten einmal genauer betrachten. Warum hatten sie drei gebaut, wo doch eine ausreichend gewesen wäre? Sie waren nur zu viert … Waren zwei von ihnen vielleicht aus der Gemeinschaft verbannt und gezwungen worden, sich abzusondern?

Sie näherte sich lautlos, schlüpfte geschmeidig zwischen Schilfrohr, Lianen, Ästen hindurch und fand sich schließlich vor einer der Hütten wieder. In der Tat ein bizarrer Bau mit seinen rechtwinkligen Wänden und dieser viereckigen Öffnung auf halber Höhe. Und dann dieses Dach …

Ein Mann tauchte auf und erstarrte, als er sie bemerkte. Ein Mann, dem sie in der Siedlung noch nie begegnet war und von dessen Existenz sie bisher nichts wusste. Seine Augen waren von einem Blau … unglaublich! Eine Farbe, die sie nicht kannte. Jenseits seines Blickes nahm Élianta eine Seele wahr, deren Empfindsamkeit sie sofort tief berührte. Der Mann wandte sich schnell ab, aber in einem Moment, so kurz wie das Funkeln eines Sterns, sah sie in seinen Augen die Spur eines übermächtigen Schmerzes … das zerriss ihr das Herz.

Er verschwand in der Hütte, und hinter ihm fiel die Tür zu.

9

»Dieses Luder!!! Das wird sie mir büßen!!!«

Krakus biss die Zähne zusammen, um seinen Zorn zu unterdrücken. Élianta hatte ihn zum Narren gehalten! Jetzt saß er im Schlamassel. Alle Indios sollten sich in weniger als einer halben Stunde versammeln. Und wen hatte sie engagiert, um die von den Jungen gesammelten Informationen weiterzuerzählen? Wen hatte sie ausgewählt, um alle Blicke in eine Richtung zu lenken und die Aufmerksamkeit der Zuschauer zu fesseln? Eine alte Schachtel voller Runzeln!!!

»Ich verstehe nicht, warum du so wütend bist«, sagte Élianta, als sie auf ihn zuging.

»Spiel nicht die Unschuldige.«

»Ich habe alles getan, um deinen Wunsch zu erfüllen.«

»Versuch ja nicht, mich weiter zu verarschen!«

»Aber es stimmt …«

»Schluss damit! Hau ab!«

»Chimalis ist von vollkommener Schönheit. Ihre Seele ist die reinste überhaupt … Frag die andern, wenn du daran zweifelst. Alle werden es dir bestätigen …«

»Vollkommene Schönheit … Vollkommene Schönheit … Hat sie vielleicht den Wettbewerb der Altersheime gewonnen?«

»Wie bitte?«

»Die ist total verhutzelt! Nur durch 'n Wunder kann sie sich noch aufrecht halten!«

»Aber ihre Stimme ist klar und fest, man wird sie gut hören. Sie hat den ganzen Nachmittag geübt.«

»Man wird überhaupt nichts hör'n, denn es ist ausgeschlossen, dass diese alte verschrumpelte Kartoffel auch nur *einen* Ton von sich gibt!«

»Sie hat alle Texte auswendig gelernt … Sie würde nicht begreifen, warum ihr diese Aufgabe entzogen wird …«

»Ist mir egal. Ich will sie nicht mehr seh'n. Das gilt genauso für dich.«

Krakus war außer sich. Einmal mehr hatte er bei diesen verfluchten Indios nichts erreichen können. In aller Ruhe und mit engelhafter Miene machten sie sich über ihn lustig …

Das konnte nicht ewig so weitergehen. Er musste ein Mittel finden, um sich durchzusetzen und ein Anführer zu werden, dem alle Respekt erwiesen und gehorchten. Unbedingt musste er ein gewisses Charisma entwickeln, eine Einstellung finden, die ihn als Leitfigur kennzeichnete …

Plötzlich schossen ihm Bilder aus seiner Vergangenheit durch den Kopf. Die bewaffneten Konflikte in Nicaragua, El Salvador … Der Krieg hatte ihn eines gelehrt: Anführer wurde derjenige, der sich in tödlicher Gefahr dafür einsetzte, die Menschen zu beschützen …

Krakus sagte sich diesen Satz noch einmal vor. Er würde darüber nachdenken …

Vorläufig aber hatte er keine Frau, die abends vor versammelter Menge sprechen würde … Nur er kannte die bruchstückhaften, von den Jungen gesammelten Informationen. Darauf würde er sich stützen müssen. Er war vielleicht nicht sehr sexy, aber seine ausländische Herkunft verlieh ihm zumindest einen Sonderstatus; eigentlich war das die beste Gelegenheit, ins Rampenlicht zu treten und seine Projekte weiter voranzutreiben.

Unmittelbar danach würde er die Hypnosesitzung beginnen. Der Apparat, den Gody dafür gebaut hatte, stand bereit.

Er wartete geduldig. Die Eingeborenen kamen in kleinen Gruppen, während die Sonne unterging. Das Feuer in der Mitte des Platzes würde bald die einzige Lichtquelle sein. Es knisterte und verbreitete den Geruch von verbranntem Holz. Die letzten Indianer nahmen Platz, setzten sich im Halbkreis um die Feuerstelle, bis schließlich alle versammelt waren. Ihre Stimmen wurden leiser und verstummten. Die von den tanzenden Flammen rot erleuchteten Gesichter wandten sich ihm zu.

Krakus spürte, dass er bereits ihre Aufmerksamkeit fesselte, und atmete tief ein.

»Liebe Freunde, meine Kameraden und ich hab'n gedacht, dass es angenehm für euch wäre, besser informiert zu sein über die Welt, in der ihr lebt. Deshalb hab'n wir vorgeschlagen, dass ihr jeden Abend zusammenfindet, um den Informationen zu lauschen, die im Lauf des Tages für euch gesammelt wurden. Heute Abend hab ich die Ehre, sie euch zu präsentieren. Ab morgen wird das eine von euch machen …«

Die Anwesenden schienen verblüfft. Krakus fragte sich, ob diese Wilden kapierten, was er ihnen da mitteilte, als ein älterer Mann mit grauen geflochtenen Haaren aufstand.

»Warum sollen wir den Informationen Beachtung schenken, die von anderen stammen, wenn wir doch selbst Augen haben, um zu sehen, Ohren, um zu hören, Finger, um zu berühren, und ein Herz, um zu fühlen?«

Krakus schluckte. Er hatte nicht damit gerechnet, über die Richtigkeit seines Vorgehens ausgefragt zu werden. Sein Blick schweifte über das Publikum. Alle Augen waren auf ihn gerichtet.

»Nun ja … Sagen wir's mal so: Ihr könnt nicht überall gleichzeitig sein. Wenn ihr in der Siedlung seid, wisst ihr nicht, was am Bach oder im Urwald passiert. Ich bin derjenige, der die Informationen bündelt, damit alle darauf zugreifen können.«

Nun erhob sich eine Frau.

Verflixt und zugenäht, die werden sich doch wohl nicht alle ins Zeug legen, dachte Krakus.

»Was nutzt es mir zu wissen, was im Urwald passiert, wenn ich in der Siedlung bin?«

Er suchte rasch nach einer Antwort, fand sie aber nicht.

»Äh, so was ist doch immer interessant, oder?«

Da ringsum Schweigen herrschte, beschloss er, unverzüglich fortzufahren.

»Also, jeden Abend wird euch berichtet, was tagsüber passiert ist, und …«

»Inwiefern betreffen uns abends Dinge, von denen es heißt, dass sie am Tag stattgefunden haben?«

Krakus spürte, wie sein Gesicht zu glühen begann. Er schaute in Richtung des jungen Mannes, der das Wort ergriffen hatte und nicht einmal aggressiv wirkte. Diese Leute waren echt schwierig, wenn auch ungewollt.

Krakus wusste, dass er nicht so weitermachen konnte. Sie würden ihm die Sitzung vermasseln, und von dieser Schlappe würde er sich nicht so schnell erholen.

Plötzlich hatte er Lust, die Ärmel hochzukrempeln und irgendjemanden zu verprügeln. Es kribbelte ihm in den Fingern. Sandro hatte sich geirrt. Diese Idioten ins Unglück zu stürzen, war verlorene Liebesmüh. Man müsste sie liquidieren und basta.

Er wollte sich beruhigen. In seinem Kopf rasten die Gedanken hin und her, während er fieberhaft nach einer Lösung suchte.

Da kam ihm eine Idee. Aber ja, natürlich. Man musste sie *zuerst* einschläfern. Danach würden sie gefügig sein …

»Meine Freunde, die meisten eurer Fragen werden eine Antwort finden, wenn ihr uns zugehört habt. Dann urteilt ihr selbst darüber. Erst mal hab ich aber eine Überraschung für euch. Ich hab nämlich Gody gebeten, einen Apparat zu erfinden, einen wunderbaren Apparat, der einen dazu bringt, zu träumen, sich gehen zu lassen und seine Sorgen zu vergessen … Genug geredet … Entdeckt nun … den Vidophor.«

Er drehte sich um. Marco und Alfonso tauchten auf und trugen mit gestreckten Armen einen großen durchsichtigen Behälter, gefüllt mit einer blassblauen Flüssigkeit. Sie stellten ihn behutsam vor dem Feuer ab, um seinen Inhalt zu beleuchten und damit alle ihn sehen konnten. Es handelte sich um einen Plastikkanister, dessen oberer Teil so geschickt abgetrennt worden war, dass er jetzt einem Aquarium glich.

Krakus hörte wenige Meter hinter sich eine leise Stimme, die ein paar unverständliche Brocken murmelte.

»Hat's nie geschafft, so etwas zu kreieren … Gott … niemals Gott … nur ich … existiert nicht … jawohl …«

Gody trat aus dem Dunkel und kam näher, in der Hand einen kleinen gräulichen Gegenstand. Er beugte sich über die Flüssigkeit, setzte ihn darauf und ließ los. Dieser sank langsam bis zum Grund wie ein Anker, der in die Tiefe des Meeres taucht, um auf Sand zu stoßen. Gody betrachtete ihn mit finsterem Blick. Krakus schaute ins Publikum. Alle starrten gebannt auf den Behälter.

Zunächst geschah nichts, dann aber bildete sich auf dem versunkenen Gegenstand eine große Blase und löste sich ab, um langsam zur Oberfläche zu steigen. Krakus konnte die Augen nicht abwenden von dem, was da emporschwebte. Sogleich erschien eine zweite Blase, die denselben Weg nahm, und es folgten weitere in genau kalkuliertem Abstand.

Gody hatte ihm erklärt, dass bei allen Indianern der Herzrhythmus quasi identisch sei, einerseits wegen ihrer gleichartigen Gene, andererseits weil sie die gleiche Lebensweise und Nahrung miteinander teilten. Der Apparat war ersonnen worden, um Blasen im gleichen Rhythmus freizusetzen: Der Pulsschlag der Indianer entsprach dem des Apparats …

Die vier Männer zogen sich zurück, nur der Vidophor blieb auf der Bühne, thronte vor der rötlich schimmernden Glut.

Die Indianer waren in Bann geschlagen von der regelmäßigen Bewegung der Blasen. Krakus sprach mit sonorer Stimme, um jenen Satz zu formulieren, den Gody sich ausgedacht hatte, und wiederholte ihn zweimal, zunehmend langsamer …

»Während die Blasen aufsteigen, fühlt ihr euch immer besser und lasst euch immer tiefer in die Entspannung gleiten …«

Er beobachtete die Zuschauer, konnte jedoch kaum glauben, dass dieser Apparat die Macht hätte, ihren Bewusstseinszustand zu verändern.

»Eine halbe Hypnose«, hatte Gody ihm erklärt und sich dann in ein derartiges, für Nichteingeweihte unverständliches Kauderwelsch verwickelt, dass Krakus sich fragte, ob der ihn damit nicht in völlige Verwirrung stürzen wollte.

Doch die Indianer fühlten sich wohl, fasziniert von den Blasen oder der darin enthaltenen Leere, ruhig, ohne jeden

Widerspruchsgeist, ohne sich in irgendeiner Weise aufzulehnen, leicht versunken in sich selbst, wenn auch weiterhin wach.

Ein leises Geräusch erregte Krakus' Aufmerksamkeit. Mit flappendem Flügelschlag überquerte eine Fledermaus die Szene. Gespannt wartete er auf die Reaktion der Eingeborenen. Nicht einer hob die Augen oder drehte den Kopf – so als hätte niemand diesen charakteristischen Laut gehört, der in anderen Situationen ins Zentrum des Interesses gerückt wäre. Dann hätten sie nachdenklich den chaotischen Flug des angeblich blinden Tieres verfolgt und versucht, daraus die Botschaft der Geister zu deuten.

Krakus ging hinter das Feuer und setzte sich neben seinen Männern auf den Boden. Marco und Alfonso tauschten einen belustigten Blick aus. Gody hatte sich bereits entfernt. Krakus vermied es, das Aquarium zu fixieren aus Angst, selbst in Trance zu fallen. Lieber beobachtete er die Indianer, die nach wie vor still dasaßen. Sie schienen auf Wolken zu treiben.

Das Holz flammte nicht mehr auf, aber die Glut, genauso stark leuchtend wie die eines Brennofens, verbreitete intensi ve Schimmer in Gelb und Rot. Die ausströmende Wärme kontrastierte mit der nächtlichen Kühle, die den dunklen Urwald einhüllte.

Krakus wartete geduldig, gab den Eingeborenen Zeit, diesen Moment der Selbstaufgabe, des Vergessens, der schwindenden Wirklichkeit zu genießen und sich in der existenziellen Leere eines Apparates aufzulösen, der Blasen des Nichts erzeugte.

Schließlich stand er auf und begab sich wieder zu den benommenen Männern und Frauen. Er stellte sich neben den Vidophor, ergriff mit samtiger Stimme das Wort und fing an, Wort für Wort, Satz für Satz, die Ereignisse zu erzählen, welche die Jungen ihm zugetragen hatten. Ruhig und gemächlich teilte er die schlechten Nachrichten des vergangenen Tages mit. Die Rede war von Vogelspinnen, die man unter Blattwerk entdeckt hatte, von einer Anakonda, die Kleinkinder angreifen konnte, oder von toten Bäumen, die umzustürzen drohten. Immer wieder ging es um Gefahren und Kümmernisse. Um keinen Argwohn zu erregen, achtete er darauf, hier und da einige positive Informationen einzustreuen, damit niemand sich der Belanglosigkeit dieser Auswahl bewusst wurde.

Im Laufe seiner Ausführungen konnte er sehen, wie die Gesichter der Reihe nach Sorge, Bitterkeit, einen Anflug von Wut oder Enttäuschung ausdrückten.

Danach überließ er sie erneut dem Vidophor, und jene unheilvollen Gefühle versteckten sich ziemlich rasch in ihrem Innern. Die Indianer verbrachten den Rest des Abends in einer Gemütsverfassung, aus der ein Teil ihres Bewusstseins gewichen war, abgeworfen wie ein alter Ast, der unter Wasser treibt. Doch in ihrem Blick hatte sich etwas verändert. Ein Unglücksengel hatte über die versammelten Seelen eine Prise Trauer gesät.

10

Élianta löste ihren Lendenschurz und ließ ihn zu Boden gleiten. Sie liebte es, in der Natur nackt zu sein. Dadurch hatte sie das Gefühl, mit ihr zu verschmelzen. Sie mochte es ganz besonders, den leichten Atem des warmen Windes auf dem Körper zu spüren, die weiche Erde, die sich an ihre Fußsohlen schmiegte, die feinen Gräser, die über ihre Haut streiften, vor allem aber nackt zu baden und das Wasser Brüste, Bauch und Beine streicheln zu lassen …

Jeden Tag ging sie zu dieser herrlichen Stelle, wo der Bach einige Augenblicke innehielt, um dann wieder seinen Lauf zu nehmen, zu dem natürlichen Becken, wo das Wasser so rein war, so durchsichtig, dass man den Sand sah, der den Grund bedeckte, und manchmal ein paar derart bunte Fische, dass sie unwirklich schienen.

Élianta setzte einen Fuß ins Wasser. Ein Schauder durchlief ihren Körper. Sie schritt weiter voran, tauchte langsam in die Kühle ein, schloss die Augen und ergötzte sich an jener köstlich ambivalenten Empfindung, jenem einzigartigen Moment, da der Körper schwankt zwischen der Furcht vor dem Kalten und seinem Verlangen, um sich dann dem völligen Wohlgefühl hinzugeben. Sie ließ sich unter Wasser gleiten und machte einige Schwimmzüge in der besänftigenden Stille. Einige Meter weiter tauchte sie auf und schwamm in Richtung des gegenüberliegenden Ufers, nackt und frei. Sie lehnte sich an einen Ast, der die Wasseroberfläche berührte. Tropfen perlten auf ihrer Stirn und rollten langsam bis zu den halb geöffneten Lippen. Das Becken war umsäumt von Büschen, blühenden Sträuchern und Bambus. Sie atmete tief ein und aus. Die Luft verströmte das Aroma kleiner blauer und rosafarbener Blumen. Sie schloss wieder die Augen und genoss den Augenblick. Ihr schwereloser Körper trieb unter Wasser, gewiegt von der schwachen Strömung. Sie war beglückt … Die Zeit unterbrach ihren Gang und dehnte sich ins Unendliche, verwandelte diesen Moment in eine Ewigkeit reinen Vergnügens.

Der ferne Schrei eines wütenden Affen aktivierte wieder ihre Gedanken. Plötzlich erinnerte sie sich an die Szene mit Krakus, nachdem sie Chimalis dafür ausgewählt hatte, den Stammesmitgliedern die Informationen zu übermitteln. Er war aggressiv gewesen, aber sie nahm es ihm nicht übel. Es handelte sich lediglich um ein Missverständnis. Er hatte seine Bitte schlecht formuliert – oder sie hatte seine Wünsche falsch aufgefasst. Wenn zwei sich missverstehen, ist selten nur einer dafür verantwortlich … Er hätte sich zwar nicht aufregen sollen, war jedoch sicherlich übermüdet.

Schließlich hatte er kurz darauf eine junge Frau ausgesucht, die seinen Kriterien entsprach. Die Sache war geklärt. Tief innen hatte sie akzeptiert, auf ihre Mission zu verzichten.

Die Tage hatten sich aneinandergereiht und die Stammesmitglieder an die regelmäßige Versammlung gewöhnt. Krakus hatte ihr einen seltsamen Namen mit fremdländischem Klang gegeben: *The Jungle Time*. Er sagte, die Dinge existierten nur, wenn man sie benennen könne.

Élianta hatte jetzt den Eindruck, besser informiert zu sein über die Geschehnisse, und wusste das zu schätzen. Sie hatte herausgefunden, dass die Welt rings um sie nicht so positiv war, wie sie glaubte. Diese Einsicht zerrte gewiss an den Nerven, aber war sie nicht auch nützlich? Zum Glück folgte auf die *Jungle Time* immer eine entspannende Sitzung, bei der man in den Vidophor schaute. Welch schöne Erfindung, die einem ermöglichte, alles zu vergessen und völlig loszulassen, ohne an irgendetwas zu denken … Im Übrigen war jeder höchst erfreut gewesen über die Nachricht, dass der Apparat von nun an ständig eingeschaltet bliebe. So konnte man im Vorübergehen innehalten und sich treiben lassen, während der Geist von hübschen aufsteigenden Kugeln gefangen genommen wurde.

* * *

»Sind wir doch nicht blöd! Natürlich hat sie das absichtlich gemacht!«

Krakus schritt in Sandros Hütte auf und ab und versuchte, seine Wut zu zügeln, die erneut in ihm aufstieg. Er wollte über diese Angelegenheit nicht mehr sprechen. Warum bohrte Sandro das Messer tiefer in die Wunde?

»Ich glaube nicht. Es ist nur so, dass sie nicht die gleichen Maßstäbe hat wie du. Oscar Wilde sagte: ›Die Schönheit liegt im Auge des Betrachters.‹«

»Die Schönheit ist nichts als die Schönheit. Darüber lässt sich nicht streiten. Ich kapier nicht, warum du Élianta reinwaschen willst.«

»Nein, im Grunde ist das sehr subjektiv. Bei der Schönheit gibt es keine absolute Norm.«

»Subjektiv, subjektiv … Bring irgend 'ne Mieze her, und wir werden sofort sagen können, ob die schön ist oder nicht. Wirst sehen, wir werden komplett einer Meinung sein. Da gibt's nix Subjektives.«

»So einfach ist es nicht. Wir sind uns nicht bewusst, inwieweit wir durch Bilder beeinflusst werden, die die Gesellschaft verbreitet. Die Darstellungen angeblich perfekter Frauen überfluten unsere Magazine, Schaufenster, Bildschirme, aber wer hat die Kriterien festgelegt? Weder du noch ich … Da all diese Bilder in die gleiche Richtung gehen, hält man sie für den Inbegriff der Wahrheit. Daraus wird dann für alle eine Tatsache, eine Norm. Wir merken nicht, in welch hohem Maße unser Geschmack auf diese Weise geprägt wird, mit der Folge, dass wir uns selbst etwas vormachen. Wir glauben, in unseren Präferenzen frei zu sein, sind es aber eigentlich nicht.«

»Na ja …«

»Zum Beweis: Die allgemein anerkannten Vorstellungen von weiblicher Schönheit ändern sich von Epoche zu Epoche. In der Renaissance etwa galt eine Frau als schön, wenn sie füllig war und schmale Lippen hatte …«

»Kann ich kaum glauben …«

»Weil du konditioniert worden bist, das Gegenteil zu bevorzugen …«

Krakus näherte sich dem Fenster und blickte nach draußen. Wenn die Indianer wirklich jede Alte schön finden konnten, waren sie leicht zu befriedigen. Demnach verspürten die Frauen keinen allzu großen Druck, den Männern zu gefallen. Kein Wunder, dass diese Wilden glücklich waren … Das musste sich ändern, unbedingt. Und wenn der Geschmack tatsächlich von äußeren Einflüssen abhing, dann würde er sich darum kümmern. Man musste ihnen nur Maßstäbe für Schönheit eintrichtern, denen niemand gerecht werden konnte. Das würde ihnen Qual bereiten, und man hätte viel zu lachen …

»Wie haben sie auf Godys Apparat reagiert?«, fragte Sandro.

Krakus wandte sich ihm zu.

»Die war'n total platt. Jedenfalls hab'n sie mich nicht mehr mit ihren Einwänden genervt, sobald ich 'nen Vorschlag gemacht hab. Die wurden ganz ruhig und freundlich. Dieses Ding ist echt spitze!«

Sandro schien für Augenblicke in seine Träume abzuschweifen.

»Vor allem müssen wir am Ball bleiben …«, sagte er schließlich.

»Das tun wir. Sie hab'n jetzt das Recht, den ganzen Tag in den Apparat zu gucken, wann immer sie wollen. Wir schalten ihn nur ab während der *Jungle Time* und der Sitzung mit den dämlichen Geschichten vom alten Erzähler. Die hätt' ich gern abgeschafft, aber offenbar legen sie Wert drauf.«

Sandro nickte versonnen. Sein Blick schien sich in der Leere zu verlieren. Er murmelte, als würde er zu sich selbst sprechen.

»Da wir nun ihren Geist eingeschläfert haben, können wir die Samen des Unglücks säen, ohne dass sie Widerstand leisten …«

Krakus betrachtete ihn unschlüssig.

»Und was ist der nächste Schritt?«

Sandro antwortete nicht sofort. Er war in Gedanken versunken und schaute zu Boden.

Dieser Typ ist extrem launisch, dachte Krakus. *Eben noch in normaler Stimmung, ist er jetzt ohne erkennbaren Grund völlig niedergeschlagen.*

»Man muss die Indianer vom Großen Ganzen abtrennen«, sagte Sandro plötzlich mit ausdrucksloser Stimme.

»Das Große Ganze … Drückst du das mal in der Alltagssprache aus?«

Mit der Miene eines geprügelten Hundes schien Sandro nach seiner Inspiration zu suchen. Vielleicht sollte er Gody bitten, ihm Antidepressiva zu verabreichen.

»Die Indianer leben im Gefühl, der Welt anzugehören, die sie umgibt, ein Teil unter anderen zu sein. Und für sie sind alle Teile dieser Welt permanent miteinander verknüpft. Jeder Indianer fühlt also tief im Innern seine Verbindungen mit den anderen Menschen, der Natur, der Erde, dem Kosmos … Sie sind von diesem Ganzen eigentlich nicht zu trennen.«

»Hm«, machte Krakus, der den Sinn dieser unklaren Ausführungen nicht recht verstand.

»Der Philosoph Marc Aurel kommt ihrer Auffassung von der Welt am nächsten, selbst wenn er sie natürlich nicht gekannt hat. Er schrieb nämlich: ›Alle Dinge fügen sich ineinander, und ihre Verbindung ist heilig und keines, kann man sagen, ist den andern fremd, denn alle wurden zusammen angeordnet und tragen zusammen zur schönen Ordnung der gleichen Welt bei.‹«

»Ah ja?«

»Das Glück dieser Indianer beruht auf ihrer Fähigkeit, mit der Welt, ihrer vertrauten Umgebung zu verschmelzen.«

»Gut, das alles ist super, aber was machen wir konkret?«

Sandro senkte den Blick.

»Man muss diese Verbindungen zerschlagen, die Indianer isolieren, sie räumlich voneinander trennen, auch innerhalb der Familien, damit sie das Glück vergessen, in der Gemeinschaft zu sein. Man muss sie davon überzeugen, dass jeder unabhängig vom Rest der Welt existiert, dass sie … obenauf sind, überlegen, dass sie diese Welt sogar unterwerfen und bezwingen können … Danach suggerieren wir ihnen die Illusion vom egoistischen Glück, um ihnen schließlich weiszumachen, dass Glück über die Außenwelt errungen wird, wie ein Sieg über die anderen, das Universum, die Götter ...«

Krakus verzog das Gesicht. Er hatte es satt, solch philosophischen Gedankenflügen ohne jeden Aktionsplan folgen und ständig um Erklärungen bitten zu müssen.

»Verstehst du?«, fragte Sandro.

»Ich werd 'n paar Dinge ausprobieren, dann wirste unsre Wilden mal sehn und mir sagen, ob das hinhaut.«

Sandro legte sich in die Hängematte und kehrte ihm den Rücken zu.

»Ich werde nichts sehen. Ich will *sie* nicht sehen. Niemals.«

11

»Guten Abend allerseits!«

Seit fast drei Wochen präsentierte Ozalee die *Jungle Time* und war inzwischen eingearbeitet. Anfangs hatte sie die Aufgabe angenommen wie jede andere, denn diese Veranstaltung war in ihren Augen nichts Besonderes. Doch Krakus hatte jeden Tag darauf bestanden, seiner Moderatorin höchste Ehre zu erweisen. Ständig wiederholte er, dass alle gerne an ihrer Stelle wären, dass sie das Glück habe, ausgewählt worden zu sein, dass es sich hierbei um eine außergewöhnliche Tätigkeit handle, und dass sie allmählich eine völlig neue Art von Stolz empfinden werde, ein bisher unbekanntes, merkwürdiges Gefühl.

In der Vergangenheit war sie zwar auf manche ihrer Handlungen stolz gewesen, aber zum ersten Mal resultierte ihr starkes Selbstwertgefühl aus dem Vergleich mit anderen. Seltsamerweise erfüllte es sie mit Stolz, eine Position innezuhaben, die den anderen verwehrt blieb, und so kam sie sich anders, besser, schöner vor … Das hatte sie noch nie erfahren. Von nun an fand sie sich überlegen, einzigartig …

…ab ihr Ratschläge, wie sie noch mehr bewundert … würde – etwa ein Oberteil zu tragen, wohingegen …ewohnt waren, den Oberkörper frei zu lassen.

»Du musst deine Brüste bedecken«, hatte er gesagt.

Diese Empfehlung rechtfertigte er mit dem Ausspruch eines gewissen Sandro, zweifellos ein Weiser: »Das Objekt weist das Begehren zurück.« Er brachte ihr bei, nur den Ansatz der Brüste zu enthüllen, um jenes berühmte Begehren zu wecken.

»Wozu ist das gut?«, fragte sie.

»Wenn du die Blicke der Männer anziehst, werd'n alle Frauen dich beneiden und dir ähnlich sein woll'n.«

»Aber sie sind alle verschieden! Was haben sie davon, mir ähnlich zu sein?«

»Damit stellste in den Augen der andern deinen Wert unter Beweis.«

Sie hatte gehorcht, ohne den Zweck der Bemühung genau zu verstehen, stellte dann aber überrascht fest, wie die Blicke der Männer sich in ihrem Dekolleté verloren. Es schien, als wollten sie unbedingt das sehen, was sie nicht weiter beachtet hatten, als sich die Möglichkeit dazu bot. Ozalee fand Gefallen an diesem kleinen Spiel und wurde bald zum Zentrum des Interesses aller männlichen Mitglieder der Gemeinschaft.

Daraufhin hatte Krakus sie aufgefordert, unter ihr Kleidungsstück zwei Kugeln aus Blättern zu stopfen, um die Brüste größer erscheinen zu lassen.

»Das ist nicht glaubwürdig«, protestierte sie. »Ich bin zu schlank, um große Brüste zu haben …«

»Eben«, beharrte er. »Gerade weil das nicht richtig zusammenpasst, macht's dich einzigartig … Du wirst von jetzt an 'ne Frau verkörpern, der niemand ähnlich sein kann.«

»Dann werden sie meinem Beispiel nicht mehr folgen.«

Krakus lachte.

»Keine Bange, wir sorgen schon dafür, dass du für alle die Hauptperson bleibst. Aber du wirst unnahbar … eine Halbgöttin sozusagen …«

Wieder konnte Ozalee die Argumentation nicht wirklich nachvollziehen. Doch bislang hatte sie Krakus vertraut, und das war ihr zugutegekommen. Also fügte sie sich …

»Guten Abend allerseits!«

Die Stammesmitglieder waren vor ihr versammelt. Krakus hatte eine Art Bühne aus Holz zimmern lassen, auf der sie thronte. Wie üblich teilte sie die schlechten Nachrichten mit, die im Laufe des Tages gesammelt worden waren. Vor ihm hatte sie sich erstaunt gezeigt über die Auswahl dieser negativen Informationen, wo doch täglich so viele wunderbare Dinge im Dschungel passierten. Aber seiner Meinung nach war das die unverzichtbare Grundbedingung, damit die Zuhörer süchtig wurden nach dem Negativen.

»Willste dein Publikum bei der Stange halten«, hatte er betont, »musste bei denen weiterhin unangenehme Gefühle hervorrufen … Sonst haben die bald genug davon, und es kommt keiner mehr, um dich zu bewundern.«

An diesem Abend fand eine etwas spezielle *Jungle Time* statt.

»Meine Freunde, ich habe Gody und Krakus eingeladen!«

Die zwei Männer tauchten auf und setzten sich neben sie.

»Danke, dass Sie zu uns gekommen sind. Offenbar möchten Sie uns einige Vorschläge machen, um das Leben in der Siedlung zu verbessern, nicht wahr?«

Krakus nickte und wandte sich dem Publikum zu. Im Halbdunkel konnte Ozalee sehen, dass sämtliche Blicke auf ihn gerichtet waren. Er gönnte sich einige Sekunden der Stille. Ihr war klar, dass er damit die Erwartung im Publikum steigerte.

»Meine lieben Freunde. Das Leben im Urwald ist nicht immer leicht. Ich weiß, dass ihr ständig kleinen und großen Gefahren ausgesetzt seid und darunter leidet. Ich denke zum Beispiel an dieses arme Kind, das letzte Woche mutterseelenallein auf 'ne Klapperschlange gestoßen ist und sich nur durch 'ne List entfernen konnte, ohne von ihr angegriffen zu werden. Mein Gott, es muss sich zu Tode gefürchtet haben. Und ich weiß auch, dass es nicht gerade lustig ist, mit der Angst zu leben, dass euch 'n Baum auf 'n Kopf fällt oder …«

Ozalee unterdrückte ein Lächeln. Krakus hatte ihr seine Methode verraten: Am Anfang zeigt man sich immer einfühlsam gegenüber den Leuten, sagt ihnen mit emotional aufgeladenen Worten, wie gut man ihre Schwierigkeiten begreift, und versucht dann, sie von den vorgeschlagenen Lösungen zu überzeugen. So fühlen sich die Leute verstanden und schlucken die bittere Pille, falls man keinen besonders interessanten Vorschlag hat, oder haben wenigstens die Illusion, man sei einer der ihren.

»… dass irgendwelche Mikroben sich verbreiten wie ’n Lauffeuer und euch und euren Familien großen Schaden zufügen … In Anbetracht dieser Umstände müssen wir, um uns zu schützen, uns von der Natur isolieren und anstelle der *maloca* mehrere Familienhütten bauen. In jeder Hütte werden wir Wände einzieh’n, damit jeder von euch auf seinem eignen Strohsack schlafen kann, die Kinder auf der einen Seite, die Eltern auf der andern … Außerdem müssen wir rings um die Siedlung Zäune errichten, um uns abzugrenzen von den Bäumen, Pflanzen und allen Raubtieren, die sich da drin verstecken …«

Ozalee beobachtete die Menge. Keine Reaktion, keine Einwände. Krakus gelang es tatsächlich, sie zu überzeugen.

»Genau deshalb haben wir unseren Experten Gody eingeladen«, sagte sie, »um seine Meinung über all das zu erbitten.«

Sie wandte sich dem Medikus zu. Er schaute in eine andere Richtung, offenbar versunken in interessantere Gedanken.

»Jeder kennt Sie durch Ihre Erfindung des Vidophors, den wir alle schätzen. Unter uns sind Sie derjenige, der über die größte Reichweite des Wissens verfügt, und so können wir es kaum erwarten, Ihre Ansichten über die von Roberto Krakus genannten Punkte zu erfahren.«

Gody starrte weiterhin in die Ferne, und Ozalee fragte sich, ob er sie gehört hatte. Sie zögerte einen Moment, ein wenig irritiert durch das Schweigen.

»Gody, wir sind gespannt auf Ihre Ausführungen …«

Der Gast wiegte den Kopf, blieb aber stumm.

Sie schaute Krakus an, um von ihm Beistand zu erhalten, doch der ließ den Medikus nicht aus den Augen.

»Gody«, fuhr sie fort, »finden Sie, dass man durch die Vorschläge von Roberto Krakus den Problemen in der Siedlung beikommen könnte?«

Sie warf ihm einen flehenden Blick zu, den er nicht zu bemerken schien.

»Ja.«

Halleluja! Er hatte gesprochen!

Man musste die Glut schüren, ehe sie erlosch.

»Bestätigen Sie, dass es eine gute Idee ist, die Gemeinschaft von der Natur abzugrenzen?«

Schweigen.

»Ja.«

Verflixt, konnte er seine Aussagen nicht ein wenig vertiefen?

»Und wird die Ausbreitung von Krankheiten eingedämmt, wenn man für jede Familie eine Hütte baut, um die Leute voneinander zu trennen?«

Schweigen.

»Ja.«

Sie musste ihn irgendwie zum Sprechen bringen, und zwar schnell. Sonst war das Interview verpfuscht.

»Ich würde gerne Ihre Ansicht zu diesem Thema hören. Können Sie uns etwas mehr darüber sagen?«

Er hob eine Braue in ihre Richtung. Sie versuchte, seinem Blick zu begegnen, konnte aber durch die verschmutzten Brillengläser seine Augen nicht erkennen.

Er seufzte und unternahm eine deutliche Anstrengung.

»Na gut, stellen Sie Ihre Frage.«

Er hatte dies in verächtlichem Ton geäußert, als würde er ihr vorwerfen, ihm die Zeit zu stehlen.

Sie begann zu schwitzen.

»Zunächst einmal geht es um die Idee, uns von der Natur zu isolieren … Ist das tatsächlich eine wirksame Methode, die uns Schutz gewährt?«

Er fixierte sie mit seinen undurchsichtigen Bifokalgläsern.

»Das liegt auf der Hand und ist völlig einleuchtend. Je weiter wir uns von den Störfaktoren entfernen, die der problematischen Umgebung anhaften, desto mehr verringert sich das damit verbundene Risiko, während im gleichen Maße das Sicherheitsniveau der lebendigen Organismen, auf welche die genannte Maßnahme abzielt, steigt. Logisch.«

Er verstummte, und wieder trat Schweigen ein. Man hätte hinten im Publikum einen Moskito fliegen hören.

Ozalee schluckte. Ohne zu wissen, warum, kam sie sich plötzlich sehr dumm vor.

»Und … was ist mit den geplanten Trennungen?«

Die Brillengläser starrten sie reglos an.

»Wie lautet Ihre Frage?«

Sie fühlte sich sehr unwohl. Ihr Gesicht glühte und sonderte noch mehr Schweißtropfen ab.

»Beseitigen die Trennungen zwischen den Familien das Risiko der Ansteckung?«

»Beseitigen? Wie sollen sie es beseitigen? Denken wir logisch.«

»Äh … ich meine, reduzieren sie das Risiko?«

Er seufzte, als spräche er mit einer Schwachsinnigen.

»Die Promiskuität ist ein erschwerender Faktor, was die Ausbreitung von Seuchen betrifft. Daran besteht kein Zweifel.«

»Also empfehlen Sie uns, die Familien auf verschiedene Hütten zu verteilen.«

»Nein, ich empfehle gar nichts, ich bin nicht verantwortlich für die Verwaltung der Siedlung.«

»Jedenfalls halten Sie diese Lösung für die beste.«

»Ich behaupte nicht, dass es die beste Lösung ist, denn Sie haben mir nur eine präsentiert.«

»Aber Sie geben zu, dass sie gut ist?«

»Sie ist angemessen.«

Krakus gab Ozalee diskret ein Zeichen und wandte sich den Indianern zu.

»Meine Freunde, ihr habt nun die Meinung des Experten gehört. Ihm könnt ihr voll und ganz vertrau'n. Alle Gründe sprechen dafür, dass diese Maßnahmen die richtigen sind. Daher ford're ich euch auf, sobald wie möglich die Zäune zu errichten und die Hütten zu bauen.«

Er lächelte und schien ziemlich zufrieden. Das war das Wichtigste, selbst wenn Ozalee den Kürzeren gezogen hatte.

Sie schickte sich an, die Sitzung mit einigen ebenso erfreulichen wie belanglosen Nachrichten zu beschließen, als sich im Publikum eine klare und reine Stimme erhob.

Ozalee suchte mit den Augen das Halbdunkel ab und erkannte die schlanke Gestalt Éliantas, die zwischen den ihren stand.

»Sie haben unser Wohl im Sinn, und das berührt uns tief. Aber was Sie vorschlagen, ist einfach nicht möglich.«

Ozalee sah, wie Krakus' Lächeln erstarrte, während ein Murmeln durchs Publikum ging. Alle Augen hefteten sich auf Élianta. Mit dem langen, fließenden Stoff, mit dem sie am kühlen Abend ihre Schultern bedeckt hatte, glich sie einer griechischen Statue, aufrecht und weiß, schwach beleuchtet durch die flackernden Schimmer des Feuers. Erneut wurde es ringsum still. Der Urwald selbst, plötzlich stumm, schien an den Lippen der jungen Frau zu hängen.

Sie fuhr fort mit sanfter und sonorer Stimme, die im Theater tropischer Vegetation widerhallte.

»Wir können nicht von der Natur getrennt werden … da wir zur Natur gehören.«

Es war, als kämen ihre ruhigen, zugleich aber eindringlichen Worte aus den tiefsten Gründen der Erde. Ozalee spürte, wie ihr Körper von einem Schauder ergriffen wurde. Jeder hielt den Atem an. Krakus' Gesicht verkrampfte sich zusehends.

»Indem wir uns von der Natur isolieren«, sagte Élianta, »isolieren wir uns von einem Teil unserer selbst. Wir wären wie Kinder, die von ihrer Mutter getrennt werden, wie Pflanzen, die man aus der Erde reißt …«

Gody hob die Augen zum Himmel und verließ die Bühne.

Élianta sprach unbeirrt weiter.

»Was die individuellen Hütten betrifft, wäre es ziemlich traurig, voneinander getrennt zu werden, wo wir doch auf so wunderbare Weise miteinander verbunden sind. Unsere Geister sind vereint, untereinander ebenso verknüpft wie mit dem Geist der Pflanzen und dem der Mutter Erde. Uns davon zu entfernen würde unsere Seelen unglücklich machen …«

Ozalee sah in Krakus' Augen den Hass aufblitzen. Er erhob sich ruckartig und lenkte damit alle Blicke auf sich. Dann schritt er auf und ab, suchte nach Worten, bemüht, seine Ruhe wiederzufinden, ehe er sich äußerte.

»Man muss mit der Zeit gehn. Man kann nicht in die Steinzeit zurückkehren und ein rückständiges Leben führen. Man darf nicht auf den Fortschritt verzichten. Es gibt keine Geister mehr, weder bei den Pflanzen noch in der Erde, die nichts andres ist als 'ne Ansammlung von verfaulendem Grünzeug. Höchste Zeit, dass man aufhört, an solchen … Firlefanz zu glauben. Die Natur ist nicht eure Freundin, in ihrem Schoß trägt sie gefährliche Tiere, Ungeziefer und alle möglichen Bakterien, Mikroben, Viren. Die sind überall und bedroh'n euch ständig. Wenn ihr euch nicht davor schützt, werden sie euch vernichten. Also rate ich euch dringend: Errichtet Zäune, baut Hütten, meine Freunde.«

Er trat ab in angespanntem Schweigen, und Ozalee beeilte sich, die letzten Neuigkeiten mitzuteilen, um dann mit dem Wetter zu schließen.

»Heute hat es geregnet. Anders ausgedrückt … Es ist nicht schön.«

12

»Mann, hier langweilt man sich zu Tode!« Marco ließ sich in seine Hängematte unter den Bäumen fallen.

Krakus hob die Augen und richtete sie auf ihn. Einige Meter weiter blätterte Alfonso, am Boden gegen seinen Rucksack gelehnt, zum hundertsten Mal lustlos einen *Playboy* durch.

Plötzlich erblickte Krakus eine Indianerin, die in der Ferne vorüberging, und erkannte Zaltana wieder, jene junge Frau, deren Wäsche er beschmutzt und die er vergeblich zu irritieren versucht hatte. Sie schlenderte zur Siedlung, einen Korb mit Früchten auf der Schulter, den Arm erhoben, um ihn festzuhalten. Die Brüste schaukelten hin und her im Rhythmus ihres Ganges. *Geil*, dachte Krakus. *Muss mich irgendwann mal um die kümmern.*

»Wir verlier'n unsre Zeit«, fuhr Marco fort. »Sandros Ideen sind lasch. Hätten wir doch bloß unsere Methoden angewandt, ruck, zuck …«

»Kann uns egal sein. Er zahlt.«

»Wann wirste eigentlich unsern Tarif mit ihm aushandeln?«

»Ist schon geschehn. Hab 'n bisschen gewartet, bis er zugab, dass er selber keinen Finger rühren wird, dass er die Wilden gar nicht sehen will. Also hab ich die Gelegenheit beim Schopfe gepackt.«

»Wie viel haste von ihm verlangt?«

Krakus jubilierte innerlich.

»Genug, um 'n paar Jährchen 'ne ruhige Kugel zu schieben.«

Alfonso lächelte einfältig.

»Jedenfalls stellt er sich blöd an«, sagte Marco. »Was er uns da machen lässt, funktioniert nicht.«

»Geht nicht auf seine Kappe, wenn Élianta alles sabotiert«, erwiderte Krakus.

Élianta … Es war schon das zweite Mal, dass sie ihm in die Quere kam. Allein schon die Nennung ihres Namens verdüsterte seine Stimmung.

»Alfonso?«

»Hm?«, gab der zurück, ohne den Blick von seinem Magazin abzuwenden.

»Ich werd dir 'ne Aufgabe anvertrau'n. Du erkundigst dich über dieses Mädchen. Ich will wissen, warum sie das macht, welches Interesse sie dabei verfolgt …«

»Hab schon meine Fühler ausgestreckt«, sagte Marco.

Krakus betrachtete ihn sowohl zufrieden, rasch eine Antwort zu erhalten, als auch enttäuscht, dass ihm jemand den

Rang abgelaufen hatte. Es fiel ihm wirklich schwer, ein Anführer zu sein, sei es bei den Indianern oder bei seinen Gefährten.

»Sag mir, was du rausgefunden hast«, befahl er in harschem Ton, um die Zügel wieder an sich zu reißen.

Marco streckte sich in seiner Hängematte aus und gestattete sich ein ansteckendes Gähnen. Krakus nahm sich zusammen, um es ihm nicht nachzutun.

»Sie ist mehr oder weniger Schamanin.«

Krakus unterdrückte ein nervöses Zucken. Er hatte diese angeblichen Heiler, die er als Scharlatane betrachtete, immer schon verabscheut. Ungeachtet dessen erschreckten ihn die Welt der Geister, die schwarze Magie und all diese archaischen Riten, die er einerseits fürchtete, andererseits in den Schmutz zog.

»Drückst dich nicht grade präzis aus … Ist sie Schamanin oder nicht?«

»Sie ist eingeweiht worden, aber nicht bis zum Schluss, weil ihr Meister gestorben ist. Anscheinend wird sie offiziell noch nicht völlig anerkannt.«

Das erklärte alles … Sie versuchte sich zu legitimieren und brauchte die Anerkennung der Gruppe, deshalb hatte sie sich vorgedrängt und seine Pläne durchkreuzt. Sie selbst wollte Macht über die anderen gewinnen …

Plötzlich musste Marco heftig niesen, holte ein Papiertaschentuch hervor und schnäuzte sich. In wenigen Wochen hatte Alfonsos Erkältung die Runde gemacht und nacheinander alle fünf infiziert. Marco war der Letzte in der Reihe …

Da überfiel Krakus eine Idee.

»Gib mir dein Taschentuch!«, rief er und sprang auf.

Der andere sah ihn überrascht an.

»Aber …«

»Los!«

»Aber das hab ich benutzt …«

»Her damit, sag ich!«

Der andere reichte das Taschentuch seinem Chef, der es zwischen zwei Fingerspitzen nahm.

»Echt widerlich«, sagte Marco.

Doch Krakus war schon verschwunden.

* * *

Élianta nahm den Weg zum Lager der Fremden.

Ein leichter Wind ließ die Blätter der Bäume erzittern und die Nadeln der Koniferen in der Sonne aufleuchten. Sie sagte sich, dass Krakus die Schönheit der Welt, der er angehörte, nicht begriffen hatte. Der Arme litt offenbar wie ein Kind, das im Schoß seiner Familie von der Vorstellung tiefer Unsicherheit geplagt wird. Wie schrecklich es sein musste, sich durch Mutter Erde derart bedroht zu fühlen, dass man sich von ihr isolieren will … Sich von der Natur abtrennen war so, als würde man sich die Hände abtrennen aus Angst, was sie einem während des Schlafs antun könnten.

Krakus brauchte Hilfe. Seine seelische Störung führte ihn in die Irre, und er konnte andere mit sich reißen.

Kurz vor dem Lager nahm sie seine Gestalt wahr. Er ging zu der Hütte, die von Palisaden umgeben war. Also bog sie ab, um seinen Weg zu kreuzen. Allem Anschein nach in Gedanken versunken, sah und hörte er nicht, wie sie näher kam.

»Guten Tag«, sagte sie mit breitem Lächeln.

Er fuhr zusammen, erkannte sie und wich zurück, das Gesicht verzerrt. Der Arme.

»Wie geht's?«, fragte sie.

»Was willst du?«, erwiderte er misstrauisch.

»Ich bin hier, um dich zu sehen.«

»Wozu?«

»Um ein bisschen mit dir zu plaudern.«

Er reagierte nicht, starrte sie aber weiter an.

»Komm«, sagte sie. »Machen wir einen Spaziergang.«

»Einen Spaziergang?«, fragte er ungläubig.

Was war natürlicher als ein Spaziergang? Dieser Mann war wirklich sonderbar.

Sie nickte. Er blickte um sich, schien zu zögern.

»Komm.«

Sie ergriff seine Hand und nahm ihn mit. Sie fühlte seinen Widerstand, seine Anspannung. Er folgte ihr, zog jedoch die Hand zurück. Beide stießen in den Urwald vor: Sie setzte ihre nackten Füße behutsam auf die Erde und die Blätter, er marschierte in seinen schweren schwarzen Lederstiefeln über den Boden. Bei jedem Schritt hörte man das Rascheln seiner Militärhose. Wie konnte er in dieser Hitze eine derartige Aufmachung ertragen, wo man sich doch mit einem bloßen Lendenschurz so wohlfühlte? Sicherlich spürte er niemals die Liebkosung der Luft auf der Haut.

»Schau, wie schön das Licht heute ist.«

»Das Licht?«

»Ja, sieh nur, wie es den Dschungel in eine zauberhafte Atmosphäre taucht. Betrachte diese gleißenden Lichtbündel dort: Es ist den Sonnenstrahlen gelungen, das Blattwerk zu durchdringen. Als hätte sich ein Regenvorhang herabgesenkt. Komm! Wir werden einen Blick darauf werfen, was sie beleuchten …«

Krakus schien nicht sehr motiviert. *Er kennt nicht die Schönheit der Welt*, dachte Élianta. *Ich werde dafür sorgen, dass er sie entdeckt.*

Sie ging ihm voran, glitt zwischen die Gräser und Sträucher, schob Lianen beiseite, balancierte über einen umgestürzten Baumstamm, sprang über ein Rinnsal mit kristallklarem Wasser.

»Was willst du eigentlich?«, schimpfte er, mühsam hinterherstapfend.

Sie konnte ihr Lächeln nicht verbergen, erwiderte jedoch nichts, schritt einfach weiter, schlängelte sich bis zu den Lichtbündeln durch und ließ sich dann auf die Knie fallen.

»Was machste da?«

»Komm und schau!«

»Was denn?«

»Runter mit dir!«

Er versetzte der Vegetation am Boden einige Tritte mit den Stiefeln und kniete nieder, sichtlich verstimmt.

Zufrieden atmete sie tief ein, ergötzte sich an den köstlichen Düften der Pflanzen.

»Okay, was gibt's?«, fragte er.

Sie schloss die Augen, ließ langsam die Luft aus ihren Lungen strömen und blieb einen Moment völlig reglos, um dann erneut einzuatmen.

»Hör auf die Natur …«

»Aber …«

»Pst!«

Er schwieg einige Sekunden, bewegte zwanghaft Kopf, Hände und Schultern, außerstande, zur Ruhe zu kommen.

»Gibt nichts zu hören«, sagte er schließlich.

»Still! Hör genau hin …«

Er blieb stumm, schien mit tausend Dingen beschäftigt, nicht aber mit dem gegenwärtigen Augenblick.

»Wo bist du?«

Er runzelte die Stirn.

»Hier …«

»Nein, du bist nicht hier …«

Er schreckte zurück.

»Wo soll ich denn deiner Meinung nach sein?«

Sie schaute ihm direkt in die Augen.

»In deinen Gedanken.«

Er wandte den Blick ab.

»Du bist betäubt durch den Lärm deiner Gedanken und kannst nicht hören, was hier passiert. Sie machen dich blind, und du kannst nicht sehen, was ist …«

»Wie? Was gibt's zu seh'n? Was gibt's zu hör'n, hä?«

Sie betrachtete ihn schweigsam.

»Das Leben, Roberto. Das Leben.«

Er hielt ihrem Blick einige Sekunden stand und senkte dann die Lider. Eine Wolke musste sich vor die Sonne geschoben haben, denn die Lichtbündel erloschen, und der Ort wurde in Dämmerlicht getaucht. Die zarten, zauberhaften Grüntöne ringsum nahmen eine dunkle und geheimnisvolle Färbung an. Dann erschienen die Bündel wieder, noch heller, noch glänzender, als hätten die Geister sämtliche Scheinwerfer auf die Herrlichkeiten der Natur gerichtet.

»Du bist derart zerfahren in deinen Gedanken und so sehr in Anspruch genommen vom Handeln, dass du das Leben nicht mehr siehst. Du befindest dich in einer Welt von unglaublicher Schönheit und bist dir dessen gar nicht bewusst.«

Sie schwiegen einen langen Moment, dann nahm Élianta eine winzige Bewegung im Blattwerk wahr. Sie berührte Krakus' Hand und legte den Zeigefinger auf ihre Lippen. Beide warteten wie versteinert.

Etwa zehn Meter entfernt trat ein junges Gürteltier hervor und suchte mit der Schnauze den Boden nach Nahrung ab. Mit seinen kugelrunden Augen, den kleinen, muschelförmig eingerollten Ohren und dem zierlichen Schuppenpanzer war es einfach hinreißend. Plötzlich hielt es inne, neigte den Kopf zur Seite, musterte die beiden Besucher und setzte schließlich seine Suche fort.

»Die Natur offenbart sich nur denen, die genug Zeit erübrigen, um sie wahrzunehmen«, flüsterte sie.

Er reagierte nicht.

»Schau dir den an!«, sagte sie, auf einen Milchbaum mit breitem, geradlinigem Stamm deutend, der sich majestätisch inmitten der Vegetation erhob.

Élianta stand auf, schlich in seine Richtung und umfing ihn mit nackten Armen.

»Hast du schon einmal die Energie eines Baumes gefühlt?«, fragte sie, ihn fester umschlingend.

Sie drückte einen Kuss auf die Rinde des riesigen, vor ihr aufgerichteten Stammes.

»Energie? Ein Stück Holz hat keine Energie, außer man verbrennt's …«, erwiderte Krakus.

Sie schloss wieder die Augen, das Gesicht an den Stamm geschmiegt, und atmete genüsslich dessen würzigen Duft ein.

»Hörst du das leise Murmeln des Windes in seinem Blattwerk ganz da oben? Lausche all dieser Schönheit …«

Wortlos warf er ihr einen Blick zu.

Sie kam zurück und kniete sich neben ihn.

»Riechst du das Aroma des Waldes? Schließe die Augen … Atme jetzt tief ein … langsam … und besinne dich auf diese köstlichen Düfte … Ist das nicht wunderbar?«

Sie hatte das Gefühl, dass er sich berühren ließ und anfing, das Unbegreifliche zu erahnen. Sie gab ihm dafür viel Zeit, um dann fortzufahren.

»Woraus setzt sich dein Körper zusammen, was meinst du?«

Er öffnete überrascht die Augen. Wahrscheinlich hatte er sich diese Frage nie gestellt.

»Du bist das, was du isst … Also, was isst du?«

Mit weit ausholender Armbewegung zeigte sie auf die Umgebung.

»Alles, was du verzehrst, kommt aus der Natur. Daher ist die Natur in dir, es sind ihre Atome, die dich zusammensetzen. Daher sind wir unauflöslich miteinander verbunden. Und daher ist der Geist der Natur in dir.«

Sie hielt seinem Blick stand.

»Indem du dich von der Natur entfernst, entfernst du dich von *deiner* Natur …«

Gedankenverloren schaute Krakus in die Ferne. Es erschallte der Schrei eines Kolibris, der in seinem leuchtend grünen Federkleid durch die Lüfte schoss. In vollem Flug machte er vor ihnen halt und verharrte mit leise schlagenden Flügeln in der Schwebe, wie nur diese Vögel es können. Dann verschwand er genauso schnell, wie er gekommen war.

Élianta lächelte. Erneut schloss sie die Augen und atmete tief durch. Als sie sie wieder öffnete, fiel ihr Blick auf eine kleine Costus-Blüte, verborgen hinter Palmblättern. Sie beugte sich nieder, um jene näher zu betrachten.

»Hast du diese Vollkommenheit gesehen? Jedes Blütenblatt ist nach einer bewundernswerten Symmetrie angeordnet. Wer den Urwald nicht kennt, glaubt, darin herrsche nur Chaos. Solche Leute sind einfach nicht imstande, hinter die Erscheinungen zu blicken. Im Grunde ist das Leben hier großartig organisiert. Jede Pflanze hat ihren Platz, und das Ganze erfreut sich einer perfekten Harmonie. Wenn du eintauchst in den Dschungel, fühlst du im Innern dieses magische Gleichgewicht …«

Sie wandte sich Krakus zu.

»Die gesamte Schönheit der Welt findet sich im Urwald, ja in jedem Teil, der zu ihm beiträgt. Hier, nimm irgendein Blatt … Betrachte es genau.«

Krakus bückte sich ebenfalls.

»Schau«, fuhr sie fort, »wie seine Adern angelegt sind … Auf jedem Blatt sieht man den ganzen Baum abgebildet, ist das nicht fantastisch?«

Élianta schien, als ließe er sich erweichen.

»Es ist herrlich«, sagte sie. »Spür doch, wie zart seine Oberfläche ist, wie samtig …«

»Ha, ha, ha, ha!«

Beide zuckten zusammen und drehten sich um.

»Ha, ha, ha, ha!«

Da stand Marco und musterte sie, geschüttelt von höhnischem Gelächter.

»Ha, ha, ha! Wie goldig! Ha, ha, ha! Echt rührend! Ha, ha, ha, ha!«

Krakus sprang wütend auf.

»Ha, ha, ha, ha! Alfonso wird sich schieflachen! Ha, ha, ha! Das wird er mir nicht abnehmen! Ha, ha, ha!«

»Jetzt reicht's!«, schrie Krakus.

Doch Marco konnte sich nicht mehr einkriegen.

Krakus beeilte sich, den Ort zu verlassen. Als er an Élianta vorbeiging, hörte sie ihn murmeln:

»Das wirst du mir büßen!«

* * *

Krakus war außer sich vor Zorn. Er hatte die Indianer nicht von seiner Idee überzeugen können, einzelne Hütten sowie Zäune zu errichten. Nun war es sein Mitarbeiter, der sich über ihn lustig machte. Sein Mangel an Autorität war spürbar bis in die eigene Truppe. Diese Fehlschläge weckten in ihm das Gefühl der Unzulänglichkeit, der Ohnmacht – und das Bedürfnis, sich an aller Welt zu rächen.

Angekommen vor der Festung des Medikus schlug er heftig gegen die Konservenbüchse mit Kieselsteinen, die als Klingel diente.

»Gody! Ich bin's, Roberto! Mach auf! Los, dalli!«

Das Tor öffnete sich einen Spaltbreit, und er erzwang den Einlass.

Gody wich zurück.

»Was ist denn in dich gefahren?«

»Weißt schon, Marco ist erkältet. Wenn ich dir eins seiner Taschentücher geb, kannste dann irgend'n Mittel finden, um die ganze Siedlung zu infizier'n?«

Krakus zog das Taschentuch aus der Tasche.

Godys erste Reaktion bestand darin … nicht zu reagieren.

»Kannste oder kannste nicht?«

Gody runzelte die Stirn.

»Die ganze Siedlung infizieren?«

»Ja.«

Schweigen.

»Also?«, hakte Krakus nach.

»Aber warum willst du die ganze Siedlung infizieren?«

»Weil ich's so beschlossen hab.«

Auf einmal war Krakus stolz auf sich. Endlich bejahte er seine Macht.

»Also?«, wiederholte er.

Gody verzog das Gesicht.

»Das bedarf reiflicher Überlegung …«

»Hab keine Zeit. Überleg auf der Stelle.«

Gody zog eine Braue hoch, trat ein paar Schritte zurück, die Augen seitwärts nach unten gerichtet. Er begann zu murmeln, als spräche er zu sich selbst.

»Alle infizieren … Schau'n wir mal … Das heißt … Auf der deontologischen Ebene … und sogar auf der ethischen … Schau'n wir mal … Infizieren …«

Wenn Gody in Gedanken abschweifte, konnte das Stunden dauern. Krakus schlenderte zu einer Holzkiste, holte ein kleines Bündel Dollarnoten hervor, legte es hin und setzte einen großen Stein darauf. Gody war weiter in seinen Monolog vertieft, die Ideen zirkulierten in einer Endlosschleife.

»Schau'n wir mal … Infizieren … Ist das möglich … Ethische … Verantwortung … Hippokrates … Ah … Hippokrates … Gott …«

»Beeil dich!«

Der Medikus ging jetzt auf und ab und strich sich dabei über den Schädelansatz.

»Gewiss … auf der rein wissenschaftlichen Ebene … ist das eine interessante Herausforderung … Eine Premiere sozusagen … Schau'n wir mal … Die Forschung ist nicht untersagt … Man kann immer Forschung betreiben … und ist nicht dafür verantwortlich, was die andern mit den Ergebnissen anstellen … Schau'n wir mal … Mit einem Taschentuch … Schau'n wir mal … Wann hat Marco sich geschnäuzt?«

Krakus reichte ihm das Taschentuch.

»Vor 'ner knappen Stunde. Aber wenn du willst, kann er's noch mal machen!«

Gody entfernte sich, um seine Sachen zu durchstöbern, wobei er immerzu in den Bart grummelte.

»Fast eine Stunde … Große Hitze …«

Kurz darauf kehrte er zurück, eine Pinzette in der Hand, mit der er das Taschentuch an einer Ecke schnappte und vor seine Brillengläser führte.

»Kümmerste dich drum?«, fragte Krakus.

Der Medikus antwortete nicht; sein Schweigen drückte Zustimmung aus. Krakus schickte sich an zu gehen.

»Gib mir 'n Zeichen, sobald du so weit bist.«

Godys langsamer, völlig beiläufiger Tonfall hielt ihn zurück. Er redete, ohne sein Gegenüber anzusehen.

»Du bist dir im Klaren, welche Auswirkung das auf die Indianer haben wird, nicht wahr?«

Krakus wandte sich ihm zu und nickte.

»Sie waren noch nie erkältet, und ihre Vorfahren auch nicht«, erklärte Gody weiter. »Sie haben nie irgendwelche Antikörper entwickelt. Du weißt, was das bedeutet?«

Krakus betrachtete ihn lächelnd.

»Weiß ich. Diese Erkältung hat die Macht, sie alle umzubringen.«

13

Die Zeit totschlagen …

Seiner depressiven Stimmung überlassen hielt Sandro es in der Hütte nicht mehr aus. So wollte er nur ein paar Schritte tun in dem kleinen gerodeten Areal direkt davor …

Allein mit sich selbst zu bleiben war das Schlimmste. Es gab nichts, um seinen Geist anzuregen, nichts, um ihn von der Absurdität seines Daseins abzulenken. Seine einzige Aktivität war die Rache. Seine einzige *Zerstreuung*, hätte Blaise Pascal gesagt, der alles verstanden hatte: Der Mensch muss sich wirklich jeder Art von körperlicher, geistiger oder seelischer Beschäftigung widmen, um den Fragen über seine Person, sein Leben oder dessen Sinn strikt auszuweichen und weder mit dem unerträglichen Fehlen der Antworten noch mit dem Tod konfrontiert zu werden … Vom Einsatz für berufliche Pflichten über alle möglichen Formen der Zerstreuung bis zur völligen Selbstaufgabe im Vergnügen unternahm der Mensch alles, um zu vergessen, um zu vergessen …

Diese verfluchten Indianer wurden von derlei Problemen nicht gequält … Da sie sich einem Ganzen zugehörig fühlten, das sie umschloss und überstieg, akzeptierten sie sogar den Tod – überzeugt, dass jede Seele ewiglich an der Welt teilhabe.

Daher rührte ihre heitere Gelassenheit, ihre Unbekümmertheit, ihr Vertrauen in das Leben …

Sandro sagte sich, dass es ihm mithilfe von Krakus gelingen werde, die Indianer vom Großen Ganzen abzutrennen, sie zu isolieren, ihren Glauben an ein unsichtbares Band zu zerstören, das alle Lebewesen – Menschen, Tiere und Pflanzen – miteinander verbindet. Er wollte sie der Leere eines rein individualistischen Lebens aussetzen, und angesichts dieses Abgrunds der Absurdität würde ihnen schwindeln vor einer Existenz, die jedes Sinns entbehrte. Folglich ergriffe sie die Angst vor dem Tod, und man bräuchte ihnen nur zahlreiche Zerstreuungen zu bieten, damit sie ihrem Leben völlig entfremdet würden.

Die Zeit totschlagen …

Hätte er doch nur einige Bücher mitgenommen … Zugleich aber wollte er keine einzige philosophische Zeile mehr lesen und verabscheute jene Worte der Weisheit, die er nicht länger in die Praxis umzusetzen vermochte und nun als vergebliche moralische Lektionen betrachtete – gespickt mit Aufrufen, den anderen zu verzeihen, auf seine Rache zu verzichten, das Vergangene zu vergessen. So viele unerträgliche Vorschriften, in deren Spiegel er das Scheitern der eigenen Existenz aufblitzen sah.

Sein Leben war zweimal zerbrochen worden: Er hatte nicht nur seine Frau verloren, sondern auch sein inneres Gleichgewicht. Gut, dieses war noch fragil gewesen … Zwar behandelte er die Welt der Ideen und deren philosophische Konzepte mit großem Geschick, aber war er deshalb zu einem Weisen geworden? Nein … Diese auffällige Diskrepanz beschämte ihn. Nach Jahren der Arbeit an sich selbst war es ihm kaum geglückt, die Ereignisse und alltäglichen Probleme aus einer etwas höheren Perspektive zu betrachten und mit der nötigen Ruhe zu relativieren.

Ah, der Alltag … Es fiel ihm wesentlich leichter, die großen Prinzipien zu erörtern, als mit jenen Sorgen fertigzuwerden, die ihn regelmäßig vor neue Hindernisse stellten … Dennoch hatte er im Laufe der Jahre kleine Siege über sich selbst errungen, indem er allmählich sein prätentiöses Image aufgab, sein Bedürfnis nach Anerkennung, seine Rechthaberei, nicht mehr dauernd auf unberechtigte Kritiken oder Bosheiten der anderen reagierte, langsam lernte, auf die Reue ebenso zu verzichten wie auf die Sehnsucht nach vergangenem Glück und sich nicht allzu selbstgefällig in diesen Treibsand der Melancholie sinken zu lassen. Manchmal hatte er es sogar geschafft, sich von dem Zwang der Wünsche ein wenig zu befreien und jeden Augenblick in seinem Leben, seinen Beziehungen, seiner Arbeit intensiver zu genießen, ohne etwas anderes zu begehren als das, was er schon besaß …

All diese Anstrengungen, diese Beschäftigungen mit der eigenen Person, um endlich einen Vorgeschmack auf das Glück zu bekommen … Doch innerhalb weniger Minuten hatte das Drama die Jahre des Fortschritts zunichtegemacht, ihn in die Tiefe gerissen, in den Abgrund des Schmerzes, des Hasses und des Unglücks. Nach einer ersten Erfahrung inneren Erwachens war er, heimgesucht von seinen Leiden, wieder ein ganz gewöhnlicher Mensch geworden. Und nun verlor er sich mehr und mehr in der Finsternis der Seele.

Die Zeit totschlagen …

Er hätte zumindest Romane, Krimis oder dergleichen ins Gepäck tun können, um dem Trott zu entfliehen, auf andere Gedanken zu kommen, Träumen nachzuhängen … Nichts. Er hatte nichts dabei und war in der schlimmsten Gesellschaft der Welt – allein mit sich selbst.

Er konnte einen Rundgang im Dschungel machen, aber wie sollte er vermeiden, dort den Indianern zu begegnen?

Sandro zögerte lange, bis er dessen überdrüssig wurde, und traf endlich eine Entscheidung. Er zog seinen Militäranzug über, schlüpfte in die Stiefel, setzte zum Schutz einen Hut auf und verließ die Hütte. Die von der warmen Feuchtigkeit des Unterholzes erfüllte Luft roch nach Flechten und Moos.

Plötzlich hörte er erregte Stimmen und blieb stehen. Krakus' Handlanger, die aus der Festung des Medikus kamen, trugen zu zweit einen großen, offenbar schweren Krug. Sie nahmen den Weg zur Siedlung.

»Ist mir egal, ich trink trotzdem davon«, erklärte einer der beiden.

»Mach keinen Mist. Gody hat gesagt, das Gesöff ist für die Indianer bestimmt, niemand sonst darf's anrühren.«

»Hör zu, ich spiel gern den Barmann, aber dann soll mir keiner vorschreiben, nüchtern zu bleiben.«

»Gody hat gesagt: Das ist kein Alkohol.«

»Hat er bloß behauptet, damit wir die Finger davon lassen!«

»Hm. Aber wenn's nur 'n normaler Aperitif wär, hätte Krakus nicht Gody beauftragt, das Zeug zuzubereiten.«

Sandro wartete, dass die Stimmen sich entfernten, schlug dann die entgegengesetzte Richtung ein und drang vorsichtig in den Urwald. Mit den Augen suchte er den Boden nach Schlangen ab und machte regelmäßig eine Pause, um den Blick schweifen zu lassen. Von den allgegenwärtigen Bäumen senkte sich ein Geflecht aus Lianen herab, das aufgespannten Netzen glich, wie um ihn einzufangen. Nach einigen Minuten drehte er sich um. Die Hütten waren schon nicht mehr zu sehen. Er achtete darauf, einigermaßen geradeaus zu gehen, um sich nicht zu verirren, und vermied die Berührung mit den Pflanzen, um nicht den Angriff einer giftigen Spinne zu riskieren. Wenn er daran dachte, inmitten eines Urwalds zu sein, so groß wie das Meer, wurde ihm schwindlig. Ohne Krakus wäre er völlig außerstande, in die Zivilisation zurückzufinden. Sein Leben lag in dessen Hand.

Er erinnerte sich an New York, und das Heimweh verknotete ihm den Magen, weckte das Gefühl von innerer Leere. Seine akademische Welt fehlte ihm, seine Frau, die er nie mehr wiedersehen würde, seine Wohnung … die betörende Aussicht abends aus dem 37. Stockwerk auf die Wolkenkratzer mit ihren Abertausend erleuchteten Fenstern ... dann die unaufhörlich heulenden Sirenen und die funkelnden Lichter ... das so intensive Leben überall ...

Sandro schritt langsam vorwärts und stieß dann auf einen Bach. Vielleicht bezogen daraus die Indianer ihr Frischwasser. Er beschloss, der Strömung zu folgen. Durch das plätschernde Geräusch kam ihm die Luft kühler vor. Eine weitere Illusion ... Er entspannte sich ein wenig, schloss die Augen und atmete tief ein, um seine Ängste zu vertreiben, seinen Geist zu klären. Einfach nur die Luft spüren, ihren Geruch wahrnehmen, ohne an etwas zu denken ... Der Kopf leer ... Ihn einfach leer lassen ...

Vor seinem inneren Auge erschien die Gestalt von Marc Aurel, seltsamerweise in eine weiße Toga gehüllt, wo er doch fast nie eine solche getragen hatte. Marc Aurel ... Der philosophische Kaiser war einer der Weisen, die er am meisten bewunderte ... Wie Sandro neigte er zur Traurigkeit. Doch es war ihm gelungen, sie zu überwinden. Alles andere als ein von der Welt und den täglichen Kümmernissen abgeschnittener Denker, gehörte er zu den wenigen Philosophen mit einem ausgeprägten Berufsleben, in welchem er seine Grundsätze immer wieder zur Anwendung brachte. Weder die enormen Verpflichtungen gegenüber dem Römischen Reich noch die Verschwörungen, Konflikte und Kriege hatten ihn von der Weisheit abbringen können. Sogar auf dem Schlachtfeld hatte er sich wie ein Philosoph verhalten ...

Sandro schüttelte den Kopf, öffnete die Augen und schaute sich um. All dieses vegetale Durcheinander ... Er setzte seinen

Marsch am Bach entlang fort und gelangte schließlich zu einem natürlichen Wasserbecken, umgeben von tiefgrünen Büschen mit glänzenden Blättern, von blühenden Sträuchern und Bambus. In der Nähe lag ein flacher schwarz schimmernder Felsen. Wilde Blüten trugen Farbtupfer in Blau und Rosa bei. Sandro blieb stehen, trotz seiner düsteren Stimmung berührt durch den Ort, die Ruhe und Friedlichkeit, die davon ausgingen.

Plötzlich erstarrte er, und ein Schauder durchlief seinen Körper. Es war jemand im Wasser … eine Frau … Er hielt den Atem an und fühlte das Blut in den Adern pochen. Zum Glück kehrte sie ihm den Rücken zu. Er wagte keine Bewegung mehr, musste diese Indianerin, diese Feindin wie gebannt betrachten …

Nach einer Weile sagte er sich, dass sie vielleicht nicht allein war. Reglos suchte er mit den Augen den Raum nach weiteren Menschen ab, konnte aber niemanden entdecken. Voll innerer Anspannung blickte er erneut zum Becken.

Sie hatte die Arme überkreuzt, um sich auf einen Ast zu stützen, der im Wasser trieb. Er konnte ihr Gesicht nicht sehen, erkannte jedoch das Haar, das zu einem langen, halb untergetauchten Zopf zusammengebunden war, den Nacken und den oberen Teil des Rückens, leicht gefurcht zwischen den Schulterblättern infolge der geöffneten Arme.

Als zur Linken ein Vogel zwitscherte, drehte sie den Kopf in seine Richtung und bot damit ihr Profil dar. Er erinnerte sich, vor einiger Zeit schon einmal ihrem Blick begegnet zu sein, direkt vor seiner Hütte.

Er rührte sich nicht von der Stelle, unschlüssig, was zu tun sei, erfüllt vom Wunsch, unsichtbar zu bleiben, zugleich aber außerstande, die Augen von der jungen Indianerin abzuwenden. Er fühlte sich hypnotisiert, seine ganze Kraft und Entscheidungsfähigkeit wie durch Magie aufgesogen von der stillstehenden Zeit. Geist und Sinne wurden betört durch den Anblick dieser Szene, das leise Plätschern des Wassers, das die Pflanzen durchscheinende Licht, die milde Luft, köstlich parfümiert mit den Essenzen des Urwalds.

Unversehens machte die Frau eine gleitende Bewegung nach vorn, wodurch das Wasser sich sanft teilte und regelmäßige Wellen aussandte, die wie schlaftrunken den Beckenrand erreichten. Dann setzte sie die Füße auf festen Grund und erhob sich, um langsam zum gegenüberliegenden Ufer zu waten. Sandro sah, wie sich der Rücken ihm allmählich offenbarte, dann die sehr schlanke Taille … Er konnte nicht umhin, auf diesen nackten Körper, dessen so zarte und braune Haut zu starren … Als der obere Teil der Hinterbacken erschien, wurde Sandro plötzlich bewusst, dass er diesen Moment gegen seinen Willen auskostete, und dieser Gedanke stieß ihn ab.

Er drehte sich um und lief davon.

14

»Ich fleh dich an, hilf uns!«

Die betagte Indianerin bekam einen Hustenanfall, der niemals aufzuhören schien. Élianta drückte sie an sich, um ihr Erleichterung zu verschaffen. Seit gestern hatten viele sich an sie gewandt und medizinische Behandlung erbeten. Dadurch geriet sie in einen Gewissenskonflikt. Sie hatte ihre Initiation nicht beendet und war daher als Schamanin nie bestätigt worden. Sie selbst fühlte sich nicht wirklich bereit, eine solche Verantwortung zu übernehmen. Wenn man ihr Vertrauen entgegenbrachte, durfte sie sich nicht irren und das Risiko eingehen, das Übel noch zu verschlimmern. Ganz zu schweigen davon, dass sich die wahre Befähigung eines Schamanen schnell herumsprach innerhalb der Gemeinschaft. Es brauchte nur einige täppische Versuche oder Fehler, um seine Glaubwürdigkeit dauerhaft zu beschädigen.

Élianta tadelte sich sogleich für derlei Überlegungen und hielt es für egoistisch, an ihren Ruf zu denken, während die anderen Stammesmitglieder Qualen litten …

»Bitte!«

Die alte Frau sprach mit heiserer, kaum hörbarer Stimme, und die Geräusche, die aus ihrem Mund drangen, wurden verschluckt vom Schüttelfrost. Obwohl sie sich noch aufrecht hielt, schien sie der Agonie nah.

Nie zuvor hatte Élianta eine so merkwürdige Krankheit gesehen. Und warum breitete sich diese wie ein Lauffeuer in der Siedlung aus? Zwei Drittel der Bewohner waren betroffen. Täglich kamen neue Fälle hinzu. Was ging da vor? Die Fremden waren indes nicht erkrankt. Wüteten etwa die Geister gegen ihr Volk? Aber weshalb? Welches Tabu hatten sie verletzt, welches Gebot der Natur übertreten, welches Gleichgewicht missachtet?

Jeden Abend musste Ozalee während der *Jungle Time* feststellen, dass die Plage weiter um sich griff. Tags zuvor hatte sie sich ernstlich die Frage gestellt, warum Élianta nichts dagegen unternahm. Dieser Vorwurf, unvereinbar mit den Sitten und Gebräuchen der Gemeinschaft, hatte zur Folge, dass sie zum ersten Mal in ihrem Leben eine tiefe Scham empfand. Ein seltsames Gefühl …

Die Greisin sank auf einen Stein. Élianta setzte ihren Weg durch die Siedlung fort: Was für ein trostloser Anblick! Diejenigen, die nicht in der *maloca* liegen geblieben waren, dämmerten hier und dort im Halbschlaf vor sich hin – hockend auf einem Baumstumpf, ausgestreckt auf einer Böschung oder zusammengekrümmt nah der Feuerstelle auf dem Platz, die Stirn glänzend vor Schweiß. Und überall dieses ständige Husten, dieses höllische Husten, das die entkräfteten Körper fast bis zum Ersticken erschütterte.

Élianta begann sich schuldig zu fühlen. Warum war ihr nicht elend wie den anderen? Warum wurde sie verschont?

Je weiter sie zwischen den Kranken voranschritt, desto deutlicher drängte sich ihr die Antwort auf: Die Geister ließen ihr die Gesundheit, damit sie den anderen zu Hilfe kommen konnte. Das Übel, das so viele peinigte, stellte eine Herausforderung dar, und sie hatte die Pflicht, diese anzunehmen. Das war ihre Mission. Sie hatte an ihren Fähigkeiten gezweifelt, ihre Berufung zuletzt in den Hintergrund gedrängt. Diese wurde ihr nun wieder bewusst, zwang sie, eine Entscheidung zu treffen und in Aktion zu treten. Man kann sein Schicksal nicht verleugnen … Sie musste Vertrauen haben in sich, in ihre Mittel und Möglichkeiten. Ja, sie würde es schaffen.

Die Ankündigung ihres Entschlusses verbreitete sich schnell unter den Stammesmitgliedern.

»Wir haben wieder einen Schamanen«, sagten sie. »Wir sind gerettet!«

Die ihr auferlegte große Verantwortung beflügelte Élianta. Sämtliche Hoffnungen waren auf sie gerichtet. Von ihr hing jetzt das Überleben des Stammes ab.

Eines Abends berief sie eine Versammlung aller Kranken ein, die um das zentrale Feuer stattfand. Einige mussten von den Tapfersten gestützt oder getragen werden. Die Körper schienen völlig ausgelaugt, aber die Augen glänzten vor Vertrauen.

Neben dem lodernden Feuer war aus dessen Glutstücken ein zweites, schwächeres entzündet und darüber ein Kessel aufgehängt worden. Élianta hatte die Liane sowie die kostbaren Blätter sorgfältig ausgesucht, um *Ayahuasca* zuzubereiten, jenen Trank, der ihr ermöglichen würde, mit den Geistern Zwiesprache zu halten, die Krankheit zu verstehen und die zur Heilung notwendigen Pflanzen zu entdecken. Die Anweisungen ihres Meisters genau befolgend hatte sie gewissenhaft die Rinde vom Stiel abgezogen, diesen in Stücke geschnitten, zu Pulver zermahlen und die Blätter zerkleinert. Dann war die Mischung in den Kessel gegeben und mit Wasser bedeckt worden. Seit drei Stunden köchelte der Sud auf kleiner Flamme und verströmte das magische Aroma des *Ayahuasca*.

Die hereingebrochene Nacht hüllte die Siedlung in einen geheimnisvollen Schleier. Élianta kniete sich vor das Feuer, blies behutsam über die Glut, die stärker aufglomm und aus ihrem orangefarbenen und gelben Innern mehr Wärme abstrahlte. Das leise Murmeln der Kranken steigerte sich zu einem Gesang im Einklang mit ihren Gebeten.

Élianta hob den schweren Behälter hoch und schüttete den Sud in einen anderen Kessel, welchen sie ebenfalls über dem Feuer aufhängte. Der betörend duftende Dampf stieg in leichten Spiralen auf, berührte die Gesichter, besänftigte die Geister. Sehr langsam wurde die braune Flüssigkeit immer zäher, immer dunkler, bis sie die Farbe der Finsternis annahm.

Die junge Indianerin atmete tief ein und ließ die Luft lange aus den Lungen strömen, ohne innezuhalten. Der Moment war gekommen. Sie fand sich ihrem Schicksal gegenüber, mit der Pflicht, ihren Auftrag zu erfüllen. Sie fühlte sich ruhig, zuversichtlich.

Sie goss etwas von dem Gemisch in eine Tonschale, die sie vor sich auf den Boden stellte.

Die Kranken in ihren weißen, vom Feuer schwach erhellten Tüchern ähnelten Gespenstern, aufgetaucht aus der Nacht, um ihre sanften Klagen zu flüstern.

Élianta intonierte die von ihrem Meister überlieferten Worte, in jener alten vergessenen Sprache, die alle kannten, deren Sinn sie selbst aber nicht immer verstand:

Trënë trënë trënë
achakapachbë
inayubiche yaki
ikaiko agayuchkin …

Sie nahm die Schale und führte sie an ihre Lippen. Die Kranken ließen Élianta nicht aus den schmerzerfüllten Augen, darin die Flammen tanzten, Augen, die ihr den Mut und die Kraft einflößten, sie alle zu retten.

Sie trank einen Schluck. Der äußerst bittere Geschmack füllte den Mund aus, prägte sich Zunge, Gaumen und Zahnfleisch ein. Ihre Augen schlossen sich wieder, und so verharrte sie einen langen Moment völlig reglos. Als sie die Lider kurz ein wenig öffnete, sah sie, wie die geröteten Gesichter leicht hin und her schwangen und in trägem Rhythmus den melodischen Sprechgesang begleiteten.

Sie nahm einen zweiten Schluck, der ihr noch bitterer schien, und schluckte dann den Rest in einem Zug. Eine ganze Weile hielt sie die Augen geschlossen, spürte die Wärme des Feuers, das ihre Lider mit unterschiedlichen Tönen von Rot, Gelb und Grün bedeckte. Ah, diese wunderbare … göttliche Wärme. Die Worte des Meisters drangen erneut aus ihrem Mund:

Trënë trënë trënë
achakapachbë
inayubichë yaki
ikaiko agayuchkin …

Sie rezitierte diese Verse wieder und wieder, und sie wurden zu einem Refrain, einer Art Stakkato, das sich einfügte in das Gemurmel der Kranken und sie benommen machte … während das Feuer … das Feuer … ihre Lider illuminierte … ihren Geist. Die Worte begannen in ihrem Mund zu kreisen … zu tanzen … und plötzlich fühlte sie sich wohl … äußerst wohl … Lächeln … lächeln bis in alle Ewigkeit …

Irgendwann überkam sie die Übelkeit und wurde stärker, ebenso heftig wie eine anstürmende Welle. Doch Élianta bejahte und empfing sie nach besten Kräften und so lang der Angriff dauerte. Am Ende war sie erleichtert … gelassen … ja, das war es … gelassen … und abermals in einem Zustand tiefen Behagens …

Nun kam ihr das Gemurmel lauter vor, das Knistern des Feuers verwandelte sich in Krachen und Knall, das langsame

Aufwallen des *Ayahuasca* machte in ihren Ohren genauso viel Lärm wie ein ungestümes Brodeln. Die leisesten Geräusche waren zehnmal so laut, die Gerüche gegenwärtiger, intensiver …

Auf einmal tauchte in ihrem Blickfeld ein blendendes, blaugrünes Licht auf, das in den Raum zu gleiten und über die Kranken zu streichen schien, ohne dass sie sich dessen bewusst waren. Nur Élianta besaß die Gabe, dieses Licht zu erkennen. Zeitweise hatte sie den Eindruck, dass es eine menschliche Gestalt annahm, um sich dann zu verformen und in einer fließenden Bewegung wie eine Welle zu schwingen.

Schließlich nahm sie, wie von ihr erhofft, die Körper der Kranken als transparente Silhouetten wahr. Lediglich ein Bereich blieb undurchsichtig: eine Linie, die vom Halsansatz senkrecht nach unten verlief, dann sich nach links und rechts ausdehnte, um aus jeder Seite eine Art riesige Bohne zu bilden: der Sitz des Übels, von dem ihre Nächsten befallen waren, alle an der gleichen Stelle …

Es war das erste Mal, dass Élianta, der es gewiss an Erfahrung mangelte, deutlich den von der Krankheit betroffenen Körperteil sah. Sie entspannte sich – im Vertrauen darauf, dass *Ayahuasca* ihr nun auch jene Pflanze offenbaren würde, die das unbekannte Übel beseitigen konnte. Sie wartete. Die Pflanze … die Pflanze musste ihr ein Zeichen übermitteln … sich auf die eine oder andere Weise zeigen …

Das blaugrüne Licht, ebenso anmutig wie kraftvoll, flirrte weiter durch den Raum. Élianta ließ sich treiben gemäß dem guten Willen der Geister, gewiegt von der verstärkten Melodie der Gesänge und den Worten, die ihr spontan über die Lippen kamen, als hätte sie gar nicht gesprochen, wie betäubt von den durchdringenden Düften des Urwalds. So geduldete sie sich, und die Zeit verging, ohne dass sie ihr Einhalt zu gebieten versuchte …

Vor ihrem inneren Auge formte sich allmählich ein Bild, verschwommen, farblos, zerbrechlich, schwebend. Éliantas Herz krampfte sich zusammen. Das Bild schien mit ihr zu spielen, sich immer wieder zu entziehen … Je mehr sie sich darauf konzentrierte in der Hoffnung, endlich der Pflanze ansichtig zu werden, die ihren Stamm heilen konnte, desto eher tendierte deren phantasmagorisches Bild dazu, sich in nichts aufzulösen. Élianta erstarrte, wollte es zurückhalten und erkennen, bevor es verschwand, aber die Vision entwich ihr, verblasste.

Élianta atmete tief durch, zwang sich, eine entspannte Haltung einzunehmen, ihr Vertrauen wiederzufinden und das Geschehen so zu akzeptieren, wie es sich ergab …

Nach einem langen Moment schien das Bild zurückzukehren und sich ihr zu nähern. Dieses Mal konnte Élianta es empfangen, denn es war ihr gelungen, sich von jeder Erwartung freizumachen …

Wie in Zeitlupe zeichnete sich der Schemen eines grünen Blattes ab, näherte und vergrößerte sich, wurde immer klarer, genauer, farbiger. Da erstarrte Élianta das Blut in den Adern.

Das Blatt, das sie vor Augen hatte, gehörte nicht zu ihrem Urwald. In ihrem ganzen Leben hatte sie ein solches nie zu Gesicht bekommen.

15

»Hab noch nie so was Dämliches geseh'n!«

Gody schüttelte den Kopf, um seine Missbilligung kundzutun. Krakus stand vor dem Holztisch, Teil eines zweigeteilten Baumstamms. Auf der Seite stapelten sich leere Arzneipackungen. Mit einem Stößel zerdrückte er Hunderte Tabletten.

»Geht dich nichts an! Lass mich mal machen«, konterte er.

»Ob du ihnen Tabletten oder Pulver verabreichst, ändert überhaupt nichts an der Tatsache, dass du damit ihre Lungenentzündung heilst. Und genau das wollen sie doch, oder?«

Krakus legte sein ganzes Gewicht auf den Stößel, bewegte ihn von links nach rechts und wieder zurück. Das weiße Pulver häufte sich auf dem Tisch an.

»Die zu heilen … ist nicht … mein einziges Ziel«, grummelte er, außer Atem infolge der Anstrengung.

Er setzte seine Arbeit fort, bis das Pulver genauso fein zermahlen war wie Mehl.

»Gott sei Dank haben wir genug Antibiotika auf Lager …«

»Gott hat mit dieser Sache nichts zu tun«, erwiderte Gody.

Krakus schaute ihn an, und plötzlich kam ihm eine Idee. Er lächelte.

»Alfonso, gib mir das Laken aus deinem Schlafsack.«

»Mein Laken? Wozu?«, gluckste der andere, ein Kokablatt kauend.

»Wirst schon sehn.«

»Warum meins? Kannst ja deins nehmen …«

»Nimm beide. Wir werden sie brauchen. Beeil dich!«

Alfonso kam der Aufforderung im Schneckentempo nach. Krakus seufzte und wandte sich an Marco.

»Lauf zu Ozalee und sag ihr, dass sie anfangen und die Feuer anzünden soll, wie wir's besprochen haben.«

Er schaute ihm hinterher und schüttete sogleich das ganze Pulver in einen Tontopf, den er mit einem Deckel verschloss. Er fuhr sich mit den Händen in die Haare, die eine weißliche Färbung annahmen.

»Los, 's wird Nacht. Gehn wir, bevor die alle einpennen.«

Sie machten sich auf den Weg zur Siedlung, bogen dann im Halbdunkel ab, um die *maloca* zu meiden und hinter der Bühne anzukommen, ohne dass die versammelten Indianer sie sehen konnten. Krakus hatte die Teilnahme aller verlangt, nicht nur der Kranken.

Dichtes Gebüsch trennte sie von der Bühne, verdeckte sie völlig.

Krakus zog die Stiefel aus, den Militäranzug, das T-Shirt und die Socken. Anschließend schlang er sich ein zusammengefaltetes weißes Laken um die Taille, verknotete es im Rücken und warf ein zweites über die nackten Schultern, sodass es wie ein langer Schleier über den Boden schleifte. In diesem Aufzug wandte er sich Alfonso zu.

»Gib Ozalee ein Zeichen.«

Krakus wartete geduldig, bis sie die Ansage machte. Die abendliche Kühle ergriff ihn, und er fröstelte. Plötzlich waren hinter ihm Schritte zu hören. Er fuhr herum und fand sich Marco gegenüber, der bei seinem Anblick schallend loslachte.

»Halt die Klappe!«

Doch der andere bog sich vor Lachen.

»Ist das der Fummel, in dem du an Weihnachten den Guru spielst?«

»Schnauze! Jetzt bin ich an der Reihe …«

Er ging um das Gebüsch herum und betrat die Bühne. Ringsum waren neun Feuer entzündet worden, die einen großen Kreis bildeten, zu dessen Mitte Krakus majestätisch schritt, den geöffneten Tontopf vor sich haltend. Dank der angelegten Tücher spürte er auf seiner fast nackten Haut eine angenehme Wärme. Im Zentrum thronte ein Baumstumpf, der als Tisch diente und auf den man eine Kalebasse und eine Schale gestellt hatte. Sämtliche Stammesmitglieder waren vor ihm im Dämmer versammelt, manche sitzend, andere zusammengekrümmt oder liegend, nacheinander von einem Husten erfasst, der ihre geschwächten Körper schüttelte. Zwischen den prasselnden Flammen sah er die abgezehrten Gesichter, deren Augen aus tiefen Höhlen starrten. Während der Rauch von neun Feuerstellen aufstieg, erfüllte der Geruch der Holzkohle die gesamte Szenerie.

Krakus nahm sich viel Zeit. Er tauchte die Hand in seinen Topf, zog sie andächtig wieder heraus und ließ das weiße Pulver zwischen den Finger rieseln.

»Die Kranken mögen herbeikommen!«, verkündete er im feierlichsten Ton, der ihm zu Gebote stand.

Er war selbst überrascht von der wohlklingenden und festen Stimme, mit welcher er gesprochen hatte. Eine Stimme, die im Urwald widerzuhallen schien. Man konnte es nicht besser machen.

Er betrachtete das Volk, wartete eine Weile, musste dann aber die Tatsache anerkennen, dass niemand sich vom Fleck rührte. Einige drehten den Kopf, tauschten Blicke, aber keiner stand auf.

Er unternahm einen weiteren Anlauf.

»Dieses Pulver«, fuhr er mit sonorer Stimme fort, »wird das Übel, an dem ihr leidet, beseitigen! Kommt zu mir, und ihr werdet geheilt!«

Seine Worte blieben ohne Reaktion.

Krakus schluckte. Was tun? Selbst wenn diese Kamele im Sterben lägen, würden sie ihm nicht folgen. Er fühlte die Wut in sich hochsteigen. Eine Wut, zu der bald die Schmach sich gesellte. Plötzlich kam er sich lächerlich vor, ganz allein auf der Bühne, umwickelt mit weißen Laken, die Haare weiß gepudert. Marco würde sich bestimmt köstlich amüsieren, Gody ihn verachten …

Seine Ohnmacht weckte in ihm die Lust, jemandem eins auf die Nase zu geben … wem auch immer …

In diesem Augenblick nahm er den Schatten Alfonsos wahr, der sich mit besorgter Miene heranschlich und ihm ins Ohr flüsterte:

»Die sind zu schwach, um aufzusteh'n, geschweige denn zu geh'n. Die haben nicht mal mehr die Kraft, um den Mund aufzumachen. Geh du auf sie zu und bring ihnen das Pulver.«

Kommt nicht in die Tüte, dachte Krakus. Es war nicht an ihm, den ersten Schritt zu tun und die Bühne zu verlassen, wo er über eine gewisse Aura verfügte. Er durfte sich nicht erniedrigen, nein, auf keinen Fall. Außerdem würde er derart kostümiert in ihrer Mitte erst recht lächerlich wirken. Ausgeschlossen!

»Lasst sie kommen. Helft ihnen!«

Alfonso riss die Augen auf.

»Aber wie denn? Wir werden sie ja wohl nicht alle zu dir tragen?«

»Doch! Tragt die Kranken her!«

Alfonso drehte sich mit fragender Miene zu Marco um.

»Los! Beeilung!«, befahl Krakus.

Er wurde wütend. Es gelang ihm noch nicht einmal, seine Leute zur kleinsten Geste zu bewegen. Er stand da, eingekeilt auf der Bühne, gekleidet wie eine Braut, die sich mit einem Tontopf zwischen den Händen in Positur warf.

Schließlich trafen die Männer eine Entscheidung und brachten ihm jeweils einen Kranken. Bald folgten ihnen einige gesunde Indianer, die andere Leidende begleiteten. Vor Krakus bildete sich eine Warteschlange.

Marco setzte seine missmutige Miene auf.

»Jetzt sind wir keine Söldner mehr, sondern Schwesternhelferinnen«, brummte er.

»Stimmt, unsere Funktion wird total abgewertet«, pflichtete Alfonso ihm kauend bei.

Der erste Kranke trat vor Krakus, der kerzengerade dastand wie Cäsar, um seine Überlegenheit deutlich zu zeigen, und auf ihn herabblickte.

»Glaubst du, dass ich die Macht habe, dich zu heilen?«

Der andere hatte kaum Kraft, die flehenden Augen zu seinem Retter zu heben und mit einem langsamen Kopfnicken zuzustimmen.

»Also geschehe dir gemäß deinem Glauben«, sagte Krakus in pathetischem Ton.

Daraufhin tauchte er die Hand in den Topf, nahm eine Prise Pulver zwischen Daumen und Zeigefinger und näherte sie mit schwülstiger Geste dem Mund des Patienten.

»Das ist mein Pulver …«

Über dem halb geöffneten Mund rieb er die Finger aneinander.

Doch das Pulver musste im Rachen des Kranken kleben geblieben sein, denn er begann heftig zu husten. Krakus ergriff die Kalebasse, goss ein wenig Flüssigkeit in die Schale und reichte sie ihm.

»Das ist mein Wein …«

Sein Gegenüber trank einen Schluck, taumelte und fiel dann Alfonso in die Arme. Schon kam der Nächste an die Reihe.

Die Zeremonie dauerte mehr als eine Stunde. Irgendwann stand Zaltana vor ihm, die junge Indianerin, deren Wäsche er beschmutzt hatte, und hielt ihr Kind an der Hand. Selbst im kranken Zustand war sie begehrenswert. Krakus tat so, als würde er sie abhorchen, und nutzte die Gelegenheit, ihre Brüste zu befummeln. Mit einer abrupten Bewegung schüttelte sie ihn ab. *Die ist schüchtern*, sagte sich Krakus. *Die mag das, traut sich aber nicht und unterdrückt daher ihre Lust. Na warte, meine Schöne, ich krieg dich schon.*

Er wandte sich dem nächsten Kranken zu.

Das Ritual wurde an weiteren Abenden fortgesetzt. Am dritten Tag waren die ersten Anzeichen von Heilung zu erkennen. Nach einer Woche wurde Krakus wie ein großer Schamane verehrt.

16

Niemals darfst du auf deine Heilungen stolz sein, sonst bleibt das Übel, von dem du den Leidenden befreit hast, in dir. Das waren die Worte ihres Meisters gewesen.

Élianta hatte ihre Lektion verinnerlicht. Warum also sollte sie sich im umgekehrten Fall eines Misserfolgs schämen? Die Erfüllung dessen, was sie als ihren Auftrag empfand, hatte nichts mit einem Bedürfnis nach Anerkennung zu tun, das dem erzielten Resultat gemäß befriedigt wurde oder nicht. Ihre Berufung ging weit darüber hinaus. Sie fühlte, dass dies ihre Rolle war innerhalb der Gemeinschaft. Ihr Scheitern im zuvor erlebten Trancezustand bedeutete lediglich, dass sie sich noch besser vorbereiten musste, und zwar allein. In letzter Zeit mangelte es ihr nur ein wenig an Willen, ihre Aufgabe in Angriff zu nehmen. Sie hatte nämlich die Neigung, sich jeden Tag lange Stunden vor dem Vidophor zu entspannen und ihr Projekt weiter hinauszuschieben. Aber es war ja keine Eile geboten.

Einstweilen konnten ihre Leute zum Glück auf Krakus zählen, dem es gelungen war, sie vor einem mysteriösen Tod zu bewahren. Wie gut, dass unter diesen Fremden ein Schamane war! Ohne ihn wäre der ganze Stamm in höchster Gefahr gewesen …

Élianta näherte sich dem Wasserfall und setzte sich ans Ufer. Welch eine Wonne, den Himmel und die Sonne betrachten zu können … Sie war an das Gewölbe des Blattwerks derart gewöhnt, dass jene lichte Öffnung dort oben ihr fast Schwindelgefühle bereitete. Der Himmel war so hoch, so weit …

Sie atmete tief in sich hinein, füllte langsam die Lungen mit dieser Luft, die ihr über dem Bach immer frischer schien, während von zwanzig Metern weiter unten das dröhnende Geräusch des Wasserfalls zu hören war.

Krakus hatte aufgrund seiner Heldentaten alle Stammesmitglieder davon überzeugen können, seine seltsamen Ideen über die Verwaltung der Siedlung in die Tat umzusetzen, was sie, Élianta, bisher zu verhindern wusste. Diese Entwicklung bedauerte sie zutiefst, fest überzeugt, dass er sich in diesem Punkt irrte.

Man hatte große Anstrengungen unternommen, um viele kleine Familienhütten zu bauen, die ihrerseits in Zimmer unterteilt waren. Jedes Kind schlief allein, getrennt von seinen Brüdern, Schwestern und Eltern, als wäre es ausgeschlossen, bestraft und aus der Gemeinschaft verbannt worden.

Élianta fand das traurig, sehr traurig … Sie selbst bewohnte nun eine Einzelhütte, allein, ganz allein … Sie, die es liebte, ihr Leben mit den anderen zu teilen, mit ihnen verbunden zu bleiben … Die aufgegebene *maloca* war zu einem verwaisten, trostlosen Ort geworden.

Gody hatte mehrere Vidophore konstruiert, die über die Siedlung verstreut waren, sodass man sich abends gar nicht mehr vor dem großen Feuer versammelte. Nur die *Jungle Time* führte die Leute noch zusammen, aber sie dauerte nicht lange, und danach kehrte jeder in seine Abgeschiedenheit zurück. Selbst die Mahlzeiten nahm man nicht mehr gemeinsam ein …

Élianta dachte wirklich, dass Krakus unrecht hatte, doch alle folgten ihm blindlings.

Rings um die Siedlung waren Zäune errichtet worden, hohe Holzwände, die das Volk vom Urwald, von der Natur abtrennten und zunehmend isolierten … Um sie ein wenig zu verschönern, hatte Krakus monumentale Bilder darauf malen lassen, die Szenen aus dem täglichen Leben darstellten. Überraschenderweise waren die porträtierten Frauen durchweg sehr schlank, hatten jedoch übergroße Brüste. Nicht sehr realistisch, aber gut, lag nicht gerade darin das charakteristische Merkmal der Kunst?

Abends wurden jetzt an zahlreichen Stellen Feuer entzündet, weshalb man hier und da nicht mehr wie früher durch die Äste die Sterne sehen konnte. Gleichwohl war ausgiebig gerodet worden, im Bereich der Siedlung standen fast keine Bäume mehr. »Die bringen nichts und locken bloß Ungeziefer an«, hatte Krakus gesagt.

Élianta erhob sich und kehrte um. Schon bald vernahm sie den schönen Klang von Tamburinen. Krakus hatte darauf bestanden, dass überall in der Siedlung dauernd Musik gemacht würde. Also wechselten Männer, Frauen und Kinder einander ab, um verschiedene Instrumente zu spielen. Das war durchaus angenehm, selbst wenn das ständige Hintergrundgeräusch einen davon abhielt, den Wind in den Bäumen, die singenden Vögel, das Wasser der Bäche zu hören ...

Als sie den großen verlassenen Platz vor sich sah, kam ihr plötzlich eine Idee. Um die Isolation der Menschen aufzuheben, konnte man bestimmte Aktivitäten organisieren, die alle zusammenbringen würden. Aber natürlich, das war eine Lösung! Damit nicht jeder nach der *Jungle Time* allein wäre, würde sie vorschlagen, dass man sich trifft, um zu tanzen, Geschichten zu erzählen, ja alles Mögliche miteinander zu teilen. Und sie würde Mojag bitten, doch viel öfter zu kommen und seine Erzählungen vorzutragen, eventuell sogar jeden Abend ... Wie wunderbar, wenn er dazu bereit wäre!

Unterwegs zu seiner Hütte erblickte sie auf der Böschung einen kleinen Jungen, der bitterlich weinte, das Gesicht zwischen den Händen vergraben. Sie kniete sich neben ihn.

»Was ist denn los, mein Kleiner?«

Er antwortete nicht und schluchzte weiter.

»Wenn du mir sagst, was dich unglücklich macht, kann ich dir vielleicht helfen.«

»Es ist der Mann«, sagte er zwischen zwei Schluchzern. »Er will nicht, dass ich bei Mama schlafe.«

Daraufhin flossen ihm noch mehr Tränen über die Wangen.

»Vielleicht wirst du dich daran gewöhnen …«

»Nein«, erwiderte er mit einem heftigen Kopfschütteln.

Sie nahm seine Hand.

»Atme tief ein und aus …«

»Ich hab … die ganze Nacht … nicht geschlafen«, sagte er abgehackt unter Krämpfen. »Ich hab … zu große Angst gehabt … und meine Mama vermisst.«

Élianta verspürte einen Stich im Herzen.

»Vorhin … hab ich … den Mann geseh'n«, fuhr der Junge fort, »er hat gesagt … ich muss … heut Abend … wieder allein schlafen.«

»Hast du ihm erklärt, dass du davor Angst hast?«

»Ja.«

Die kleine Hand, die sie drückte, war kochend heiß. Der Arme war völlig außer sich.

»Gut«, erwiderte sie. »Hör mir zu: Du lässt jetzt die Sache auf sich beruhen. Sprich nicht mehr mit ihm. Leg dich schlafen in deinem Zimmer, wart ein bisschen, und steh dann leise auf, um ins Bett deiner Eltern zu schlüpfen. Ich bin sicher, dass deine Mama nichts dagegen haben wird.«

Der kleine Junge richtete sich auf und wandte Élianta seine feuchten Augen zu. Sein ganzes Gesicht war nass.

»Meinst du wirklich?«

Sie nickte lächelnd.

* * *

Sandro betrachtete lange den Teller mit gekochtem Maniok, der vor ihm stand, schob ihn dann beiseite und vergrub den Kopf zwischen seinen auf dem Tisch gekreuzten Armen. Sich zu ernähren würde bald genauso schwierig, wie Schlaf zu finden. Er hatte auf überhaupt nichts mehr Lust …

Er seufzte, als könnte die ausgeatmete Luft seinen Trübsinn vertreiben, der in seinem Innern haften blieb wie der Schlamm am Ufer des Flusses.

Plötzlich erschien ihm, wie in einer Vision, Marc Aurel. Dessen ernster Blick fiel auf ihn.

»Es ist eine Schande, dass deine Seele vor deinem Körper auf das Leben verzichtet«, sagte der Philosoph.

Sandro blinzelte.

Warum verfolgten ihn die Gedanken des römischen Kaisers?

»Ich kann die nicht mehr riechen!«

Es war die Stimme von Krakus. Sandro hob den Kopf. Der andere schleuderte seine Tasche auf den Tisch und sank auf einen Holzblock, der als Hocker diente. Außer Atem und schweißüberströmt schnaufte er geräuschvoll.

»Was ist passiert?«, fragte Sandro.

Krakus' schlechte Stimmung empfand er fast als tröstlich. Er war nicht mehr der Einzige, der Qualen litt. Schlagartig fühlte er sich besser.

»Diese Wilden haben sich doch tatsächlich Élianta angeschlossen, die sie jetzt jeden Abend um sich versammelt. Die gehn in ihre Hütten nur noch, um zu pennen. Wir schaffen's einfach nicht, sie ein für alle Mal voneinander zu trennen.«

Sandro sah ihn an.

»Hab's satt bis obenhin!«

Er zog den Tabaksbeutel aus der Tasche und drehte sich eine Zigarette.

Sandro erhob sich und sammelte seine Gedanken, während er einige Schritte um den Tisch ging.

»Okay. So kommen wir nicht ans Ziel. Das Zusammensein beschert ihnen ein zu großes Glück. Wir werden subtilere Maßnahmen ergreifen.«

Krakus fixierte ihn neugierig.

»Wir werden sie voneinander trennen und zugleich in der Illusion wiegen, dass sie miteinander verbunden bleiben.«

Kurzes Schweigen.

»Ist mir noch nicht ganz klar, scheint aber echt ausgefuchst.«

»Wir werden ihnen einreden, dass sich zwischenmenschliche Beziehungen auf den Austausch von Informationen und Nachrichten beschränken. Alle anderen Ebenen der Beziehung werden wir kaschieren, so als gäbe es sie gar nicht.«

»Welche andern Ebenen?«

»All das, was unbewusst zwischen zwei Menschen abläuft, die sich in die Augen schauen. Das Zwiegespräch der Seelen …«

Krakus schien zu überlegen.

»Wenn ich mit 'ner Frau rede, schau ich ihr nicht bloß in die Augen …«

»Die Schönheit eines Menschen verbirgt sich hinter dem Schleier seines Blicks.«

»Bei ’ner Frau geht’s darum, was sich unter ihrem Kleid verbirgt …«

»Hinter dem Schleier des Blicks ahnt man die Seele. Die Augen sind die Pforte der Seele.«

»Unterm Kleid ahnt man …«

»Beruhige dich, Roberto.«

»Und diese geheime Pforte …«

»Ganz ruhig.«

Krakus steckte sich die Zigarette in den Mund und zündete ein Streichholz an.

»Ich sagte also«, fuhr Sandro fort, »dass wir all den Zauber in der Begegnung der Seelen, die für jede menschliche Beziehung wesentlich ist, kaschieren und ihnen nur die Oberfläche lassen: den Austausch von Informationen.«

Krakus tat einen Zug.

»Tja, irgendwie hab ich’s immer noch nicht kapiert. Wenn ich mit jemandem rede, will ich ihm was mitteilen, oder? Ihm ’ne Information geben, aber doch nicht seine Seele kraulen!«

»Keineswegs. Jeden Tag treffen sich Millionen von Menschen und kommen auf das Wetter zu sprechen. Glaubst du wirklich, dass sie ernstlich die Absicht haben, meteorologische Daten auszutauschen? Im Grunde schert sich niemand um den Wetterbericht. Das ist nur ein Vorwand, um eine Verbindung zum Gegenüber herzustellen, um etwas Ungreifbares auszutauschen, das man nicht genau benennen kann.«

»Hm …«

»Wir müssen ein Mittel finden, wodurch unsere Indianer zwar weiterhin Informationen austauschen, von allen tieferen Zusammenhängen aber ausgeschlossen werden. Damit beschränken wir sie auf das rein Faktische und lassen ihre Beziehungen verkümmern. Mit anderen Worten: Wir entmenschlichen sie …«

»Ist alles ’n bisschen schwammig.«

Krakus zog nachdenklich an seiner Zigarette, inhalierte tief und blies den Rauch in Ringen aus, die entlang der Bäume aufstiegen.

»Ich habe eine Idee«, sagte Sandro. »Wir brauchen eine Gruppe von Kindern, die sich darum kümmern, den Erwachsenen schriftliche Mitteilungen zu überbringen. Jedes Kind bekommt ein Glöckchen, das es bei der Ankunft vor der Hütte des Empfängers läutet, gibt dann seine Nachricht am Eingang ab und zieht weiter. So müssen die Indianer ihre Bleibe nicht mehr verlassen, um sich zu unterhalten. Sie fühlen sich mit den anderen verbunden, obwohl sie eigentlich umso isolierter sind, und haben folglich umso mehr das Bedürfnis, auf indirekte Weise miteinander zu kommunizieren …«

»Also sind sie umso mehr angewiesen auf unsere Kinder …«

»Was wiederum das Problem nur verschärft, weil die Isolation aufrechterhalten bleibt …«

»Genial!«

Krakus tat einen weiteren Zug.

»Und das zu organisieren ist nicht allzu schwer.«

»Bin mir sicher, dass die Kinder Feuer und Flamme sind. Wird ihnen gehörig Spaß machen.«

Er warf Sandro einen verschlagenen Blick zu.

»Langsam. Wir werden die Kinder nicht auffordern, das freiwillig zu tun. Ich hab eine bessere Idee. Sie werden dafür bezahlt.«

»Von wem denn?«

»Von den Indianern natürlich! Wir werden sie erpressen, so haben sie einen weiteren Grund, unglücklich zu sein!«

»Du vergisst eines: Die haben kein Geld. Keine Währung, meine ich.«

Krakus stutzte einen Augenblick.

»Kein Problem«, erwiderte Sandro. »Wir werden sie zwingen, eine zu schaffen.«

»Wie?«

»Ich werde darüber nachdenken. Überlass das mir.«

Sandro setzte sich Krakus gegenüber an den Tisch, nahm seine Feldflasche und trank einen Schluck Wasser. Plötzlich waren erregte Stimmen zu hören. Sandro drehte sich um.

Eine Gruppe von Männern mit Bögen über den Schultern ging auf den Urwald zu, begleitet von einer Schar Kinder. Mit einem Mal fühlte Sandro sich schlecht.

»Na da schau an«, sagte Krakus.

Sandro trank noch einen Schluck.

»Anoki!«, schrie Krakus.

»Sei still!«, flehte Sandro mit leiser Stimme.

»Komm her!«

»Bist du noch bei Trost?«

Ein Junge rannte auf sie zu.

Sandro drehte den Kopf zur Seite.

»Wohin sind die Männer unterwegs?«, fragte Krakus.

»Sie geh'n auf die Jagd. Die ganze Nacht!«, verkündete der Junge stolz.

Er stand direkt neben Sandro, so nah, dass dieser bestürzt den Geruch seiner Haut wahrnehmen konnte.

»Und Zaltana, wo ist sie?«

»Mama bleibt in der Siedlung.«

»Los, zieh Leine!«

Der Junge lief zu den anderen zurück. Krakus beobachtete sie aus der Ferne.

»Ich hab dir verboten, die Indianer in meine Nähe kommen zu lassen!«, flüsterte Sandro.

»Ist doch bloß 'n Knirps.«

»Mach das nie wieder!«

Krakus drückte seine Zigarette auf dem Tisch aus und fegte sie mit dem Handrücken zu Boden.

Sandro schloss die Augen und seufzte.

»Ich möchte, dass wir die Sache beschleunigen. Ich hab genug von alldem.«

Krakus runzelte die Stirn.

»Eine Geste von deiner Seite, und wir murksen sie ab. Brauchst mir nur grünes Licht zu geben.«

»Nein, nein … Darum geht es nicht … Wir bleiben bei unserem Plan … aber es soll schneller gehen.«

»Kein Problem. Sag mir, was als Nächstes kommt.«

Sandro holte tief Luft.

»Wir haben sie von der Natur getrennt, wir sind dabei, sie von den anderen zu trennen, aber wir müssen sie auch von sich selbst trennen – indem wir in allen Bereichen ihre Bedürfnisse beeinflussen, sodass ihre Entscheidungen die Folge eines äußeren Einflusses sind und nicht eines persönlichen Wunsches.«

»Hab schon damit begonnen, auf der physischen Ebene.«

»Das muss man auf sämtliche Bereiche ausdehnen.«

Krakus blickte in Richtung der Gruppe von Männern und Kindern.

»Also, benutzen wir zuerst mal die Kinder, die Nachrichten überbringen. Wir fordern sie auf, davon zu profitieren und den Leuten 'n paar schöne Dinge anzubieten … keine Ahnung … vielleicht was Leckres zum Futtern …«

»Ja, eine durchaus bedenkenswerte Idee.«

Krakus nickte, sichtlich zufrieden mit sich.

»Es bleibt noch etwas anderes zu tun«, fuhr Sandro fort.

»Und das wäre?«

»Wir müssen die Indianer auch von ihrer eigenen Natur trennen. Ich möchte dafür sorgen, dass sie sich nicht mehr riechen können.«

»Du willst, dass sie sich gegenseitig eins auf 'n Deckel geben?«

»Nein, dass sie sich im buchstäblichen Sinne nicht mehr riechen können … Ich möchte ihre olfaktorische Kommunikation unterbinden.«

»Was ist das denn?«

»Ein Teil unserer Kommunikation läuft über Gerüche ab. Das geschieht zwar völlig unbewusst, spielt aber eine wichtige Rolle.«

Krakus brach in schallendes Gelächter aus.

Sandro war angewidert. Dieser Idiot machte sich lustig über ihn.

»So 'n Quatsch.«

»Das ist kein Quatsch. Auf diesem Gebiet wurden zahlreiche Untersuchungen durchgeführt, mit erstaunlichen Ergebnissen.«

»Was für welche?«

Sandro seufzte.

»Interessierst du dich jetzt etwa für solchen Quatsch?«

»Mach schon, schieß los …«

Sandro spannte ihn einige Augenblicke auf die Folter.

»Nun, man hat zum Beispiel herausgefunden, dass der Geruch unser Liebesgefühl, unser Hingezogensein zu jemand anderem am stärksten bestimmt.«

»Hm, aber manchmal stößt der einen auch am stärksten ab …«

»Wissenschaftler haben ein Experiment gemacht. Einem Mann wurden die Augen verbunden, dann stellte man etwa zehn Frauen in einer Reihe vor ihm auf.«

»So 'ne Art von Experiment würde mir echt gefallen …«

»Anschließend forderte man ihn auf, sich ihnen zu nähern und an jeder zu riechen.«

»Riechen?«

»Ja.«

»Die Studierten wollten, dass der Typ an den Miezen schnuppert? Und wie viel hab'n die dafür aus unsern Steuergeldern bezahlt?«

»Mit verbundenen Augen sollte der Mann die Frauen aufgrund ihres Körpergeruchs in der Reihenfolge einstufen, wie er sie bevorzugte.«

»Sind die total ballaballa?«

»Hinterher haben die Forscher den genetischen Code jeder Frau entschlüsselt und gezeigt, dass der Mann genau die Frau bevorzugt, deren Gene den seinen diametral entgegengesetzt sind. Im Übrigen weiß man, dass dies eine wesentliche Bedingung darstellt, um die Fortpflanzung zu optimieren: Je unterschiedlicher die Gene der Eltern, desto gesünder ihre Kinder.«

»Ah ja?«

»Der Proband hat also die zehn Frauen danach eingeordnet, welchen Geruch er am meisten beziehungsweise am wenigsten mochte. Seine Klassifizierung stimmte völlig überein mit ihrer Genstruktur, von der unterschiedlichsten bis zur ähnlichsten.«

»Unglaublich! Das muss man einfach wissen …«

»Daher bittest du Gody, Parfums zu erfinden, und verteilst sie dann an alle. Ich will ihre olfaktorische Kommunikation nachhaltig stören. Dadurch werden sie die natürlichen Düfte der Blumen, der Pflanzen und des Urwalds weniger wahrnehmen. Folglich werden sie noch mehr abgeschnitten …«

»Dein Wunsch sei mir Befehl.«

»Nun werde ich mich ausruhen. Ich fühle mich nicht wohl.«

Krakus gab ihm mit der Hand ein Zeichen, zog sich leise zurück und tat so, als würde er mit erhobener Stimme nur mit sich sprechen.

»Ah, wenn meine Mutter mich sehen würde! ›Was machst du denn so, mein Liebling?‹ Ich kümmre mich um die olfaktorische Kommunikation der Indianer am Amazonas, Mama. Und da stell sich einer vor, dass es tatsächlich welche gibt, die hinterm Schreibtisch sitzen, sich ärgern und ausbeuten lassen … Hab ich nicht ein schönes Leben?«

17

Die Geschichte von diesem Typen, der an den Frauen schnüffelt, hatte sein Verlangen geweckt. Er litt unter Entzug. Es fehlte ihm an weiblicher Gesellschaft. Die Ausführungen des Jungen waren bei ihm nicht auf taube Ohren gestoßen. Sein Vater verbrachte die ganze Nacht auf der Jagd. Krakus konnte sich um dessen bessere Hälfte kümmern, die schöne Zaltana … Von Anfang an hatte er sie begehrt, das war offensichtlich … und sie wollte doch nur das eine. An diesem Abend würde sie bedient werden. *Diese Indianerinnen sind freizügiger als die Dinger in der Stadt*, dachte er. Also musste er bloß zu ihr gehen und zur Sache kommen.

Nach Einbruch der Nacht wartete Krakus in seiner Hütte, bis der Mond hoch am Himmel stand, um sicher zu sein, dass alle schliefen. Dann kramte er in seinem Rucksack, kramte weiter und wurde schließlich fündig: ein Slip, knallrot wie eine Costus-Blüte, bestickt mit einigen senkrechten schwarzen Linien, von äußerst vorteilhafter Formschönheit. Sicherlich hatte Zaltana noch nie einen derart ausgestatteten Mann gesehen und würde beeindruckt sein. Es ist wichtig, die Ladys zu verblüffen. So lassen sie sich ohne langes Hin und Her herumkriegen. Das bringt Abwechslung in ihren eintönigen Alltag.

Er riss sich die Kleider vom Leib, zog den Slip an – und zögerte. Nach einigen reiflichen Überlegungen wählte er statt des Militäranzugs den Daunenschlafsack, um ihn wie ein Cape um die Schultern zu legen. Den konnte er schnell abwerfen.

Krakus ging sich die Zähne putzen und verwendete die Zahnpasta mit ultrastarkem Minzgeschmack. Das würde ihr eine ganz andere Duftnote bescheren, wo doch die Wilden bestimmt einen Maulgeruch hatten wie Kaimane. Anschließend kämmte er sich sorgfältig und begutachtete das Resultat in einem kleinen Spiegel, den er rings um seinen Schädel bewegen musste, um diesen Stück für Stück zu sehen. Die Haare, wenngleich kurz geschnitten, bildeten eine Art Wirbel. Verdammt. Er goss etwas Wasser auf die Hände, fuhr sich damit über die widerspenstige Strähne und schaute erneut in den Spiegel. Der Wirbel verhöhnte ihn weiterhin. Wütend kramte er wieder in seinem Rucksack, kramte und kramte, ohne sie zu finden. Also kippte er den gesamten Inhalt auf den Boden und entdeckte endlich die kleine Tube. Eine Probe Haargel, die ein Klient ihm überlassen hatte. Er drückte eine walnussgroße Menge auf die Handfläche und verteilte sie auf dem Kopf. Fühlte sich kalt und klebrig an und roch stark nach Muskelprotz. Umso besser. Auch das würde sie in Staunen versetzen.

Er nahm seine Taschenlampe und trat ins Freie. Die nächtliche Kühle ergriff ihn, und er mummte sich in seinen Schlafsack ein. Der Wind blies ziemlich heftig in die Bäume, bewegte Äste und Blätter derart, dass ein düsteres Pfeifen ertönte. Perfekt. Man würde sie beide kaum hören. Er liebte es, wenn die Frauen schrien, das brachte ihn auf Hochtouren. Aber in diesem Fall musste sie still sein, um den Bengel im Zimmer nebenan nicht aufzuwecken. Zum Glück hatte er bei der Planung der Familienhütten darauf geachtet, die Schlafzimmer durch den Wohnraum voneinander abzutrennen. Zweifellos wäre der Knirps noch in seinem ersten, bleiernen Schlaf.

Es herrschte völlige Finsternis. Krakus schlug den Weg zur Siedlung ein, die Füße schwach beleuchtet vom schwankenden Lichtstrahl der Taschenlampe. Als er sich dem Zentrum näherte, sah er in einer Öffnung zwischen Bäumen den Mond aufsteigen. Er umrundete den Platz, wo das Feuer langsam erlosch und dem Wind seine letzten funkelnden Gluten darbot. Er fröstelte und marschierte weiter. Bald kam er in Sichtweite von Zaltanas Hütte und ging darauf zu. Kein menschliches Geräusch weit und breit. Nur der Wind pfiff ihm immer lauter in den Ohren. Er blickte sich aufmerksam um. Niemand. Zwischen zwei Fingern fasste er den Rand der Tür und öffnete sie behutsam wenige Zentimeter, doch ein Windstoß riss sie auf, schlug sie heftig an die Wand. Krakus presste seinen Arm dagegen, um sie in dieser Position zu halten, und wartete reglos ein paar Augenblicke.

Nichts. Keine Reaktion aus dem Innern.

Er drang ein und zog die Tür, energisch gegen den entfesselten Wind ankämpfend, hinter sich zu. Die Stille in der Hütte bildete einen auffallenden Kontrast zu dem Toben draußen. Die Luft war erfüllt vom Aroma frisch geschnittener Zweige der Toulouri-Palme, die die Wände verkleideten. Der kleine Wohnraum war nur spärlich eingerichtet: ein Baumstumpf, der als Tisch diente, einige Tontöpfe, zwei oder drei Tücher.

Krakus hielt kurz inne und ließ dann seinen Daunenschlafsack zu Boden gleiten. Sorgfältig rückte er seinen Slip zurecht und schob die Tür zum Schlafzimmer auf. Zaltana hatte die Anweisungen genau befolgt: Sie schlief nicht mehr in der Hängematte, sondern auf einer Art Matratze, vollgestopft mit Stroh. Sie war da, schlummernd, der Körper mit einem großen Tuch bedeckt, die schönen schwarzen Haare ausgebreitet auf dem naturfarbenen Laken. Krakus fühlte die Erregung in sich aufsteigen. In ein paar Minuten würde er sie besitzen, ihr Stellungen zeigen, die sie nicht kannte. Diese Wilden machten sich bestimmt immer auf dieselbe Weise zu schaffen, reine Standardnummer sozusagen.

Er tat einen Schritt in ihre Richtung. Die Brüste ragten unter dem Laken empor. Er bückte sich, ergriff den Rand des Stoffs und zog sachte daran. Sie öffnete die Augen, reagierte aber nicht, als sie ihn erblickte, so als wäre sie keineswegs überrascht. Er hatte recht gehabt, sie wollte nur das eine.

»Ich bin gekommen, um dir Gesellschaft zu leisten.«

Sie schaute ihn stumm an, offenbar noch trunken vom Schlaf. *Bald wirste hellwach sein*, dachte er.

Krakus atmete leise ein, um seine Brustmuskeln aufzublähen, und zog das Laken weg, um die Indianerin völlig zu entblößen. Da bot sich ihm ein albtraumhafter Anblick: Zwei kleine Jungen lagen zusammengerollt in ihrem Bett und schliefen, dicht an sie geschmiegt!

Sofort packte ihn die Wut.

»Was haben die denn hier zu suchen?«, rief er.

Zaltana betrachtete ihn blinzelnd.

»Ich hab befohlen, dass die Rotznasen allein schlafen, in ihrem Zimmer! Warum hast du dich nicht dran gehalten, hä?«

Er verspürte eine Mischung aus Ohnmacht und Enttäuschung.

Sie blieb schweigsam, schien jedoch durch seine Wut überhaupt nicht irritiert. Krakus fühlte sich noch mehr erniedrigt.

»Bist du dir darüber im Klaren?«

Nein, sah nicht danach aus.

»Deine Kinder pennen im Bett ihrer Eltern! Im Bett ihrer Eltern! Ein ungesunder … ein verruchter Ort …«

War sie noch verschlafen, oder tat sie so, als würde sie ihn nicht verstehen?

»Bist du dir darüber im Klaren, dass die sich in dem Bett befinden … wo dein Mann und du … wo ihr eure Spiele treibt?«

Sie gähnte und blinzelte erneut, geblendet durch die Taschenlampe, und begann mit schläfriger Stimme zu sprechen.

»Roberto, warum hast du … diesen komischen Lendenschurz angelegt? … Nur um mir all das mitten in der Nacht zu sagen?«

18

Seit drei Tagen brütete Krakus über seiner Niederlage. Für ihn bestand kein Zweifel, dass an alldem Élianta schuld war. Hinter seinem Rücken musste sie ihre Leute dazu gedrängt haben, die Vorschriften zu missachten, die er mit so viel Mühe durchgesetzt hatte. Sie zettelte heimlich einen Aufruhr an, sie unterminierte seine Arbeit. Das sprang einem förmlich ins Auge! Und die andern folgten ihr …

Immerhin war er es, der das Volk von der Lungenentzündung geheilt hatte, nicht Élianta. Die Indianer hatten ein kurzes Gedächtnis. Er hätte ein paar krepieren lassen sollen, das wäre ihnen nahgegangen, und sie würden sich daran erinnern. Élianta hatte nicht einmal den Anstand besessen, nach ihrem Scheitern zu verschwinden. Jedenfalls gab es für sie tausend Gründe, sich bis ans Ende ihrer Tage zu schämen.

Es war höchste Zeit, diese Last ein für alle Mal loszuwerden.

Er hatte drei Tage gebraucht, um die Lösung zu finden.

»Alfonso!«

Der ließ fast eine Ewigkeit verstreichen, um am Eingang der Hütte zu erscheinen, wie immer auf seinem Kokablatt herumkauend.

»Was ist?«

»Haste meinen Auftrag erledigt?«

»Ja.«

»Hast sie in ihr Laken eingewickelt, damit sie nicht abhauen kann?«

»Ja.«

»Aber nicht allzu festgezogen, damit sie nicht zerquetscht wird?«

»Ja.«

Krakus war zufrieden. Einmal wenigstens hatte er auf Anhieb bekommen, was er wollte.

»Und du hast richtig verstanden: Wenn jemand mich zu Hilfe holen will, sagste, der Meister ist in Meditation und darf unter keinen Umständen gestört werden.«

»Ja.«

»Und du gibst mir ’n Zeichen, sobald ’s … vorbei ist.«

»Okay, Chef.«

Krakus liebte es, mit »Chef« angesprochen zu werden. Das geschah eher selten, zu selten. Heute hatte er gegenüber Alfonso einen etwas schroffen Ton angeschlagen, und gerade das hatte vielleicht den Unterschied bewirkt … Im Grunde muss man die Leute hart anpacken, erst dann respektieren sie einen.

Er legte sich in seine Hängematte. Lange Stunden würde er sich einer Sache widmen müssen, die er kaum mochte – an

Ort und Stelle bleiben, ohne einen Finger zu rühren. Aber das war notwendig. Man durfte ihn auf keinen Fall sehen und schon gar nicht um Hilfe rufen.

Er atmete tief durch und entspannte sich. Um sich die Zeit zu vertreiben, dachte er daran, was er mit dem Batzen Geld machen würde, der ihm zustand. Die Perspektive, so viel auf einmal einzustreichen, erregte Krakus mehr als alles andere.

Seine Hängematte schaukelte leicht hin und her. Er hörte, wie Alfonsos Schritte sich entfernten, fühlte sich gleich einem General, der soeben den Befehl zum Angriff gegeben hatte und nun in seinem Zelt das Ergebnis der Operationen abwartete.

* * *

Seit zwei Tagen sah man fast niemanden mehr in der Siedlung, außer einer Schar Kinder, die in alle Richtungen liefen, ein Holzglöckchen in der Hand. Damit bimmelten sie vor der Hütte des Empfängers, der sich beeilte, seine kleine Botschaft entgegenzunehmen und ihnen dafür einen Cupu gab, jene erlesene Frucht, deren weißes und süßes Fleisch von den Kindern hochgeschätzt wurde.

Marco und Alfonso bedauerten nur, dass sie jetzt weitaus weniger Mädchen begegneten, die sich draußen mit entblößten Brüsten herumtrieben.

»Ah, schau dir das an: Man läutet nach denen wie nach Hausangestellten, und die bitten immer wieder darum!«

»Trotzdem kapier ich nicht, inwiefern sie das unglücklich machen soll. Noch so ’n lausiger Plan von Sandro«, erwiderte Marco.

»Stell keine Fragen, er weiß, was er tut. Jedenfalls hat Krakus recht gehabt, die blechen zu lassen. Das war ’ne tolle Idee!«

»Na ja.«

»Die verbringen jeden Tag mindestens ’ne Stunde damit, Cupus zu pflücken. Und weil es davon immer weniger gibt, müssen die sich immer mehr abrackern! Zum Totlachen …«

»Hm, und ich sag, wir vertrödeln bloß unsre Zeit. Keine Ahnung, warum wir uns hier endlos langweilen.«

»Ich werd’s dir sagen. Weil wir echt froh sein werden, die großen Dollarscheine vom Ami einzukassieren. Alles andre ist mir egal. Immerhin schieben wir ’ne ruhige Kugel. *No stress, boy.*«

»Genau daran hapert’s, am Adrenalin. Das ödet mich an. Ich hab Lust auf *action*, verdammt noch mal!«

Die Nacht brach herein, und sie warteten geduldig darauf, dass die Indianer einschliefen. Beide saßen rittlings auf einem liegenden Baumstamm einander gegenüber, rauchten gedrehte Zigaretten, um sich aufzuwärmen, und warfen bisweilen aus der Ferne einen Blick auf die Hütte.

Die Zeit verging, und nichts geschah. Kein Laut weit und breit. Selbst die kleinen Jungen waren wie vom Erdboden verschluckt. Ihre Glöckchen bimmelten nicht mehr … Nach dem ständigen Lärm tagsüber war die Stille über die Siedlung hereingebrochen wie ein tropischer Regen an einem Sommerabend. Die Vidophore waren ausgeschaltet. Nur wenige erlöschende Feuer verbreiteten hier und da noch ein schwaches Licht. Seit geraumer Weile befand sich Élianta in ihrer Hütte.

Es sah ganz danach aus, als würde der Plan schiefgehen und sie müssten sich wieder einmal zusammenstauchen lassen. In letzter Zeit war Krakus zunehmend unfreundlich zu ihnen.

Schließlich erschallte ein Schrei, der die Nacht zerriss. Die beiden erstarrten, tauschten einen komplizenhaften Blick und warteten. Kurz darauf öffnete sich die Tür der Hütte, ein Schatten taumelte nach draußen und sank zu Boden. Da war ihnen schlagartig klar, dass sie einen Mordsärger haben würden.

* * *

»Gibt 'n Problem, Chef.«

Krakus richtete sich sofort in seiner Hängematte auf. Gegen seinen Willen war er eingeschlafen. Alfonso stand im Türrahmen, wand sich wie ein kleiner Junge, der dringend auf die Toilette muss.

»Was? Die Spinne hat nicht zugestochen? Sie ist abgehau'n?«

Der andere biss sich mehrmals auf die Lippen, bevor er zu reden begann.

»Nein, das nicht …«

»Sie hat zugestochen?«

Alfonso nickte zaghaft.

»Also was? Was ist passiert?«

Anstatt zu antworten, verzog Alfonso zuerst die Mundwinkel, dann das Gesicht.

»Raus mit der Sprache! Verflucht!«

Sein Gegenüber schien zugleich verlegen und dickköpfig. Krakus hatte sehr wohl bemerkt, dass Alfonso sich in einen Ölgötzen verwandelte, sobald ein Problem auftauchte.

»Du wirst … nicht … zufrieden sein«, stammelte er schließlich.

»Sagst du's mir jetzt, oder soll ich die Wörter aus dir rausschütteln?«

Alfonso wandte den Blick ab. Krakus spürte, dass er vor Spannung fast platzte.

»Nun ja … Ich glaub … wir haben uns … in der Hütte gcirrt …«

»Glaubst du, oder bist du sicher?«

Der andere krümmte sich kurz und nickte dann.

Krakus war völlig niedergeschlagen.

In der Hütte geirrt … in der Hütte geirrt … Was für Schwachköpfe! Warum konnte er seine Männer nie dazu bringen, genau das zu tun, was er von ihnen verlangte? Das war doch wirklich nicht schwer gewesen! Warum also? Plötzlich fühlte er sich derart ohnmächtig, dass seine Anspannung jäh nachließ. Auf einmal war er nur noch erschöpft, entmutigt.

* * *

Élianta hatte sich gerade schlafen gelegt, als sie den markerschütternden Schrei hörte. Er kam aus der Hütte direkt nebenan. Sie schlüpfte flink nach draußen und traf auf ihren Nachbarn Bimisi, der sich am Boden wälzte, Gesicht und Oberkörper von Krämpfen geschüttelt.

»Was hast du? Sag es mir!«

»Ich bin … gestochen … worden …«

Der Mann konnte kaum sprechen. Er musste Höllenqualen leiden.

»Wo denn?«

Es gelang ihm nicht, eine Antwort zu geben.

Andere Stammesmitglieder waren herbeigeeilt und versammelten sich um die beiden.

»Bringt Wasser«, befahl sie. »Durchsucht seine Hütte und findet das Biest, das ihn gestochen hat.«

Sie hegte kaum Zweifel, musste aber sicher sein. Bimisis Augen waren weit aufgerissen vor Schmerz wie vor Angst. Er stand unter Schock. Sie nahm seine Hand und fing an, beschwichtigend auf ihn einzureden.

»Atme ganz ruhig … ganz ruhig … langsam … Ja, genau … Sehr gut … Beruhige dich … Ja, so ist es richtig … Sehr gut …«

»Eine Schwarze Witwe«, sagte eine männliche Stimme, während sich eine kleine Gruppe bereits entfernte, um das Biest tief im Dschungel auszusetzen.

Die Schwarze Witwe, wie sie befürchtet hatte. Ein tödlicher Biss … Sie konnte sich nicht des Gedankens erwehren, dass dies vermieden worden wäre, wenn Krakus nicht die Hängematten durch Matratzen ersetzt hätte …

Es musste schnell, sehr schnell gehandelt werden. In letzter Zeit hatte sie ihre Berufung als Schamanin oft infrage gestellt und sogar erwogen, endgültig darauf zu verzichten, das Kapitel zu beschließen. Doch plötzlich verspürte Élianta intensiv all die Kraft wieder, die sie früher mit Leben erfüllt hatte, das vage Gefühl, das sie auf diesen Weg gedrängt hatte. Menschen zu heilen war ihr Auftrag, ihr Schicksal, sie durfte sich davon nicht abwenden. Allein sie konnte den Mann retten. Dieses Mal brauchte sie weder *Ayahuasca* noch die Trance oder das Zwiegespräch mit den Geistern. Sie kannte das Übel ebenso gut wie dessen Ursache, insbesondere aber das wirksame Heilmittel. Ihr Meister hatte sie damit vertraut gemacht. Die Zubereitung dauerte ziemlich lange, aber es blieb ihr noch Zeit. Sie konnte, ja *musste* es tun.

»Chimalis, nimm meinen Platz an seiner Seite ein. Besänftige ihn und gib ihm regelmäßig Wasser zu trinken. Setzt euch alle hin und entspannt euch, das wird ihm helfen. Seid ihm nah. Zaltana, geh und koch Wasser ab in einem Topf. Du, Awan, nimmst eine Fackel und begleitest mich!«

Awan griff nach einem Ast im Feuer und blies dagegen, um die Flamme neu zu entfachen. Élianta musste rasch die nötigen Blätter sammeln. Diese ziehen zu lassen würde am längsten dauern. So preschte sie in den Urwald. Ihr Gefährte, behindert durch die Fackel, deren Flamme an den feuchten Zweigen züngelte und ein unruhig flackerndes, geheimnisvolles Licht auf die Pflanzen warf, hatte Mühe, ihr zu folgen.

* * *

»Was denn noch?«

Krakus wäre auf der Hängematte fast hintenübergefallen.

Alfonso schaute ihn beschämt an.

Marco, der sich ihnen angeschlossen hatte, erhob die Stimme.

»Aber wie gesagt, brauchst dir keine Sorgen zu machen. Du hast nicht gewollt, dass sie zu dir kommen, also werden sie auch nicht kommen. Wir haben denen eingebläut, dass sie dich nicht holen sollen. Élianta kümmert sich drum, sie wird ihn pflegen, und alles geht in Ordnung. Hör auf, ständig rumzumotzen.«

Krakus nahm seinen Kopf zwischen beide Hände.

»Élianta wird ihn pflegen … Élianta wird ihn pflegen … Ich hab meinen ganzen Erfindungsreichtum aufbieten müssen, um ihre Glaubwürdigkeit zu ruinieren, und ihr zwei, ihr lasst sie in aller Ruhe nicht nur am Leben, sondern gebt ihr auch noch die Gelegenheit, sich wieder einen guten Ruf zu verschaffen! Seid ihr total durchgeknallt, oder was?«

Die beiden Einfaltspinsel betrachteten ihn mit halb geöffnetem Mund.

»Raus hier!«

Sie blieben wie angewurzelt stehen.

»Raus! Oder … holt mir Gody her! Sofort! Bewegt eure Hintern! Élianta muss gestoppt werden!«

Kurz darauf war Krakus allein in der Stille seiner Hütte. Nervös schnappte er sich den Tabaksbeutel und ein Zigarettenpapier, wollte sich eine drehen, was ihm jedoch misslang, und schleuderte den ganzen Kram zornig zu Boden.

»Zum Teufel!«

Warum muss ich immerzu von Idioten umgeben sein?, dachte er. *Die taugen nur dafür, auf dem Schlachtfeld ein Magazin leer zu schießen, ohne sich irgendwelche Fragen zu stellen.*

Er stapfte in der Hütte umher, konnte sich aber nicht beruhigen. Ihm war danach, jeden x-Beliebigen fertigzumachen.

Gody erschien schon bald, sichtlich verstimmt, erneut gestört worden zu sein. Die beiden anderen hielten sich in seinem Schatten.

»Élianta will mit ihren Kräutern den Typen retten, der von 'ner Schwarzen Witwe gestochen worden ist. Offenbar köchelt sie gerade ihr Gebräu. Das muss unbedingt verhindert werden. Was also können wir tun, um ihr alles zu vermasseln?«

Gody hob eine seiner Augenbrauen.

»Man muss wissen, dass die Schamanen eine Mixtur benutzen, die …«

»Ist mir schnuppe! Sag mir nur, was bei ihrem Zaubertrank verändert werden muss, damit die Sache in die Hose geht.«

Gody warf ihm einen bösen Blick zu.

»Am wirksamsten wäre es, unter den verschiedenen Ingredienzien, die der wahrscheinlichen Mischung beigegeben werden, vor allem jene zu entfernen …«

»Okay, schon gut. Wir werden Folgendes machen: Marco, Alfonso, ihr lenkt diese Schamanin und ihre Leute ab, während Gody aus der Hexensuppe das rausnimmt, was nötig ist.«

Der Medikus setzte eine verächtliche Miene auf.

»Seien wir seriös: Sie wird einen solchen Eingriff sofort bemerken. Es handelt sich um große Blätter …«

»Tausch sie aus gegen andre, die genauso ausseh'n!«

Der andere zog ein schiefes Gesicht, wusste aber nichts zu erwidern.

»Los, ab die Post! Und kein Wort zu Sandro. Von dieser Angelegenheit hat er keine Ahnung.«

* * *

Zutiefst betrübt strich Élianta mit der Hand über Bimisis endlich entspanntes Gesicht und schloss ihm die Augen. Sie konnte kaum glauben, was geschehen war.

Alle ringsum knienden Stammesmitglieder sammelten sich innerlich und sprachen ein Gebet, die Blicke zu Boden gerichtet. Ihr leises Murmeln erhob sich im dunklen und geheimnisvollen Urwald. Die ernsten Gesichter wurden nur schwach beleuchtet von den kleinen zitternden Flammen, die unter dem Kessel langsam erloschen und in der feuchten Nacht noch ein wenig Wärme verbreiteten.

Élianta vermochte die Tränen nicht zu unterdrücken, die ihr über die Wangen liefen. Sie fühlte sich unendlich traurig. Es war ihr nicht gelungen, sich der Macht des Giftes zu widersetzen, das Leben des Mannes zu retten, seine Seele zurückzuhalten … Jetzt blieb ihr nur, an ihn zu denken und dafür zu beten, dass sich diese Seele vom Körper befreie und gelassen gen Himmel steige …

Sie schloss die Augen.

Plötzlich war das dumpfe Geräusch von Schritten zu hören, die schwerfällig über den Boden stampften, Zweige zertraten, die schlafende Erde malträtierten.

Krakus tauchte aus dem Halbdunkel auf, flankiert von seinen beiden Komplizen, ausgestattet mit großen Fackeln, die ein helles, ruchloses Licht warfen. Sein Blick schweifte über die Anwesenden und fixierte dann *sie* – unnachgiebig, bleiern, anklagend. Seine kräftige und finstere Stimme zerteilte die Nacht, durchdrang ihre Eingeweide und prägte sich ihrem Herzen ein.

»Du, Élianta, hast allen eingeredet, dass du Menschen heilen kannst. In Wahrheit aber bist du dazu nicht fähig. Bimisi hat sich auf dich verlassen. Du bist schuld an seinem Tod.«

19

»Ich erinnere mich …«, sagte Sandro, »als ich klein war, hat meine Mutter mich gefragt, welches Instrument ich lernen wolle. Ich habe die Gitarre gewählt, die klassische Gitarre. Und zwar weil sie zu den wenigen Instrumenten gehört, die sich selbst genügen. Um auf ihr zu spielen, braucht man weder ein Ensemble noch ein Orchester. Man spielt allein, allein mit sich. Jeder Ton, jeder Akkord, jedes Arpeggio kommt von dir. Es ist deine Arbeit, deine Sensibilität, deine Begabung, die an den Fingerspitzen zum Ausdruck gelangt und jenen Klang hervorbringt, der nur zu dir gehört, jene Musik, die im Körper des Instruments ebenso vibriert wie in deinem Innern …«

Sandro stand in seiner Hütte, mit dem Rücken zu Krakus, der ihm schweigsam lauschte.

»Eines Tages teilte mir mein Professor am Konservatorium zu meiner großen Bestürzung mit, dass ich ein Stück vorbereiten solle, das … im Quartett gespielt werde. Im Quartett … Ich war ratlos. In der Ausübung meiner Kunst würde ich die Gegenwart, was sage ich, die Einmischung dreier anderer Schüler ertragen müssen. Während mehrerer Wochen beschäftigte ich mich allein mit meiner Partitur, arbeitete widerwillig an einem Bruchstück der Komposition, das ohne Orchestrierung kaum einen Sinn ergab.

Irgendwann kam der Zeitpunkt, als der Professor beschloss, uns zusammenzuführen. Schweren Herzens schlurfte ich zur Probe. Um sich einzuspielen, trug jeder der Reihe nach seine Partie solo vor. Den anderen zuzuhören, missfiel mir, und ich hasste es, vor ihnen zu spielen. Meine Mängel hatten mich schon immer geärgert, die ihren waren mir unerträglich. Unser Dilettantismus erschien mir ebenso offensichtlich wie beschämend. Natürlich wichen unsere Interpretationen dieses Stücks voneinander ab aufgrund der zwangsläufig sehr persönlichen Auffassung eines jeden.

Anschließend forderte der Professor uns auf, gleichzeitig zusammen zu spielen. Ich erinnere mich deutlich an diesen besonderen, zugleich aber merkwürdigen Moment. Mit seinem Arm schlug er den Takt, um uns aufeinander abzustimmen. Meine allererste Empfindung war äußerst unangenehm: Ich hörte mich nicht mehr spielen … Ich hatte den Eindruck, meine Töne würden verschwinden, förmlich untergehen in denen der anderen. Es bedurfte großer Anstrengung, um sie überhaupt noch unterscheiden zu können. Ich forcierte mein Spiel, damit sie stärker widerhallten und die anderen beherrschten. So kämpfte ich eine ganze Weile, während meine Musik sich gegen die der Schüler zu behaupten versuchte, als ginge es ums eigene Überleben.

Plötzlich geschah etwas Unglaubliches, Außergewöhnliches. Ich hörte auf zu kämpfen, um jeden Preis unabhängig von den anderen existieren zu wollen, und meine Musik fand auf natürliche Weise ihren Platz, harmonierte mit den Klängen ringsum. Sie verschmolz damit, ohne deshalb ihre Eigenständigkeit zu verlieren. Sie fügte sich einem gemeinsamen Werk ein, das sie überstieg und in dem sie ihre wahre Stelle einnahm, ein Werk, das sie sublimierte. Das Ganze war von einer Schönheit, welche die Schönheit jedes einzelnen Teiles bei Weitem übertraf. Ich verspürte eine seltsame, für mich absolut neue Empfindung. Mir schien, als spielten meine Hände von allein, als würde ich sie nicht mehr kontrollieren. Unfassbar! Ich ging in dieser Gruppe von Musikern auf, und was ich erlebte, war keine Selbstverleugnung, sondern eine Ausdehnung des Selbst, das sich mit den anderen freudig vereinigte. Indem ich mich völlig zurücknahm, lebte ich umso intensiver, aber in einer anderen Dimension, umfassender, höher, transzendent. Das war für mich eine … quasi mystische Erfahrung.«

Sandro verstummte und gestattete der Stille, den Augenblick auszufüllen. Dann wandte er sich Krakus zu.

»Die Indianer«, fuhr er fort, »kennen dieses Glück im Alltag. Sie fühlen sich dauernd in engem Kontakt mit etwas Höherem – eine Art mystische Verbindung, die sie emporzieht.«

Er schluckte.

»Da wir sie nun voneinander getrennt und von der Natur abgeschnitten haben, werden wir das Unglück des Individualismus, des zügellosen Individualismus über sie bringen.«

Krakus betrachtete ihn versonnen.

»Was immer du willst«, erwiderte er schließlich. »Sag mir einfach, was wir machen soll'n.«

Sandro schwieg eine Weile und ging dann langsam auf und ab.

»Damit sie zu Individualisten werden, müssen wir sie zuerst dazu bewegen, in der Angst zu leben. Angst vor dem anderen, Angst vor dem Mangel. Mangel an Nahrung … Mangel an Liebe.«

Dieses letzte Wort traf ihn wie ein Dolch ins Herz. Er musste all seinen Mut zusammennehmen, um weiterzusprechen.

»Wir werden ihnen einreden, dass es nicht genug für alle gibt, dass das Leben ein einsamer Kampf ist, dass nur die Besten überleben können – und dass darüber hinaus nur die Besten … die Stärksten, Schnellsten, Klügsten … glücklich sein können …«

»Das stimmt doch so ungefähr, oder?«

»Darwin hat uns das weisgemacht. Aber er irrte sich.«

»Ah ja? Was war nochmal seine Theorie?«

Sandro atmete tief ein.

»Darwin erklärt das Erscheinen des Menschen auf der Erde anhand der natürlichen Evolution der Arten. Er vertritt die Ansicht, dass der Zufall bestimmte Lebewesen stärker oder tauglicher macht als andere für das, was er als Überlebenskampf betrachtet. Folglich überleben jene, pflanzen sich fort und bringen eine Nachkommenschaft hervor, die die gleichen vorteilhaften Eigenschaften besitzen. So entwickeln sich im Lauf der Zeit die Arten, wobei nur die Besten, die für den Kampf am geeignetsten sind, selektiert werden und sich weiter ausbreiten.«

»Und inwiefern ist das falsch?«

»Das ist nicht völlig falsch, aber die natürliche Selektion erklärt nicht den gesamten Mechanismus der Evolution, der wahrscheinlich viel komplexer ist. Außerdem begründet Darwins Theorie nicht die bereits festgestellten Sprünge in der Evolution. Zur Anerkennung seiner Theorie fehlen die Zwischenglieder in der Entwicklung zwischen zwei bekannten Arten – beispielsweise zwischen Affe und Mensch. Zu seiner Zeit konnte Darwin glauben, dass die Spur der intermediären Arten einfach noch nicht entdeckt worden sei … Doch mittlerweile hat man praktisch auf dem ganzen Globus alle möglichen Sedimente freigelegt und erforscht, ohne jedoch fündig zu werden …«

»Also ist seine Theorie nicht mehr aktuell?«

»Nun … doch, sie wird weiterhin vertreten.«

»Das kapier ich nicht …«

»Sagen wir es so: Man bemüht sich nicht allzu sehr, ihre Schwachstellen zu untersuchen.«

»Ah ja? Warum?«

»Sie zu hinterfragen, würde bedeuten, unsere Denk- und zweifellos auch unsere Lebensweise zu hinterfragen. Das wäre … wirklich beunruhigend.«

»Wie das? Ich sehe den Zusammenhang nicht.«

»Die darwinistische Theorie hat unsere Zivilisation geprägt. Sie hat unsere Einstellung zum Leben bestimmt, das als Überlebenskampf aufgefasst wird – überleben gegen den Rest der Welt, überleben gegen die Natur. Daher der Glaube, der technische Fortschritt mache uns glücklich. Der Kapitalismus gründet darauf ebenso wie das Geflecht unserer sozialen Beziehungen. Mit etwas Abstand erkennt man, dass sich unsere gesamte Gesellschaft seit dem 19. Jahrhundert letztlich gemäß jener Anschauung entwickelt hat, die aus Darwins Theorie resultiert.«

Krakus schaute ihn verblüfft an. Sandro sagte sich, er überlege vielleicht, wie sein Leben verlaufen wäre, wenn Darwins Ideen keine Verbreitung gefunden hätten.

»Okay, kehr'n wir dazu zurück, was wir konkret mit den Wilden anstell'n.«

Sandro seufzte und ließ den Blick nachdenklich über den Boden schweifen.

»Sie sollen das, was man im Leben braucht, wie einen Kuchen betrachten, den man teilt, der aber zu klein ist … Ich will ihnen einreden, dass es nicht genug lebenswichtige Ressourcen für alle gibt, dass man demnach, um glücklich zu sein, alles Mögliche an sich reißen muss, damit andere es nicht haben. Das gilt für die Nahrung, die Anerkennung, die persönlichen Eigenschaften, die materiellen Besitztümer …«

»Wohlgemerkt, was die Nahrung betrifft, ist das nicht verkehrt …«

Sandro richtete die Augen auf ihn.

»In der Welt leidet eine Milliarde Menschen an Unterernährung …«

»Na bitte!«

»Und zwei Milliarden leiden an Überernährung.«

»Im Ernst?«

»Es ist genug vorhanden, um die gesamte Weltbevölkerung zu ernähren – so wie die Liebe, die man empfangen kann, keine Grenzen hat. Alle Menschen sind ›liebenswert‹ und müssen nichts tun oder beweisen, um geliebt zu werden. Doch wenn man ihnen suggeriert, dass die irdischen wie die geistig-seelischen Nahrungsmittel begrenzt sind, treibt man sie zum Individualismus und in den Konflikt. Und wenn man überzeugt ist, dass nicht jeder geliebt werden kann, setzt man eine Art Wettbewerb in Gang.«

»Mhm …«

»Man muss also bei den Indianern das Gefühl wecken: Was der andere gewinnt, verliere ich. Wenn jemand ein Kompliment bekommt, fühle ich mich herabgesetzt. Man muss ihnen angewöhnen, sich mit anderen zu vergleichen.«

»Ihnen angewöhnen, sich mit anderen zu vergleichen …«, murmelte Krakus grübelnd.

»Genau.«

Sandro setzte sich ihm gegenüber und fuhr fort.

»Und wenn man sie umbringen will, muss man gleichzeitig ihr Selbstwertgefühl zerstören. So erlegt man ihnen einen doppelten Zwang auf: *Die Lösung ist individuell, aber du bist nicht imstande, sie zu finden.*«

Krakus nickte.

»Konkret heißt das …«

»Konkret heißt das, wir werden ihnen einreden, dass sie nur aufgrund von bestimmten physischen Eigenschaften, intellektuellen Fähigkeiten oder Verhaltensweisen geliebt werden können. Wir müssen damit beginnen, ihre seltenen persönlichen Erfolge oder Glanzleistungen zu verherrlichen, aber alle persönlichen Fehler, Irrtümer und Vergehen schonungslos zu entlarven.«

Krakus seufzte, bewegte unabsichtlich seinen Arm über den Tisch, wodurch ein Tontopf zu Boden fiel und zerbrach.

»Mist!«

Sandro lächelte.

»Marc Aurel schrieb in etwa: ›Man darf sich nicht über Dinge aufregen, denn sie treiben ihren Spott mit uns.‹«

Krakus stand auf und zog die Schultern hoch.

»Haste mir sonst noch was zu sagen, oder war's das für heute?«

»Es ist gut so …«

Krakus verharrte einen Moment, gab mit dem Kopf ein Zeichen zum Abschied und verließ die Hütte.

Es ist gut so, sagte sich Sandro noch einmal. *Vorerst.* Vielerlei Gründe sprachen bereits dafür, diese Indianer, die sein Leben ruiniert hatten, ins Chaos zu stürzen. Sobald sie endgültig unglücklich wären, konnte er seinen inneren Frieden wiederfinden …

Doch Marc Aurel ließ nicht von ihm ab. Das Bild des Philosophen bedrängte regelmäßig seinen Geist, flüsterte ihm unaufhörlich Worte der Weisheit ein:

Du bedeckst dich mit Schande, meine Seele, und wirst bald keine Möglichkeit mehr haben, dein Ansehen wiederherzustellen. Denn das Leben ist kurz, und das deine neigt sich dem Ende entgegen. Ohne jede Achtung vor dir selbst machst du dein eigenes Glück abhängig von den Seelen der anderen.

20

Élianta glaubte, draußen das leise Läuten eines Holzglöckchens zu hören. Aber es galt ihren Nachbarn. Hoffnungslos allein sehnte sie sich danach, eine Nachricht zu empfangen.

Seit Bimisis unbegreiflichem Tod und Krakus' schrecklicher Anklage in der Öffentlichkeit fühlte sie sich äußerst unwohl. Bei der Zubereitung der heilsamen Medizin hatte sie zwar die Anweisungen ihres Meisters genau befolgt und brauchte sich von daher nichts vorzuwerfen. Bimisis Ende war ein Rätsel, zweifellos der Wille der Geister, dem niemand sich widersetzen konnte. Im Übrigen nahm kein Stammesmitglied ihr etwas übel. Doch immer wieder gingen ihr Krakus' Worte durch den Kopf, und sie kam nicht umhin, sich schuldig zu fühlen.

Selbst nach einigen Wochen fiel es ihr schwer, sich wieder aufzuraffen. Sie, die vormals jeden Augenblick des Lebens ausgekostet hatte, grübelte jetzt ständig über die Vergangenheit nach oder versuchte, sich in den Traum von einer verheißungsvolleren Zukunft zu flüchten.

Zum Glück half ihr der Vidophor, die Sorgen zu vergessen. Jeden Tag verbrachte sie mehrere Stunden überaus entspannt vor dem Gerät, versunken in die aufsteigenden Blasen. Hinterher verspürte sie jedoch ein seltsames Gefühl von Leere. Also aß sie eine Kleinigkeit, knabberte dies oder das, ohne hungrig zu sein, und widmete sich dann erneut dem Schauspiel der hübschen Blasen.

In der Vorwoche hatte Ozalee eine leichte Panik ausgelöst, als sie bei der *Jungle Time* verkündete, dass Godys Schätzungen zufolge eine Knappheit der Früchte im umliegenden Urwald zu befürchten sei. Es werde sicherlich nicht mehr genug davon für alle geben, hatte sie berichtet. Deshalb war jeder losgezogen, um zu pflücken, was er lagern konnte. Schon bald musste man feststellen: Es mangelt an Früchten.

Élianta hatte sofort verstanden, dass die Vorhersage sich von selbst bewahrheitete, und versucht, die Stammesmitglieder zu beruhigen. Begleitet von einer Schar Jungen hatte sie eine zweitägige Exkursion unternommen und große Mengen Bananen, Ananas, Papayas und Maracujas mitgebracht, um diese in der Siedlung zu verschenken. Damit wollte sie zeigen, dass die Angst unbegründet sei, dass der Urwald Nahrung im Überfluss biete. Aber die anderen, keineswegs beruhigt, hatten sich darauf gestürzt, sodass innerhalb weniger Minuten alle Früchte verschwunden waren. Während der *Jungle Time* hatte Ozalee auf die Gefahr des Diebstahls hingewiesen, weshalb nun jeder seine Hütte sorgsam mit Lianen verschloss.

Die einzige Frucht, die tatsächlich knapp wurde, war der Cupu, den die Jungen für ihre Zustellung der Nachrichten verlangten. Man musste immer tiefer in den Urwald gehen, um diese Frucht noch zu finden.

Um die Menschen vor weiteren Angriffen giftiger Tiere zu schützen, hatte Krakus Kontrollgänge veranlasst, bei denen insbesondere herannahende Schlangen und frisch gewebte Spinnennetze überwacht werden sollten. Außerdem hatte man im Umkreis der Siedlung die letzten Bäume gefällt und lediglich einige Büsche stehen lassen, die jede Woche streng gestutzt wurden.

Wieder bimmelte ein Glöckchen. Élianta erhob sich und öffnete die Tür ihrer Hütte: Eine weitere Botschaft für ihre Nachbarin traf ein. Diese feilschte ständig mit dem Jungen und war ansonsten kaum noch zu sehen. Die Überbringer der Nachrichten verkauften nämlich jetzt auch süße Leckereien, eine verlockender als die andere.

Élianta hielt es bei sich nicht mehr aus und beschloss, schwimmen zu gehen.

Sie durchquerte die verlassene Siedlung, überwand die neu errichteten Zäune und drang in den Dschungel ein. Dort setzte sie ihren Weg fort, schlüpfte zwischen Pflanzen hindurch, bewunderte die hohen Bäume, die sie so sehr liebte, lauschte dem leisen Rauschen der Blätter und atmete tief durch. Da es den ganzen Morgen stark geregnet hatte, strömte die Natur in der zurückgekehrten Hitze ihre Düfte aus, sanft und sinnlich, als kämen sie aus dem Paradies. Mit einem

Mal fühlte sich Élianta besser, wieder verbunden mit sich selbst. Sie umschlang einen Baumstamm, schloss die Augen und hatte den Eindruck, zu neuem Leben zu erwachen.

Sie erreichte den Rand des Beckens. Nach dem morgendlichen Sturm war das gewöhnlich so klare Wasser genauso undurchsichtig geworden wie Lehm.

Sie löste den Lendenschurz und ließ ihn an den Beinen hinabgleiten. Dann tauchte sie ein in das Wasser, ebenso dickflüssig wie Schlamm, aber auf göttliche Weise entspannend …

* * *

Nach einem lustlos verzehrten Mittagessen legte sich Sandro in seine Hängematte und schlief sofort ein. Er begann zu träumen und fand sich unversehens im 2. Jahrhundert wieder … Marc Aurel war bei Esztergom, in den Ebenen des nördlichen Ungarn, wo seine Armee gegen die Barbaren kämpfte. Nun senkte sich die Nacht auf die Erde. Auf dem Schlachtfeld kehrte wieder Stille ein. Doch ein kalter Wind, der den ganzen Tag über das Land gefegt war, der einem in den Nacken drang und das Blut erstarren ließ, wollte nicht zur Ruhe kommen. Der Kaiser ging in sein Zelt zurück und nahm den Helm ab. Die Kerzen verbreiteten einen tröstlichen Schimmer, der sich an der goldenen Statue der Fortuna widerspiegelte. Sie musste stets in seiner Unterkunft sein und folgte ihm also auch auf den Feldzügen.

Eine Wache salutierte zwischen den Stoffbahnen, die den Eingang verdeckten, und kündigte den Gesandten an. Der erschien mit ernster Miene und sorgenvoller Falte zwischen den Augenbrauen. Marc Aurel hatte bemerkt, dass sich diese Falte im Lauf der Monate vertiefte, während die Armee in mühsamem Kampf die Grenzen des Reiches zu verteidigen suchte.

»Der Verschwörer wurde festgenommen«, sagte der Gesandte, noch immer außer Atem.

Marc Aurel betrachtete ihn gelassen, ohne etwas zu erwidern.

»Er hat die Taten gestanden«, fuhr der andere fort. »Alles ist in Ordnung. Fehlt nur noch, dass du seiner Hinrichtung zustimmst.«

Der Kaiser schwieg eine Weile.

»Man lasse ihn am Leben«, erklärte er schließlich.

Der Gesandte konnte einen Ausdruck der Missbilligung nicht unterdrücken.

»Dieser Mann hat dir nach dem Leben getrachtet …«

»Ja, aber verhalten wir uns nicht so wie er.«

Der andere machte eine Geste des Protests, fasste sich aber, grüßte und verschwand. Die Kerzenflammen erzitterten.

Marc Aurel sann ein wenig vor sich hin, zog dann seine Tunika aus und legte sie auf das Bett. Er goss ein wenig Falerner Wein in einen Kelch, setzte sich an den Schreibtisch und holte ein Pergament hervor, auf welchem er jeden Abend seine Gedanken notierte. Die Kerzenflamme verbreitete eine wohltuende Wärme. Er griff nach einer Feder, tauchte sie in das kleine Fass, angefüllt mit zähflüssiger Tusche, so schwarz wie Pech, und hielt kurz inne. Draußen hörte man den Wind in den Zeltbahnen flappen und ein paar aufgeregte Stimmen von Söldnern.

Die Feder kratzte über das Pergament; die Tusche blieb einige Momente feucht und erhaben, in einer letzten Bemühung um Glanz, ehe sie dann für immer trocknete.

Die beste Art und Weise, sich an Übeltätern zu rächen, besteht darin, ihnen nicht ähnlich zu werden.

Marc Aurel richtete den Blick auf die kleine Flamme. *Das Kerzenlicht schimmert und bewahrt seine Leuchtkraft, bis es erlöscht*, sagte er sich. *Aufrichtigkeit, Gerechtigkeit und Weisheit – werden sie vorzeitig erlöschen?*

Er schrieb weiter.

Achte darauf, gegenüber Misanthropen niemals das zu empfinden, was sie gegenüber Menschen empfinden.

Ein spöttisches Lachen.

Sandro fuhr zusammen und wachte auf. Ein Affe klammerte sich von außen an sein Fenster.

Sein Traum verflog, verflüchtigte sich in der Luft wie der Dunst des Dschungels, sobald ein Lichtstrahl erscheint. Doch Sandro erinnerte die Botschaft und die darin enthaltene Moral.

Wie leicht es ist, sagte er sich, *einer Idee anzuhängen, doch wie schwer, sie in sein Leben, sein Fühlen und Verhalten einzubinden …* Natürlich würde er gerne verzeihen können, aber wie sollte das geschehen, wenn man zutiefst verletzt wurde und nicht Marc Aurel, Jesus oder Gandhi hieß?

Er quälte sich aus seiner Hängematte und ging hinaus. Der Regen hatte aufgehört. Plötzlich ergriff ihn die Lust, einen Spaziergang zu machen und den Kopf zu durchlüften.

Einige Minuten später drang er, mit Schutzkleidung und Militärstiefeln ausgestattet, in den Urwald ein.

Seine Schritte führten instinktiv in die gleiche Richtung wie das letzte Mal. Dennoch erschien ihm die Vegetation jetzt anders. Die Pflanzen wuchsen derart schnell, dass die Landschaft sich unaufhörlich veränderte. Selbst mithilfe eines Kompasses und einer Karte hätte er nicht allein zu seiner Hütte zurückgefunden.

Irgendwann erblickte er in der Ferne den flachen Felsen, der ihm zuvor schon beim Wasserbecken aufgefallen war. Ein Felsen, schwarz funkelnd wie Onyx unter den wenigen Sonnenstrahlen, die sich zwischen Wipfeln einen Weg bahnen konnten. Er hielt kurz inne und näherte sich dann der Stelle auf leisen Sohlen. Warum kehrte er dorthin zurück? Er sah das Wasser, ebenso braun und trüb wie das des Amazonas. Zugleich aber hatte der morgendliche Regen die Luft gereinigt, allen Staub fortgespült: Die Blätter der Pflanzen glänzten wie die Augen eines Kaimans. Sandro ging vorsichtig weiter, bog um einen Busch – und da erspähte er sie.

Sie befand sich wieder im Wasser, aus dem die Schultern hervorragten, anmutig auf einen halb untergetauchten Ast gestützt, den Rücken ihm zugewandt, nur wenige Meter entfernt. Sandro stockte fast der Atem. Er sah den schmalen Nacken der jungen Frau, ihre zart geformten Schultern, ihre langen, zierlichen Arme. Passiv und still verharrte er so eine Weile. Die vom Regen gewaschenen Pflanzen verströmten einen unendlich feinen Geruch.

Plötzlich schwang sich die junge Frau nach vorn in diesem zähflüssigen Wasser, wo ihre Bewegung kaum Wellen schlug. Sie schwamm bäuchlings zum gegenüberliegenden Ufer, und Sandros Blick folgte ihr. Es war an der Zeit aufzubrechen, aber er rührte sich nicht, unfähig, auch nur den kleinsten Schritt zu tun.

Kurz vor dem Ziel richtete die Schwimmerin sich auf und watete durchs Wasser, wobei nacheinander Schultern und Rücken zum Vorschein kamen. Ihr Körper war überzogen mit Schlamm, der die Haut überall bedeckte. Sie stieg aus dem Becken und reckte sich, splitternackt und doch bekleidet mit diesem schimmernden Lehm, der ihre weiblichen Kurven betonte. Eine Statue aus Schokolade …

Sandro starrte gebannt auf die Erscheinung, als sei sie halluziniert.

In diesem Moment fiel ein leichter Regen, und die Statue neigte den Kopf nach hinten, wandte das Gesicht dem Himmel zu und schloss die Augen. Die Tropfen rannen sanft über ihre Lider, Wangen, Lippen, Schultern und entkleideten sie langsam, sehr langsam. Nach und nach löste sich der Schlamm und entblößte die Haut der jungen Frau, ihr Körper war von erhabener, irrealer Schönheit und betörender Nacktheit. Die wieder zur Frau gewordene Skulptur blieb in dieser Position, solange der Regen andauerte, schlenderte dann am Ufer entlang und kam Sandro, der abermals erstarrte, gefährlich nahe.

Doch die Indianerin hielt auf Höhe des Felsens inne, erkletterte ihn, legte sich auf den Rücken, schloss die Augen und bot ihren Körper der endlich zurückgekehrten Sonne dar.

Im Abstand von nur wenigen Metern wagte Sandro keinerlei Bewegung. Eines von Auguste Rodins Werken war gerade mitten im Amazonasgebiet abgesetzt worden, auf einem Sockel aus Stein, direkt vor ihm.

Die Schönheit hebt die Zeit auf, und er wusste nicht zu sagen, wie viele Minuten er so verweilte, dazu verurteilt, jene zu betrachten, die sich seinem Blick mit aller Macht aufdrängte.

Schließlich gab der Atemrhythmus der jungen Frau zu erkennen, dass sie eingeschlafen war. Sein Rückzug konnte beginnen.

Ehe er sich entfernte, suchten seine Augen die Umgebung ab – und dabei entdeckte er sie: Eine Schlange, auf halber Strecke zwischen ihnen beiden, schlich zu der schönen Schlafenden. Er identifizierte sie auf den ersten Blick, hatte er doch genügend Ratgeber zum Überleben im Urwald gelesen. Eine Korallenotter, leicht zu erkennen an ihrer farbigen Haut mit schwarzen, weißen und roten Ringen. Irrtum ausgeschlossen. Er erinnerte sich sogar an die Auswirkungen ihres Bisses: heftiger Schmerz, ein Ödem, gefolgt von Sehstörungen und Krämpfen, die zur Lähmung der Atemmuskulatur, schließlich zum Tod durch Ersticken führen.

Die Schlange bewegte sich bereits über den Boden am flachen Felsen, kam der liegenden Indianerin immer näher.

Sandro, übermannt von einem Gefühl der Dringlichkeit, vergaß seinen Rachedurst. Er konnte das zarte Geschöpf nicht einfach tatenlos einem qualvollen Tod preisgeben! Allein der Stimme seines Gewissens folgend, suchte er mit den Augen nach einem Gegenstand, um das Tier zu erschlagen. Ein Stein … er brauchte einen Stein. Schnell! Auf dem Boden ringsum war keiner zu sehen. Vegetation im Überfluss, aber kein Stein …

Plötzlich entdeckte er ein ziemlich langes Scheit, zweifellos vergessen von den Indianern, die hier Holz für das Lagerfeuer gehackt hatten. Es würde seinen Zweck erfüllen.

Er trat aus dem Versteck, setzte die Füße vorsichtig auf das Blattwerk, um kein Geräusch zu machen. Weder das Reptil noch die Frau durften ihn hören. Wenn sie sich aufrichtete, wäre sie in größter Gefahr. Lautlos ergriff er das Stück Holz und näherte sich wie in Zeitlupe dem Felsen. Er hob seinen Knüppel, indes die Schlange nur noch einen halben Meter von ihrer Beute entfernt war.

Den letzten Schritt unternahm Sandro mit angehaltenem Atem. Jetzt … jetzt musste er zuschlagen. Er betrachtete zuerst den Knüppel, dann die Korallenotter und versuchte, die Distanz dazwischen einzuschätzen, seinen Schlag richtig zu berechnen, genau zu zielen. Er spürte, wie die Angst in ihm hochstieg, der Druck angesichts dessen, was auf dem Spiel stand. Die Schlange kroch in Höhe der Knöchel zwischen die Beine ihres Opfers. Los! Jetzt! Sandro hörte auf zu atmen und ließ seine Keule herabsausen.

Die folgenden Ereignisse liefen äußerst schnell und wie von selbst ab. Der Knüppel traf mit voller Wucht den Stein, streifte die Schlange aber nur, und Sandro fiel auf die Knie. Das Reptil drehte sich rasch um die eigene Achse, richtete sich auf. Er sah, wie der flache, dreieckige Kopf zurückwich, dann auf ihn zuschoss.

Gleichzeitig hatte die Indianerin sich blitzartig erhoben und mit verblüffender Geschwindigkeit die Hand nach der Schlange ausgestreckt, sie unterhalb des Kopfes genau in dem Moment gepackt, als sie zubeißen wollte. Im Bruchteil einer Sekunde konnte Sandro beobachten, wie sich das schreckliche Maul der Schlange direkt vor seinem Gesicht öffnete und langsam wieder schloss.

Erst da wurde ihm deutlich bewusst, welcher Gefahr er entronnen war; dieser Gedanke ließ ihn erstarren, während das gefangene Reptil ihn aus winzigen zusammengekniffenen Augen fixierte und unablässig die schmale gespaltene Zunge in seine Richtung schleuderte.

Die junge Frau stand auf, und Sandro, unter dem Schock noch immer auf Knien, hob langsam den Blick zu ihr. Trotz der Nacktheit strahlte ihre Haltung eine gewisse Arroganz aus. Ihre Augen funkelten vor Wut. Die Beine leicht gebeugt, hielt sie die Korallenotter weiterhin mit der einen Hand fest. Die Schlange wand sich, und ihr Körper schlug gegen die Schenkel der Indianerin.

»Wegen deines Fehlers hätte sie dich fast umgebracht.«

Sandro fand den Vorwurf ungerecht. Er versuchte sich zu fassen und rang nach Worten.

»Ich … bin es nicht gewohnt, den Knüppel zu benutzen.«

»Niemand hat dich aufgefordert, dies zu tun.«

»Aber … sie wollte dich angreifen. Ich hab's getan, um dich zu retten!«

Er konnte den Blick nicht abwenden von dem Tier, das sich nach wie vor zwischen den Fingern seiner Bewacherin bedrohlich wand.

»Eine Schlange greift niemals einen Menschen an, wenn sie sich nicht bedroht fühlt.«

Die junge Frau drückte auf eine bestimmte Stelle unter dem Kiefer des Reptils. Es streckte sich und spie stoßweise sein Gift aus. Dann warf sie es ins Gebüsch.

Sandro schluckte.

»Wie heißt du?«, fragte sie.

Erneut schaute er zu ihr auf.

»Sandro.«

»Sandro …«, wiederholte sie langsam.

In ihrem Ausdruck mischten sich Einverständnis und Gelassenheit.

»Und du?«, wagte er zurückzufragen.

Die schwarzen Augen richteten sich auf ihn. Ein sanfter Blick, in dem ein Funke Unverschämtheit aufblitzte.

»Élianta.«

21

»Der Nächste!«

Ein Mann trat vor und setzte sich im Schneidersitz auf den Boden.

Krakus begann die neue Rolle zu schätzen, die er für sich in Anspruch genommen hatte in der Gewissheit: *Indem man jeden einzeln bearbeitet, erzielt man die besten Resultate.*

»Sag mir noch mal deinen Namen …«

»Chesmu.«

»Ah ja.«

Krakus erinnerte sich, dass Chesmu das ideale Subjekt war: umgänglich, mit allem einverstanden, ohne Widerrede. Der pflegeleichte Typ schlechthin.

»Also, Chesmu, wir werden jetzt 'n bisschen auf 'n Punkt bringen, was wir gestern gelernt haben. Biste bereit?«

»Ja.«

»Sehr gut! Na, dann schau'n wir mal … Stell dir folgende Situation vor … Du bist hier, in der Siedlung, und jemand lächelt dich an. Was machste?«

»Jemand lächelt mich an?«

»Genau.«

»Nun, das ist nett, ich lächle zurück.«

»Nicht doch, Mann! Denk nach …«

»Äh …«

»Ist dir klar, warum der dich anlächelt?«

»Weil es ihm Freude bereitet, mich zu sehen?«

»Das glauben bloß die Dummköpfe. Nein, er macht sich insgeheim lustig über dich, oder er will dich 'rumkriegen, um sich irgendwas untern Nagel zu reißen …«

»Ah …«

»Bist du in der Lage, den *wahren Grund* zu erfahren, warum der dich anlächelt?«

»Hm …«

»Eben, also lächelste nicht zurück!«

»Aha …«

»Musst immer auf der Hut sein, sonst steckste alle möglichen Prügel ein. Oder du wirst für 'nen echten Esel gehalten. Wer genug Grips hat, lächelt nicht dauernd.«

»Ah … Man lächelt nicht, wenn man Grips hat?«

»Man lächelt nicht.«

»Und … wenn ich trotzdem Lust habe zu lächeln?«

»Dann verkneifst du's dir.«

»Ach so …«

»Kostet dich am Anfang etwas Mühe, aber bald gewöhnste dich dran und hast überhaupt keine Lust mehr zu lächeln.«

»In Ordnung.«

Krakus holte seinen Tabaksbeutel hervor und fing an, sich eine Zigarette zu drehen.

»Auf jeden Fall ist es am besten, nie deine Gefühle zu zeigen. Vor allem darfste dich über nichts wundern, sonst biste für die andern der Dorftrottel, der die Welt entdeckt. Kurzum: Sei reserviert, geh auf Abstand zu den Dingen und den Leuten.«

Er zündete die Zigarette an und fuhr fort.

»Okay. Noch 'n Versuch. Konzentrier dich.«

»Einverstanden.«

»Angenommen, du findest 'ne Stelle im Urwald, wo lauter Maracujas wachsen. 's gibt so viele, dass du sie gar nicht alle futtern kannst. Was machste?«

»Ich benachrichtige sofort die andern, damit sie auch etwas davon haben, bevor die Früchte herunterfallen.«

Krakus seufzte.

»Ist das dein Ernst, oder was? Wenn du die andern benachrichtigst, was passiert dann?«

»Sie werden kommen, um Maracujas zu verspeisen.«

»Klar. Und?«

»Äh …«

»Wenn du die andern benachrichtigst, werden sie die Stelle kennen und das nächste Mal prompt vor dir da sein!«

»Aber wenn ich nicht alle Früchte essen kann, lass ich doch die restlichen nicht verderben …«

»Was juckt's dich? Du musst in erster Linie deine eigenen Interessen verfolgen. Und dazu gehört, dass du der Einzige bist, der die Goldgruben kennt. Wenn du die Information jemandem mitteilst, fällt für dich beim nächsten Mal weniger ab. Was glaubst du denn, was die andern an deiner Stelle machen würden? Jeder ist auf seinen Vorteil bedacht, mein Alter. Wenn du aus der Reihe tanzt, wirste reingelegt.«

»Verstehe.«

»Auch das ist 'ne Frage der Intelligenz. Wer gescheit ist, denkt zuerst an sich, um das größte Stück vom Kuchen abzukriegen.«

»Ach so.«

Krakus zog an seiner Zigarette.

»Nächster Punkt. Pass auf, was du jetzt antwortest.«

»Okay.«

»Du redest mit jemandem und erzählst, wie du über 'ne Sache denkst, aber der andere ist nicht deiner Ansicht. Was machste?«

Chesmu überlegte einen Moment.

»Nun, ich höre ihm zu.«

»Du hörst ihm zu? Warum hörste ihm zu?«

»Um zu begreifen.«

»Um was zu begreifen?«

»Na, es ist doch gut zu wissen, wenn er die Dinge anders sieht … Das könnte meine Auffassung bereichern.«

»Total falsch. Was bringt's dir?«

»So weiß ich, was richtig ist, und entdecke die Wahrheit.«

»Meine Fresse! Du lebst echt auf 'm Mond. Es geht nicht darum, nach der Wahrheit zu suchen, sondern recht zu haben!«

»Recht zu haben?«

»Wer clever ist, hat recht. Man muss immer recht behalten.«

»Aha …«

»Sobald du was gesagt hast, musste mit allen Mitteln verhindern, dass irgendeiner dir widerspricht.«

»Ah ja?«

»Natürlich!«

»Gut …«

»Willste 'n Tipp, wie du das anstellst?«

»Gern.«

»In dem Moment, wo jemand dir widerspricht, stellste dir vor, dass der was gegen dich im Schilde führt, und tust so, als wär deine Person bedroht. Versuch, genau das tief drinnen zu empfinden. In Gedanken sagste dir, dass du dich verteidigen musst, als ging's um dein Überleben, dass du gar nicht mehr existierst, wenn du den andern im Recht lässt …«

»Oho … Und … das funktioniert?«

»Mach's 'n Dutzend Mal, und du wirst sehn: Sobald dir jemand am Zeug flickt, fühlste dich so mies, dass du von allein den Gegenangriff startest. Läuft ganz automatisch. Wie geschmiert.«

»Verstehe.«

Krakus inhalierte den Rauch, blies ihn langsam und grübelnd wieder aus.

»Okay, noch was. Konzentrier dich.«

»Einverstanden.«

»Du triffst jemanden und merkst, der ist wirklich intelligent. Was machste?«

»Äh … ich sag's ihm.«

»Was sagste ihm?«

»Dass ich ihn intelligent finde.«

»Geht's noch? Sag das niemals! Sonst stehste neben dem wie 'n Idiot da. Auf gar keinen Fall darfste das sagen.«

»Einverstanden.«

»Übrigens darfste auch niemals Komplimente machen.«

Chesmu riss die Augen weit auf, die nun groß und rund waren wie Maronen.

»Niemals Komplimente machen?«

»Niemals.«

»Niemandem?«

»Niemandem.«

»Gut, wenn du meinst.«

»Durch Komplimente hebste den andern auf 'n Sockel, also setzt dich selber runter.«

»Nicht mal … einer Frau darf ich Komplimente machen?«

»Bloß nicht 'ner Frau!«

»Aber wenn ich sie hübsch finde …«

»Ein Grund mehr, es der nicht zu sagen! Sonst verliert die jedes Interesse an dir. Man lässt sich nicht verführ'n von jemandem, der einem unterlegen ist.«

»Ah, so ist das.«

Krakus drückte seine Zigarette auf dem Boden aus.

»Gut, ich denk, das reicht für heute.«

»Einverstanden.«

»Haste alles kapiert?«

»Ja.«

»Brauchst es jetzt bloß noch in der Praxis anzuwenden.«

»Einverstanden.«

»Auf geht's.«

Chesmu erhob sich mit nachdenklicher Miene.

»Oh, da fällt mir was ein. Wenn ich das alles in der Praxis anwende, werd ich nicht mehr sehr natürlich sein …«

Krakus runzelte die Stirn.

»Wer hat dich aufgefordert, natürlich zu sein?«

»Nun …«

»Was bringt's dir? Die *Favelas* in Rio quellen über von natürlichen Typen. Greifste dort in irgend 'nen Mülleimer, plumpsen zehn von denen raus.«

»Jawohl, einverstanden …«

Krakus erhob sich ebenfalls.

»Letzter Punkt. Du musst aufhör'n, dauernd ›Einverstanden‹ zu sagen. Wer was im Kopf hat, ist nicht einverstanden.«

»Wieso?«

»Biste mit deinem Gesprächspartner einverstanden, heißt das so viel wie: Du kannst nicht selber denken. Willste respektiert werden, darfste seinen Ansichten nie zustimmen. Versuch nicht rauszufinden, ob die richtig sind oder nicht. Sag einfach grundsätzlich Nein.«

»Einverstanden.«

»O Mann, wir haben noch 'nen weiten Weg vor uns.«

22

»Sieht ganz so aus, als würdste deinen Job echt mögen«, sagte Marco in vorwurfsvollem Ton.

Krakus blickte ihn schräg von der Seite an. Er warf seinen Hut auf den Tisch, zog die Militärjacke aus und ließ sich vor den Kumpanen zu Boden fallen. Am Ende des Tages war es noch immer heiß.

»Gibt's nichts zu süffeln?«, fragte er.

»Reden macht durstig ...«

Krakus ging nicht darauf ein. Marco ließ ein Feuerzeug langsam zwischen seinen Fingern hin und her gleiten. Alfonso, der verlegen neben ihm saß, schaute woandershin.

»Wir haben niemanden zum Reden. Wir langweilen uns zu Tode«, erklärte Marco, ohne die Augen vom Feuerzeug abzuwenden.

»Keine Klagen, Jungs! Betrachtet das Ganze wie bezahlten Urlaub. Gibt viele, die sofort mit euch tauschen würden.«

»Also meinen Platz können sie gern haben ...«

Krakus schluckte.

»Nicht übertreiben. Gibt Schlimmres ...«

»Wenn du nichts zu tun hättst, würdste das hier auch nicht aushalten …«

»Ihr braucht doch bloß mit den Indianern zu quatschen. Die sind nicht unfreundlich.«

»Um darüber zu labern, wie groß die Manioks sind oder wie man 'nen Lendenschurz strickt?«

Alfonso brach in Gelächter aus.

»Normalerweise ist's doch so«, fuhr Marco fort. »Wenn wir bei 'nem Stamm vorbeikommen, können wir uns wenigstens mit den Mädchen vergnügen.«

»Nur wenn sie wollen«, präzisierte Alfonso.

Marco rutschte das Feuerzeug aus der Hand.

»Wenn sie nicht wollen, sorgen wir schon dafür, dass sie trotzdem wollen …«

»Durchaus«, gluckste Alfonso.

»Hier dagegen dürfen wir die Ware noch nicht mal anfassen.«

»Genau, aber hier ist der Auftraggeber mit von der Partie«, erwiderte Krakus.

»Was ändert's?«

»Alles.«

»Wär ihm vielleicht egal.«

»Würd mich wundern.«

Marco ergriff das Feuerzeug, zündete es an und betrachtete die zitternde Flamme.

»Schließlich hat er gesagt, dass er sie vernichten will.«

»Psychisch. Ist nicht dasselbe.«

»Ach was. Wo ist der Unterschied?«

»Das Innre wird zerstört, ohne dass äußere Spuren zurückbleiben.«

»Na ja, wenn ich 'n Mädchen zu was zwinge, ist's doch das Gleiche, oder?«

»Hör auf. Wir werden die Mission nicht kurz vor Schluss in den Sand setzen. Überhaupt krieg ich Sandro in letzter Zeit immer weniger zu fassen. Der weicht ständig aus. Falls du Mist baust, ist er imstande, bei der Gelegenheit alles abzublasen.«

»Ich hab 's satt. Also beeil dich, um diese Sache zu beenden, damit wir unsre Kohle einstreichen und von hier verschwinden.«

* * *

Die Nacht brach herein. Endlich wehte ein kühlerer Luftzug um seine Nasenspitze.

Jemand klopfte an die Tür der Hütte. Sandro richtete sich auf, als Krakus eintrat.

»'n Abend. Bleibt's bei der heutigen Show?«

Sandro schwieg und wandte das Gesicht ab.

»Wir werden die nicht von einem Abend auf 'n andern verschieben«, sagte Krakus in gereiztem Ton. »Alle sind bereit … Wir warten bloß noch auf dein grünes Licht.«

Sandro verzog den Mund. Es kümmerte ihn herzlich wenig, dass alle bereit waren. Auch die Missstimmung des andern ließ ihn kalt.

Im Abstand von zwei Metern konnte er den Zigarettengeruch wahrnehmen, von dem sein Besucher durchdrungen war. Zigaretten … sie erinnerten ihn an seinen Aufenthalt in Paris, seine Begegnung mit Tiffany. Nach Verlassen des Musée Rodin hatten sie auf der Terrasse eines nahe gelegenen Cafés in der Rue de Varenne zusammen gefrühstückt. Alle Gäste an den Tischen ringsum rauchten. Der Rauch hüllte die junge Frau mit seinen sich drehenden, tanzenden Ringen ein und verwandelte sie in eine Prinzessin, die urplötzlich aus einem Märchen aufgetaucht war. Zum ersten Mal in seinem Leben hatte er den Duft verbrannten Tabaks geliebt.

In Gedanken überquerte er den Atlantik und fand sich im Büro des Rektors der New Yorker Universität wieder, anlässlich ihres letzten Treffens. Der Hochschullehrer hatte ihn aufgefordert, nach über einem Jahr die Trauer zu überwinden, ein neues Kapitel aufzuschlagen …

»Niemals«, murmelte Sandro.

»Was?«

»Nichts.«

»Also, was mach'n wir jetzt?«

Sandro richtete den Blick auf sein Gegenüber.

»Einverstanden, nur zu. Spielt mit den niederen Instinkten …«

Krakus zog sich eilig zurück, zweifellos in der Befürchtung, sein Auftraggeber könnte sich umbesinnen.

Eine ganze Zeit lang blieb Sandro allein in der Stille seiner Hütte. Dann, von einem seltsamen Gefühl angetrieben, schlüpfte er in seine Jacke, setzte den Hut auf und ging nach draußen. Die Nacht umfing ihn, eine mondlose Nacht, in der nur wenige Sterne durch die Wipfel der Bäume zu funkeln vermochten, die Schutz gewährten und zugleich bedrohlich wirkten, die er nicht sah, deren Gegenwart er aber in der Finsternis spürte. Ein Schauder durchlief seinen Körper. Er holte die Taschenlampe hervor und schaltete sie ein. Die Batterie war schwach. Er nahm den Weg zur Siedlung, während der schmale Lichtstrahl seine Schritte erhellte.

Angst stieg in ihm auf, als er sich zum ersten Mal dem zentralen Platz näherte, wo Musik widerhallte, hauptsächlich von Schlaginstrumenten. Aus der Ferne konnte er die vom Feuerschein geröteten Gesichter in der Menge erkennen, die sich für das Spektakel versammelt hatte. Sandro zog es das Herz zusammen, doch er marschierte weiter, bis noch etwa zwanzig Meter zwischen ihm und den anderen lagen. Seitlich positioniert, hatte er auf das Podium einen genauso freien Blick wie die Zuschauer.

Das Schauspiel setzte Indianer in Szene, die durch Tanz, Gesang und Dialoge zwischen den Figuren eine Geschichte zu erzählen schienen. Die Darsteller waren allesamt jung. Die Handlung, geprägt von realistischen Kämpfen und roher Gewalt, ließ an Dramatik nichts zu wünschen übrig. Die Zuschauer, offenbar an solche Vorführungen nicht gewöhnt, verfolgten gebannt das Geschehen. Sie verdrehten die Augen, einigen stand der Mund offen, manche schreckten zurück, wenn einer der Akteure seinem Gegner mit der Faust brutal ins Gesicht schlug. Eine Frau hielt sich bei bestimmten Szenen die Augen zu. Die meisten waren völlig fasziniert, wie hypnotisiert. Andere Szenen wiesen eindeutig sexuelle Inhalte auf. Man sah, wie junge Indianerinnen in anzüglichen Posen provokative Äußerungen machten oder Tänze vollführten, die eher einem simulierten Geschlechtsverkehr glichen als einer künstlerischen Darbietung.

Die Indianer waren derart gefangen genommen, dass sie weder einen Kaiman bemerkt hätten, der vor dem Podium vorbeihuscht, noch einen Baum, der neben ihnen umstürzt.

Sandro empfand ein wachsendes Unbehagen. Mit einem Mal tauchte das Bild von Marc Aurel vor ihm auf und schob sich über die Tableaus auf der Bühne. Der Kaiser hatte vielerlei Maßnahmen ergriffen, um die Grausamkeit der Gladiatorenkämpfe in den Amphitheatern einzuschränken, und sich damit beim Publikum unbeliebt gemacht. Er war überzeugt, dass die Erziehung zur Sittlichkeit dazu beitragen würde, die Seele zu heben. Eines Tages forderte die tobende Menge, noch ganz betört von dem Spektakel, die Freilassung eines Sklaven, der einen Löwen dressiert hatte, Menschen zu verschlingen. Schockiert erwiderte Marc Aurel: »Dieser Mann hat nichts getan, was der Freiheit würdig wäre.«

Sandro, hin- und hergerissen zwischen Scham und Hass, starrte auf die versammelten Indianer. Vielleicht waren sie mit dieser Art von Schauspiel nicht vertraut, aber wenn es darum ging, ihren Göttern eine junge unschuldige Frau aus dem Abendland als Opfer darzubringen, zeigten sie sich weitaus weniger verschreckt.

23

»Welchen Zweck hat's, die Baumstämme anzumalen?«

Alfonso betrachtete die Indianer, die sich an großen zersägten Stämmen verkünstelten.

Krakus lächelte.

»So seh'n die Holzblöcke aus wie Amaranthen.«

»Ah …«

»Gute Arbeit, oder?«

»Ja, ja, gute Arbeit … aber für was?«

»Für die Show heut' Abend.«

Alfonso runzelte die Stirn und wirkte gehemmt.

»Marco sagt, dass du dich prächtig amüsierst … Er meint, erst hätten wir die Indios abmurksen sollen, und jetzt führen wir sogar Shows für sie auf.«

»Schon, aber mit unseren Shows machen wir denen kein Vergnügen, sondern treiben sie in die totale Depression.«

»Aha …«

»Komm, die dürfen uns nicht hör'n.«

Es war an der Zeit, Alfonso wieder ein bisschen unter die

Arme zu greifen, damit er nicht nur Marcos schlechtem Einfluss ausgesetzt war.

Die beiden entfernten sich und gingen ein paar Schritte durch die Siedlung. Der Platz lag verwaist da. Die Indianer waren sicherlich damit beschäftigt, im Urwald Cupus zu pflücken. Es war sehr heiß und – ausnahmsweise – trocken. Die robusten Militärstiefel wirbelten im Gehen Staub auf.

»Schau mal«, sagte Krakus. »Heut' Abend zum Beispiel gibt's 'ne Nummer mit starken Männern. Die heben Stämme von Amaranthen hoch, die kein Mensch tragen kann, so schwer sind die.«

»Wow!«

»Nur dass unsre Männer Holzblöcke hochheben werden, die zehnmal leichter sind.«

»Okay … Und inwiefern macht sie das fertig?«

»Versetz dich an die Stelle des Zuschauers. Als Mann weißte, dass du solche Gewichte nicht stemmen kannst, also biste deprimiert. Als Frau wiederum träumste davon, dass dein Macker genauso stark ist, also biste deprimiert, weil er's nicht ist. Resultat: Nach dem Spektakel geht jeder schlafen und fühlt sich so was von down.«

»Ah ja, leuchtet mir ein. Aber ist das alles nicht 'n bisschen durchgedreht? Hab den Eindruck, dass du dir das Hirn zermarterst, um die unmöglichsten Sachen auszuhecken …«

»Es geht ums Psychische, verstehste. Darüber haben wir kürzlich schon geredet.«

»Stimmt …«

»Ich muss jetzt was Ähnliches für die Frauen finden. ’ne Show, wo wir Mädchen zeigen, die viel schöner sind als in echt. Hab noch keine Idee, wie das geh’n soll. Denn dir ist wohl klar, dass auch da alle deprimiert wär’n, die Frauen genauso wie die Männer.«

»Irgendwie schon …«

Alfonso schien nicht sehr überzeugt.

»Weißte, ich hatte ’ne Idee, die noch raffinierter ist.«

Krakus nahm seinen Hut ab und fächelte sich damit das Gesicht. Er schwitzte aus allen Poren. Seit in der Siedlung die Bäume gefällt worden waren, brannte die Sonne glutheiß vom Himmel herab.

»Hab mir ’ne neue Art von Schule ausgedacht«, fuhr er fort. »Bin grade erst dabei, meinen Plan mit der Lehrerin in die Tat umzusetzen. Aber kein Wort zu Sandro. Er ist nicht auf dem Laufenden, und man weiß nie. Er könnte was dagegen haben, dass wir uns an die Kleinen ranmachen. Hab immer weniger Kontakt zu ihm, also nehm ich mich in Acht.«

»Kannst dich drauf verlassen, ich sag ihm nichts.«

»Stell dir vor, er war’s, der mich ungewollt auf die Idee gebracht hat. Vor ’n paar Tagen hat er mir nämlich von Descartes erzählt.«

»Von wem?«

»Descartes. Offenbar so ’n französischer Philosoph. Schon mausetot, glaub ich. Der hat irgendwann mal verkündet: ›Ich denke, also bin ich.‹ Sandro hält das für Blödsinn.«

»Blödsinn?«

»Ja. Seiner Meinung nach ist es umgekehrt: Unsre Gedanken hindern uns manchmal zu sein.«

»Wie, zu sein?«

»Überhaupt zu sein.«

»Oho … Wahrscheinlich raucht Sandro manchmal heimlich irgendwelche Kräuter von Élianta …«

»Nein, ist im Grunde ganz einfach. Ab und an biste derart in Gedanken, dass du gar nicht mehr merkst, was um dich rum passiert. Du hörst nicht mehr, was die andern sagen, fühlst nichts mehr. Am Ende ist's dann so, als wärste dir selber total fremd. Außerdem betont er: Deine Gedanken sind nicht die Wirklichkeit. Wenn du in Gedanken bist, biste wie in 'nem Film, aber nicht in deinem Leben. Also, je mehr du denkst, desto weniger biste.«

Krakus holte seine Feldflasche hervor und trank einen Schluck Wasser. Alfonso zog ein schiefes Gesicht.

»Hm …«

»Ist nicht schwammig, kannst Gift drauf nehmen.«

»Gut, und was hat das mit den Kleinen zu tun?«

»Na, ich hab mir gesagt: Wir werden den Kleinen von früh an beibringen, neben ihrem Leben zu steh'n. Wir werden sie drauf trimmen, ausschließlich in Gedanken zu sein, quasi im Mentalen. Wir werden sie im Mentalen einschließen, nur das Mentale ansprechen, nur das Mentale fördern und sie hindern, was andres zu gebrauchen als das Mentale. Wir werden ihnen Milliarden Dinge auf der mentalen Ebene eintrichtern und nichts über die andern Ebenen mitteilen.«

»Was sind das für andre Ebenen?«

»Sandro meint damit, dass man lernt, sich wohlzufühlen in seiner Haut, auf den Körper zu hören, sich selbst zu erkennen, zu lieben und zu vertrauen, seine Emotionen in den Griff zu kriegen, mit den andern zu kommunizieren, sie zu versteh'n, ihnen aufmerksam zu lauschen, sie zu überzeugen, sich Respekt zu verschaffen, die zwischenmenschlichen Beziehungen zu pflegen, die eignen Konflikte zu lösen, die eigenen Ängste oder Kümmernisse zu begreifen … und darüber hinaus das Leben zu schätzen, heiter und gelassen zu sein … Kurzum, alles, was dir ermöglicht, deine Persönlichkeit zu entfalten.«

»Ah ja?«

Alfonso zog ein Kokablatt hervor und steckte es in den Mund.

»Und nicht nur das werden wir ihnen vorenthalten, sondern auch, dass sie's außerhalb der Schule lernen. Darf nicht sein, dass die sich abends wieder ins Lot bringen.«

»Wird keine leichte Sache …«

»Doch. Wir werden ihre Freizeit kontrollieren.«

»Wie denn das?«

»Wir werden denen so viele Dinge aufhalsen, die sie völlig allein nach der Schule machen müssen – natürlich immer auf der mentalen Ebene –, dass sie keine Zeit mehr haben, selbst Erfahrungen zu sammeln, sich am Leben zu reiben, anderen zu begegnen, zu träumen …«

»Aha …«

Krakus setzte seinen Hut wieder auf. Das war immer noch besser, als sich die Sonne auf den Schädel brennen zu lassen.

»Zusätzlich werden wir ihnen garantiert verbieten, im Unterricht zu quatschen oder sich zu bewegen. Die werden gezwungen, still zu sitzen, ohne miteinander zu kommunizieren, und dazubleiben, um den ganzen Tag trockne Informationen aufzunehmen. Kein Austausch, kein Lachen, kein Heulen. Wir werden denen die Birne vollstopfen mit Zeugs, das sie auswendig lernen müssen, ohne sich irgend'ne Frage zu stellen.«

»Ich glaub, das funktioniert nicht. Die Kinder werden aufmucken.«

»Keine Sorge. Wir werden allen einreden, dass es zu ihrem Besten ist. Die Kleinen haben keine andre Wahl, als zu gehorchen.«

»Donnerwetter!«

»Übrigens behalten wir sie fürs Mittagessen in der Schule und schreiben ihnen vor, im Eiltempo zu futtern.«

»Im Eiltempo zu futtern? Wieso?«

»Man darf denen nicht die Zeit geben, jeden Bissen zu genießen und so 'n Wohlgefühl zu verspürn, bis sie schließlich satt sind. Nee, man muss sie dem Körper entfremden, damit sie kapier'n, dass Essen 'ne Tätigkeit ist, die schnellstens ausgeführt werden muss, ohne was zu fühlen.«

»Ganz schön ausgekocht, dein Ding.«

»Du hast's erfasst. Und wir werden die Schraube noch 'n bisschen fester anziehn ...«

»Hör auf …«

»Wir werden ihr Selbstvertrauen total aushöhlen, indem wir sie im Unterricht nie loben, aber beim kleinsten Fehler, bei der geringsten Schwäche mit dem Finger auf sie zeigen, und zwar immer wieder im Laufe des Tages.«

»Das wird die Lehrerin bestimmt nicht akzeptieren.«

»Die Kiste ist schon fast unter Dach und Fach.«

»Nein?!«

»Doch.«

»Wie haste denn das geschafft?«

»Hab ihr weisgemacht, dass die Schüler sich auf ihren Lorbeeren ausruh'n, wenn sie Komplimente bekommen. Natürlich läuft's eigentlich genau umgekehrt.«

»Und sie hat's geschluckt?«

»Nicht sofort. Sie hat protestiert und behauptet, die Kinder besser zu kennen als ich. Meine Antwort: ›Vielleicht, aber hier spiel ich die erste Geige. Der Lehrplan ist meine Sache.‹ Jedem das seine.«

»Dann hat sie nachgegeben?«

»Drücken wir's so aus: Ich musste mich erst mal auf Descartes berufen.«

»Was haste gesagt?«

»Ich denke, also folgst du.«

24

Élianta kniete am Rand des Beckens nieder, um an den zarten weißen Blüten zu riechen, die sich gerade geöffnet hatten. Noch klamm vom Tau, verströmten sie ein erlesenes Parfum.

Sie beugte sich über das Wasser und sah ihr Spiegelbild auf der Oberfläche. Nach einigen Augenblicken stieg ein Zweifel in ihr auf. Der Schemen gegenüber war der einer sorgenvollen Frau. Sie erkannte sich nicht wieder. Ihre Gesichtszüge wirkten verhärmt. Begann sie zu altern? Diese Frage hatte sie sich nie gestellt. Das Alter war nie Anlass zur Kümmernis gewesen, im Gegenteil. Warum also beunruhigte es sie plötzlich?

Sie lehnte sich etwas weiter über das spiegelnde Wasser, auf dem jetzt ihre Brüste erschienen. Élianta betrachtete sie aufmerksam, dann leicht im Profil und schließlich erneut von vorn. Waren sie nicht … zu klein?

Ein Blatt fiel ins Becken und erzeugte Kräuselungen, die ihr Abbild erzittern ließen.

Ein seltsames Gefühl überkam sie, subtil, doch beschwert

von Traurigkeit, Wehmut, einer Art Weltschmerz. Zum ersten Mal in ihrem Leben schämte sich Élianta ihres Körpers.

Sie erhob sich und legte wieder ihren Lendenschurz an. Heute würde sie nicht baden, der Sinn stand ihr nicht danach. Ziellos streifte sie umher, trat auf wild wuchernde Gräser, schlüpfte zwischen Pflanzen, Bäumen und Lianen hindurch. Sie bewegte sich fort, ja, aber ihre trübe Stimmung folgte ihr, ging ihr voraus, beherrschte sie.

Seit einiger Zeit klappte nichts mehr. Nach zwei Fehlschlägen hintereinander war es um ihre Zukunft als Schamanin geschehen. Offensichtlich hatte sie den falschen Weg eingeschlagen. Außerdem nahm das dörfliche Leben eine Entwicklung, die nichts Gutes versprach. Jeder blieb in den eigenen vier Wänden, lächelte weniger und schien ständig besorgt. Als hätte man vergessen, dass das Leben an sich ein Geschenk ist, eine Gabe des Himmels, und jeder Moment etwas Wunderbares. Hatte im Grunde nicht auch sie selbst ihre Lebensfreude verloren?

Letztlich war all dies auf die Ankunft der Fremden zurückzuführen. Zwar hatten sie für Vergnügungen und Ablenkungen gesorgt, man fühlte sich besser informiert als vorher, und doch war den Menschen die Unschuld abhandengekommen, die Unbekümmertheit, die vorbehaltlose Bejahung des Lebens und der Dinge, die es bietet. Jeder dachte an die Probleme, Ärgernisse und Gefahren in der Welt, die er bewohnte und deren er sich nun vollauf bewusst war. Durch die *Jungle*

Time vervielfachten sich die schlechten Nachrichten. Es verging kein Tag, an dem nicht über die Entdeckung eines bedrohlichen Ameisenhaufens berichtet wurde, über die Risiken, die aus der Knappheit dieses oder jenes Wilds resultierten, oder über die verschiedenen Nöte innerhalb der Gemeinschaft, denen man oft machtlos gegenüberstand. Andererseits wurden die Glanzleistungen bestimmter Personen gerühmt, die kein gewöhnlicher Sterblicher vollbringen konnte und angesichts derer man sich klein und unbedeutend fühlte. Danach war man fast froh um die schlechten Nachrichten, die einen erleichterten und hinsichtlich der eigenen täglichen Probleme beruhigten, weil andere noch unglücklicher waren als man selbst. Am Ende blieb nur die Wahl, vor dem Vidophor, dieser vielleicht doch nützlichen Erfindung, alles zu vergessen.

Darüber hinaus wurden die Leute zunehmend aggressiver, auch das war Élianta aufgefallen. Es kam zu Wortwechseln und Streitigkeiten, die schlecht ausgingen. Sogar die Kinder rauften sich heftig, was früher unvorstellbar gewesen war. Sie wusste nicht, warum, ahnte indes, dass alles miteinander verknüpft war wie in der Natur. Eines jedenfalls stand fest – sie konnte es bestätigen, wenn auch nicht beweisen: Der Grund für die Störungen, die Wurzel des Übels lag in der Angst. Eine quälende Angst, die nicht beim Namen genannt wurde, aber auf sämtlichen Ebenen des Daseins in Erscheinung trat: Angst vor Mangel, Angst vor Krankheiten, Angst vor wilden Tieren, die Angst, nicht geliebt zu werden, die Angst vor den anderen

… Dieses äußerst abträgliche und unheilvolle Gefühl hatte vor der Ankunft der Fremden unter den ihren nicht existiert.

Eine ebenso ungewohnte wie schreckliche Wut ergriff von ihr Besitz. Sie machte Krakus und seine Männer dafür verantwortlich, dass sie das Leben aller aus dem Gleichgewicht gebracht, ihre Sichtweise verändert, Sorgen und Erwartungen hervorgerufen hatten, die ihnen bislang fremd gewesen waren …

Der Schock war lautlos, der Schmerz aber stechend. Élianta schwankte und sank zu Boden. Benommen von der Gewalt inneren Aufruhrs verharrte sie eine Weile regungslos.

Die Stirn tat ihr weh. Sie legte die Hand darauf und spürte eine klebrige Wunde. Ihre Finger befleckten sich mit Blut. Wie hatte sie gegen einen Ast prallen können, sie, die seit ihrer Geburt im Urwald lebte und der solches nie widerfahren war?

Sie atmete ruhig ein und aus, um sich zu fassen. Der Schock hatte sie brutal in die Wirklichkeit gestoßen, aus den Gedanken gerissen, ja ihr Bewusstsein ausgeschaltet, sie hier und jetzt auf qualvolle Weise in den Körper zurückversetzt.

Auf Mutter Erde sitzend wurde sie allmählich wieder sie selbst. Im Stillen dankte sie den Geistern für diesen Unfall, der verhindert hatte, dass sie sich in der Nacht des Denkens verlor und forttragen ließ … Sie nahm sich Zeit, um den Schmerz zu akzeptieren: Er war der Preis, den sie zahlen musste. Durch ihre bejahende Einstellung besänftigte sie ihn, und so wurde er gelindert …

Sie hatte einen Fehler begangen: Wenn Krakus ihrer Ansicht nach im Irrtum war, musste sie ihn aufsuchen und zur Rede stellen. Ständig über Probleme nachzugrübeln führte zu nichts. Wer unaufhörlich negativen Vorstellungen nachhängt, wird in die Tiefe gezogen, in die Grube des Grolls und der Verbitterung, wo nur Trübsinn und Krankheit gedeihen.

Sie schaute sich um auf der Suche nach einer Wassaï-Palme. Deren antiseptischer Saft besaß die Kraft, eine Wunde durch Ätzen zu reinigen. Auf den ersten Blick war kein solcher Baum zu sehen. Élianta gab sich einen Ruck und stand auf. Es ging ihr schon besser. Sie sog die mit tropischen Düften geschwängerte Luft ein, um diese einen Moment lang zu genießen. Das Licht verbreitete nun einen besonders schönen Glanz. Einige Sonnenstrahlen hatten sich zwischen den Ästen einen Weg gebahnt und spielten mit Blättern, die der leichte Wind sanft wiegte. Ein glitzerndes, farbenprächtiges Schauspiel für Auge und Herz.

Innerlich gestärkt schlug Élianta die Richtung zum Lager der Fremden ein, marschierte quer durch den Dschungel, schlängelte sich unter Ästen hindurch, zwischen herabhängenden Lianen und Kletterpflanzen, übersprang Bäche und liegende Baumstämme. Schließlich tauchte die kostbare Palme auf. Sie brach einen Zweig davon ab und legte den angeritzten Stängel behutsam auf die Wunde. Der wohltuende Saft kühlte ihre Stirn.

Ein paar Minuten später erreichte Élianta die Hütte.

Aus dem Innern drang Stimmengewirr. Sie klopfte an die Tür und betrat den Raum, erfüllt von Rauch und Alkoholgeruch. Drei Männer verstummten und drehten die Köpfe in ihre Richtung. Der eine lag in der Hängematte, der andere saß auf einem Baumstumpf, während Krakus aufrecht an der Bambuswand lehnte.

»Können wir uns kurz sehen? Ich möchte mit dir sprechen«, sagte sie zu ihm, mit einer dezenten Kopfbewegung nach draußen deutend.

»Natürlich, meine Schöne«, erwiderte er, ohne sich von der Stelle zu rühren.

Einige Augenblicke vergingen, in denen er in der gleichen Position verharrte, ein ironisches Lächeln auf den Lippen. Das Schweigen wurde unangenehm. Sie beschloss, einen neuen Anlauf zu nehmen.

»Ich wollte dir sagen … Ich möchte, dass du verstehst … Ich weiß, du hast mein Volk von einer schlimmen Krankheit geheilt, die uns alle bedrohte …«

»Aber?«

Sie schüttelte den Kopf.

»Ich weiß, dass du unser Wohl im Sinn hast, dass du glaubst, deine Ideen seien richtig …«

»Aber?«

Sie holte tief Luft.

»Ich mache mir Sorgen um uns.«

Er betrachtete sie, nach wie vor lächelnd. Alle blieben starr. Nur der Rauch der Zigaretten stieg weiter auf in Spiralen.

»Ich erkenne mein Volk nicht wieder«, fuhr sie fort. »Zwar wurden uns einige Annehmlichkeiten zuteil, aber ... im Grunde entfernen wir uns von unserer eigenen Natur.«

Krakus führte sein Glas lässig an den Mund und trank einen Schluck.

»Wir waren ausgeglichen, jetzt sind wir besorgt. Besorgt über alle möglichen Dinge, von denen uns manche über den Kopf wachsen.«

Er stellte das Glas ab und holte einen kleinen Beutel hervor, in den er seine Finger steckte.

»Wir haben uns und das Leben geliebt. Heute zweifeln wir an uns und haben Angst vor dem Leben.«

Krakus drehte sich eine Zigarette.

»Wir stürzen uns in Aktivitäten, verlieren uns aber dabei, ohne wirklich im Körper zu ruhen. Wir essen den ganzen Tag und machen zugleich etwas anderes, ohne überhaupt zu fühlen, was ...«

Er entzündete ein Streichholz.

»Endlich habt ihr gelernt, mehrere Sachen gleichzeitig zu erledigen. Das ist gut so.«

Der Rauch, den Krakus ausblies, verband sich mit dem seiner Männer. Die Atmosphäre wurde unerträglich.

»Wir stopfen uns voll, beten aber nicht mehr, um der Mutter Erde zu danken, und ...«

»In der Pampa beten bringt nicht viel ...«

Der Typ in der Hängematte brach in hämisches Gelächter aus.

»Wir haben aufgehört, gewissenhaft zu handeln. Mittlerweile sind wir uns der eigenen Gesten, Taten, Worte und ihrer Bedeutung ebenso wenig bewusst wie des Lebens an sich, unseres Wertes und des Wertes, den jeder Augenblick besitzt …«

Sie schwieg einen Moment. Die Männer wechselten Blicke untereinander.

»Etliche unter uns fühlen sich sogar äußerst unwohl … in ihrem Körper«, fügte sie hinzu und senkte die Lider.

Der Typ, der auf dem Baumstumpf saß, hob den Kopf.

»In deinem Körper würd' ich mich durchaus wohlfühlen«, sagte er.

Der andere in der Hängematte kicherte. Krakus grinste.

Élianta verkrampfte sich instinktiv. Auf der Wand gegenüber war es einer Eidechse gelungen, zwischen die Bambusstäbe zu schlüpfen.

»Ich bin nicht gekommen, um dir Vorwürfe zu machen, sondern um dich zu bitten, das fortzusetzen, was du im Guten vollbracht hast, und das zu unterlassen, was unser Gleichgewicht stört …«

Der Typ erhob sich vom Baumstumpf, stützte sich dann mit den Ellbogen auf das Fensterbrett und murmelte etwas, das sie nicht verstand. Krakus zog an seiner Zigarette und blies den Rauch in ihre Richtung.

»Zum Beispiel?«

»Nun ja … zum Beispiel, dass bei deiner *Jungle Time* Personen mit einer besonderen Güte, Tapferkeit oder irgendeiner anderen Eigenschaft vorgestellt werden, die jeder entwickeln kann, wenn er sich Mühe gibt, anstatt Leute mit einer angeborenen Begabung, deren Höchstleistungen kein gewöhnlicher Sterblicher erzielen kann … Oder dass deine Aufführungen die Schönheit der Menschen, ihrer Worte und Taten, zur Geltung bringen, anstatt eine Vulgarität und Gewalt zur Schau zu stellen, die weder den Darstellern noch den Zuschauern Ehre machen.«

»Meine Shows haben enormen Erfolg. Alle kommen, um sie zu sehn. Die Leute sind hingerissen …«

»Was unsere Seele entwürdigt, schmeichelt zugleich unseren Sinnen und unseren niederen Instinkten.«

Krakus erwiderte nichts.

»Außerdem hätte ich gerne, dass du all das hervorhebst, was in unserer Siedlung lobenswert ist, all die vielversprechenden Initiativen und hoffnungsvollen Botschaften, anstatt das, was uns Angst einjagt. Niemand geht mehr ohne Pfeil und Bogen aus …«

Er blieb still.

»Kurzum: Ersetze all das, was Angst macht, durch das, was Liebe erweckt. Die Liebe ist die Lösung, Roberto. Die Liebe ist das beste Heilmittel gegen die Angst.«

Der Typ am Fenster drehte sich um.

»Hast ganz recht, Schätzchen. Mach mit mir Liebe, und alles wird besser.«

Er näherte sich ihr. Sie warf ihm einen vernichtenden Blick zu und bewegte sich nicht, doch er ging weiter. Der andere Typ hinten in der Hängematte gluckste wie ein Marailguan.

Er umschlang ihre Taille, aber sie entzog sich geschickt.

»Fass mich nicht an!«

»Marco …«, sagte Krakus halbherzig.

Sein Kumpan ließ nicht locker.

»Wirst seh'n, Schätzchen: Die Liebe vertreibt die Angst.«

»Schluss damit!«

Élianta schaute zu Krakus, der sich abwendete. Sie wich immer weiter zurück, stand schließlich mit dem Rücken zur Wand.

Marco schritt mit bedrohlicher Miene auf sie zu. Sie stieß ihn von sich, doch flink ergriff er ihre Handgelenke, schob sie auseinander, um sie gewaltsam gegen die Wand zu pressen.

»Lass mich!«, schrie sie.

»Ganz ruhig, Schätzchen. Wir haben viel Zeit …«

Sie verrenkte die Glieder, um sich zu befreien, aber die stählernen Hände hielten sie an der Wand fest.

»Lass sie los.«

Eine tiefe und ernste Stimme.

Alle erstarrten, und sofort trat Schweigen ein. Élianta drehte den Kopf zur Seite.

Im Eingang der Hütte stand Sandro.

Bald brach schlagartig die Nacht herein, und die Feuer wurden zur einzigen Lichtquelle auf dem Platz. Dieser war nach wie vor verlassen. Der alte Erzähler begann sich Sorgen zu machen. Schon in der vergangenen Woche hatte er festgestellt, dass die Ränge nur spärlich besetzt waren, und gedacht, zur gleichen Stunde sei bestimmt ein Fest oder ein Wettbewerb veranstaltet worden. Es gab deren jetzt so viele. Deshalb hatte er diesmal sich erkundigt und überprüft, ob tatsächlich alle an ihrem wöchentlichen Treffen teilnehmen konnten.

Er wartete noch lange, sehr lange in der feuchten Kühle des Abends, bis die Flammen schwächer wurden und der Mond sich neigte. Schließlich stand er auf und schlug langsam wieder den Weg zu seiner Hütte ein, jeder Schritt schwerer als der vorige.

Zum ersten Mal in seinem Leben machte es ihn traurig, alt zu sein.

* * *

»Schluss mit dem Blödsinn! Wir haben's uns genau überlegt.«

Krakus öffnete die Augen. Im Eingang der Hütte stand Marco. Unmöglich, in aller Ruhe ein Mittagsschläfchen zu halten.

»Stimmt, wir haben's uns genau überlegt«, bekräftigte Alfonso, der dahinter stand.

Marco blickte finster drein.

»Wir verduften von hier.«

Krakus schluckte und richtete sich in seiner Hängematte auf.

»Wer, wir?«

»Alfonso und ich. Gody ebenfalls, wenn er will. Bleib du nur bei deinem Sandro, ihr beide versteht euch ja prima …«

»Was ist los? Warum teilt ihr mir das einfach so mit, aus heitrem Himmel?«

»Uns langt's. Es passiert rein gar nichts mehr. Du organisierst bloß diese kleinen Shows und irgendwelche dämlichen Spiele. Die Indios sind, anders als du denkst, total zufrieden. Für die läuft alles bestens, aber wir, wir langweilen uns dabei zu Tode, weil man uns noch nicht mal machen lässt, worauf wir Lust haben.«

Das war es also.

»Wir können nicht irgend 'n Zeug machen, wenn's dem Auftraggeber nicht passt.«

»Sandro hätt' sich nicht in meine Angelegenheit mit der Indianerin einmischen dürfen! Und du, du hättest ihm nicht freie Bahn lassen dürfen!«

»Was hätt' ich denn deiner Meinung nach tun sollen?«

»Hast noch nicht mal den kleinen Finger gerührt.«

»Er zahlt … Daher hat er auch noch ein Wörtchen mitzureden, ist ganz normal.«

»Dauernd buckelste vor Sandro. Nur weil er der Auftraggeber ist, brauchste dir nicht alles von dem gefallen zu lassen. Schließlich bist du der Anführer der Expedition. Außerdem erinnere ich dich, dass das, was er uns zumutet, am Anfang nicht im Vertrag stand. Und so was ist überhaupt nicht nett. Also darf er uns nicht auch noch Lektionen erteilen.«

»Man muss sich in seine Lage versetzen …«

»Anscheinend biste dem gegenüber total gehemmt, nie locker vom Hocker. Warum? Weil wir seine Frau umgelegt haben?«

»Halt den Mund! Bist du verrückt? Er könnte uns hören …«

»Ist mir völlig schnuppe!«

»Schnauze!«, schrie Krakus und sprang auf.

Alfonso warf schnell einen Blick durchs Fenster. Marco ging nervös ein paar Schritte und schaute zur Seite, bemüht, seine trotz allem leicht erbärmliche Miene zu verbergen.

»Nur mit der Ruhe. Er wird nicht aufs nächste Polizeirevier geh'n …«

Alfonso prustete los.

»Jetzt reicht's! Wir verzapfen keinen Mist und reden keinen Stuss. Damit das klar ist: Ihr beide bleibt hier. Wie geplant reisen wir zu fünft ab, so läuft's und nicht anders. Aber vorher müssen wir den Job erledigen. Bald ist's geschafft, also werdet ihr zu guter Letzt nicht alles verbocken!«

Krakus verstummte, und eine bleierne Stille erfüllte die Hütte. Die zwei Aufrührer wandten den Blick ab.

»Na, dann haltet euch ran«, murmelte Marco undeutlich vor sich hin. »Jedenfalls müssen wir so schnell wie möglich weg von hier.«

Krakus beobachtete, wie sie aus der Hütte trotteten. Diese Idioten waren nicht mal imstande, all das Böse zu ermessen, das er in die Welt brachte.

26

Und Gody erschuf den Schatten!

Seitdem die Siedlung gerodet war, herrschte die Sonne uneingeschränkt. Als Despotin sperrte sie die armen Bewohner in einen gnadenlosen Glutofen. Angesichts dieser Widersinnigkeit der Natur war dem verrückten Erfinder in einem Geistesblitz die Idee gekommen, an etlichen Stellen zwischen den hohen Holzpflöcken lange Stoffbahnen zu spannen.

Einer von Krakus' großen Militärstiefeln stieß gegen einen Klumpen sandiger Erde und wirbelte eine Staubwolke auf. Er fluchte, hustete und setzte seinen Weg fort.

»Alle Welt glaubt, dass der amazonische Boden reich und fruchtbar ist. Noch so 'n Quatsch. Gibt nichts Öderes.«

Plötzlich blieb Alfonso stehen.

»Es ist knallheiß, ich kann nicht mehr … Was wolltste mir denn zeigen?«

»Kommt schon, kommt schon.«

Marco war allein auf die Jagd gegangen, und Krakus hatte die Gelegenheit genutzt, um Alfonso mit in die Siedlung zu nehmen. Er sollte das Ergebnis der bei den Indianern durchgeführten Operationen mit eigenen Augen sehen und begreifen, was da ins Werk gesetzt wurde. Er war noch eingliederungsfähig, ungeachtet des schlechten Einflusses, den Marco auf ihn ausübte. Wenn die beiden sich gegen ihn verschworen, war es aus und vorbei. Doch wenn umgekehrt Marco isoliert dastünde, hätte er keine andere Wahl, als ihnen zu folgen. Im Dschungel auf sich selbst gestellt, wären seine Überlebenschancen gleich null. Sie gelangten in Sichtweite der Siedlung. Hier und da hatten sich kleine Gruppen gebildet, von denen eine kaum gewohnte Unruhe ausging.

»Schau. Wir hab'n alle möglichen Wettkämpfe organisiert: Bogenschießen, Blasrohrschießen, Baumklettern. Dazu die Prüfung, wer innerhalb 'ner bestimmten Zeit die meisten Bambusrohre abhackt. Dort muss man Lianen aufrollen, dort sauschwere Baumstümpfe hochheben und dort hinten im Rekordtempo mit der Axt 'nen Baumstamm fällen.«

»Ah ja … Ist alles echt nett.«

»Nee, das ist nicht nett, denn wir sorgen dafür, dass die Verlierer sich schlecht fühlen. Und da 's im Schnitt zwanzig davon gibt, bei einem Gewinner …«

»Ah ja, ist nicht geil …«

»Nee, ist nicht geil.«

Was einen an Alfonso nervte, war, dass er immer dem zustimmte, der zuletzt geredet hatte. Eine Art Trägheit im menschlichen Umgang. Das hieß jedoch nicht, dass er von der betreffenden Sache überzeugt war.

Die beiden näherten sich dem aufgeregten Treiben.

»Und warum machen die das, wenn's nicht geil ist? Ich würd' in meiner Hütte bleiben und 'ne ruhige Kugel schieben …«

»Zunächst aus Neugier, dann weil sie in der Falle sitzen.«

»In der Falle?«

»Ja, wenn die verlier'n, braucht man sie bloß 'n bisschen durch 'n Dreck zu zieh'n, um sie aus der Fassung zu bringen. Danach haste welche, die total down sind, als wären sie nichts mehr wert. Gut so. Die andern legen sich ins Zeug, um zu beweisen, dass sie trotzdem was wert sind. Das macht denen Lust, sich mit jemandem zu schlagen, verstehste, also stürzen die sich in Aktivitäten, wo sie mit allen Mitteln versuchen, ihr Image aufzupolier'n. Und da jedes Mal nur einer gewinnt, aber zwanzig verlier'n, sind die noch nicht aus 'm Schneider.«

»Brutal.«

»Kannste wohl sag'n.«

Krakus hatte den Vormittag damit verbracht, den Ablauf der Wettkämpfe zu verfolgen und die Reaktionen eines jeden genau zu studieren: den Hochmut des Gewinners, der die meisten Bambusrohre abgehackt hatte, die Verzweiflung eines gewissen Hakan, der in zwei Wettbewerben auf dem letzten Platz gelandet war.

»Schau, wer da kommt«, flüsterte Alfonso. »Deine Freundin.«

Krakus kniff die Augen zusammen, um im gleißenden Sonnenlicht deutlicher zu sehen. Éliantas Gestalt bewegte sich zu dem Stand, wo das Bogenschießen veranstaltet wurde.

»An ihrer Stelle wär ich vor lauter Scham schon längst tief im Boden versunken, wenn man bedenkt, was sie unsretwegen von Anfang an einstecken musste. Aber wahrscheinlich gefällt ihr das.«

Er beobachtete sie einige Augenblicke.

»Komm«, sagte er. »Wir werden ihr noch mal Gelegenheit geben, sich vor allen lächerlich zu machen.«

Alfonso lächelte übers ganze Gesicht und ging ihm hinterher.

Von Weitem merkte Krakus, dass sie in schlechter Stimmung war und mit missbilligender Miene den Ereignissen beiwohnte. Als sie ihn und seinen Kumpel näher kommen hörte, wandte sie sich ihnen zu, schien sich jedoch bei ihrem Anblick zu verkrampfen.

»Haste Lust, an 'nem Wettkampf teilzunehmen?«, fragte er sie.

»Warum sollte ich das tun?«

Er zeigte ihr ein breites Lächeln.

»Um dich an den andern zu messen.«

»An den andern? Wozu?«

»Um rauszufinden, ob du besser bist.«

Er sah, wie Élianta kurz den Ablauf der Prüfung verfolgte. Die Zielscheibe war so weit entfernt, dass die meisten Pfeile sie gar nicht erreichten.

»Was würde es mir bringen, das herauszufinden?«

»Die Freude über den Sieg …«

Ein Indianer schoss seinen Pfeil ab, doch dessen Flug endete kläglich auf dem Boden.

»Wie könnte ich Freude empfinden vor denen, die traurig sind, weil sie verloren haben?«

Die Sonne verbarg sich hinter einer Wolke, und schlagartig wurde die Hitze erträglicher.

»Dein Erfolg würd dir Anerkennung verschaffen …«

Sie schwieg einen Moment.

»Ich ziehe es vor, geliebt zu werden für das, was ich bin, statt anerkannt zu werden für das, was ich tue.«

Krakus warf Alfonso einen Blick zu. Der lächelte zerstreut, als ginge das Gespräch ihn gar nichts an. Élianta, ein wenig nachdenklich, musterte beide erneut. Die Hitze berührte sie offenbar nicht.

»Hab dich schon beim Bogenschießen geseh'n. Bist ziemlich gut, warum also schreibste dich nicht in die Liste ein?«

»Andere schlagen zu wollen interessiert mich nicht. Die wahren Siege erringt man über sich selbst.«

Er schaute sie verächtlich an.

»Das sagste, weil du Angst hast zu verlier'n.«

»Wenn ich im Bogenschießen schlechter wäre als ein anderer, würde ich zweifellos besser abschneiden als er in einem Bereich, an den vielleicht niemand dachte. Was ändert das im Endeffekt?«

»Du hast Angst.«

Sie starrte ihm direkt in die Augen.

»Eher solltest du dich derartigen Prüfungen unterziehen, da du ein so großes Interesse daran hast.«

Krakus schüttelte den Kopf.

»Bogenschießen ist nicht meine Spezialität.«

Mit einem Mal fühlte er sich von der Indianerin ertappt.

»Na, dann brauchst du ja nur in deiner Spezialität anzutreten … Welche ist das eigentlich?«

Das hatte sie mit leicht boshaftem Unterton gefragt. Er durfte sich keinesfalls in ihrem Netz verfangen und würde es bei einer Andeutung belassen.

»Die Führerschaft.«

Sie erwiderte nichts. Krakus entspannte sich.

»Und weil ich in dieser Disziplin der Einzige hier bin«, fügte er stolz hinzu, »ist kein Wettkampf möglich.«

»Ich hielt dich für einen Schamanen …«

»Das schließt sich nicht aus.«

Élianta schien einige Momente zu überlegen und fixierte ihn dann mit herausfordernder Miene.

»In dem Fall nehme ich den Wettkampf gegen dich an.«

Krakus schluckte.

»Ein Wettkampf unter Schamanen hätte keinen Sinn …«

»Nun, dann bin ich bereit zu einem Wettkampf um ›Führerschaft‹, wie du sagst. Wenn du das Gewand des Schamanen anlegen kannst, kann ich das des Anführers überziehen.«

Sein Blick wechselte zu Alfonso, der ihn allerdings nur einfältig erwiderte.

Er musste einen Ausweg finden. Aber wo war er? Wo?

»Und um was geht's dabei?«

Élianta beobachtete seelenruhig die Männer, die in den verschiedenen Prüfungen aktiv waren.

»Zum Beispiel darum, ein Team zu leiten, das eine Hütte baut. Wer zuerst fertig ist, hat gewonnen.«

»Wer sagt mir, dass du auf dem Gebiet nicht mehr Erfahrung hast als ich? Die Bedingungen sind vielleicht nicht ausgewogen …«

»Wir müssen nur zu hundert Prozent die Aufgaben delegieren. Jeder begnügt sich damit, die Tätigkeiten zu steuern, ohne selbst einzugreifen.«

Krakus hatte das Gefühl, mit dem Rücken zur Wand zu stehen. Vor Alfonso durfte er sich nicht blamieren. Dieses Risiko war unbedingt zu vermeiden. Wie also konnte er sich unbeschadet aus der Affäre ziehen?

Er schaute sich um. Die Indianer unternahmen große Anstrengungen, um sich hervorzutun. Er erkannte jene wieder, die bereits am Morgen da gewesen und inzwischen zurückgekehrt waren, um ihr Glück aufs Neue zu versuchen. Plötzlich kam ihm eine Idee …

»Abgemacht, unter der Voraussetzung, dass ich mein Team selbst zusammenstelle, und zwar als Erster.«

»Wenn du möchtest«, sagte sie, ohne zu zögern.

Was für 'ne Idiotin, dachte Krakus. Wie konnte sie im entscheidenden Punkt so schnell nachgeben?

Er mischte sich unter die Teilnehmer. Nachdem er den ganzen Vormittag die Wettbewerbe überwacht hatte, kannte er die Männer gut oder vielmehr ihre Fähigkeiten. Nacheinander wählte er die Gewinner in den Disziplinen aus, die ihm für seine Aufgabe nützlich schienen.

Als Élianta an der Reihe war, die Mitglieder ihres Teams zu bestimmen, rief sie in den Raum: »Meine Freunde, ich suche sechs Freiwillige, um gemeinsam so schnell wie möglich eine Hütte zu bauen. Wer von euch hat Lust, sich zu beteiligen und die Herausforderung anzunehmen?«

Krakus konnte es nicht fassen. Sie wählte ihre Männer noch nicht einmal selbst aus ... Was für ein Mangel an Weitsicht! ... Und er hatte geglaubt, sie würde sich wenigstens mit den Zweiten, den »Vizemeistern«, zufriedengeben.

Was dann kam, bestätigte ihn in seiner Ansicht. Die ersten Freiwilligen meldeten sich ... allesamt schlecht platziert in den frühen Wettbewerben des Tages. Ein Haufen von echten Versagern! Innerlich frohlockend entfernte sich Krakus umgehend, denn er konnte es kaum erwarten, mit seinem Team die Lage zu besprechen. Bald würde er das Vergnügen haben, die junge Frau einmal mehr in der Öffentlichkeit zu demütigen.

Abseits des Geschehens bezog er Stellung. Der Anstoß war erfolgt, und Krakus beeilte sich, seine Männer zu versammeln, nachdem er vorher unauffällig Alfonso losgeschickt hatte, der Éliantas Truppe ausspionieren sollte.

»Ich hab euch ausgewählt, weil jeder von euch der Beste in seinem Fach ist. Du, Jacy, und du, Dyami, ihr habt am schnellsten Bäume gefällt und seid nun die Meister der Siedlung. Also werdet ihr verantwortlich sein für den Aufbau der Hütte, für Pfeiler und Balken, an denen wir die Bambusrohre befestigen. Du, Milap, bist der Schnellste im Abhacken von

Bambus und wirst ihn zurechtschneiden. Awan, du bist der Stärkste. Also trägst du das ganze Holz vom Urwald bis zum Bauplatz. Inteus und Ituha, ihr beide seid die besten Lianenaufwickler weit und breit, also werdet ihr die Bambusrohre zusammenfügen, um die Wände zu fertigen, und das Dach mit Palmblättern bedecken.«

Die Männer standen mit stolzgeschwellter Brust vor ihm und lauschten andächtig seinen Worten.

»Ich werd euch das Ziel vorgeben«, fuhr er fort. »Alles muss erledigt sein in … sagen wir … zwei Stunden.«

»Zwei Stunden?«, fragte Jacy erstaunt.

»Ja, zwei Stunden.«

»Um sämtliche Arbeiten auszuführen?«, hakte Milap nach.

»Klaro!«

»Wir sind zu sechst«, erwiderte Jacy. »Mit sechs Leuten brauchen wir dafür normalerweise drei bis vier Stunden …«

»Schon, aber ohne euch 'n Bein auszureißen. Das hier ist 'n Wettkampf. Die Zeit läuft. Beeilung.«

»Trotzdem scheint mir das nicht realistisch«, warf Awan ein.

»Aber ja doch, ihr werdet's schaffen. Los, die Sache ist beschlossen. Das ist eure Zielvorgabe.«

Die Männer schwiegen, sichtlich verstimmt. *Wenn man denen nicht Dampf macht, lungern die bloß rum*, dachte Krakus.

»Jetzt werden wir diese allgemeine Zielvorgabe für jeden von euch genauer bestimmen. Jacy und Dyami, ihr habt … zwanzig Minuten, um die Bäume zu fällen.«

»Zwanzig Minuten?«, fragte Jacy. »Unmöglich! So viel Zeit brauchen wir bereits, um die richtigen Stämme zu finden …«

»Ihr seid dazu imstande, ich vertraue euch.«

Krakus schaute auf seine Uhr.

»Wir werden um 14 Uhr anfangen. Um 14 Uhr 20 müsst ihr fertig sein.«

»Aber … Hast du das schon mal versucht? Weißt du überhaupt, was diese Aufgabe beinhaltet? Wie man sie in Angriff nimmt?«

Krakus merkte, dass man seinen Sachverstand infrage stellte. Keinesfalls durfte er sich auf eine Diskussion über technische Details einlassen, sonst war er verloren. Natürlich kannten sie sich darin besser aus als er …

»Ihr seid die Besten, also muss es euch auch gelingen.«

»Aber wir …«

»Wenn ihr euer Ziel erreicht, kriegt ihr 'ne Prämie.«

»Eine Prämie?«

»Jawohl.«

»Und die wäre?«

»Werdet schon seh'n. Bringt den besten Teil eurer selbst zum Einsatz, und ihr werdet nicht entäuscht sein.«

»Aber …«

»Wenn ihr nur achtzig Prozent eures Ziels erreicht, kriegt ihr fünfzig Prozent der Prämie … Unterhalb dieser Marke geht ihr leer aus.«

»Hä? Was soll das denn?«

»Awan, anschließend schleppst du das Holz hierher. Dein

Ziel ist's, diese Aufgabe in … fünfzehn Minuten zu bewältigen.«

»Fünfzehn Minuten? Wir wissen ja noch gar nicht, wo die Bäume gefällt werden … Vielleicht brauche ich mehr Zeit.«

»'s gibt immer unangenehme Überraschungen. Die sind in der Zielvorgabe mit einkalkuliert.«

»Und wenn ich dreimal hin- und herlaufen muss?«

»Dann lässte dir was einfallen. Da du 14 Uhr 20 anfängst, liegt dein Endziel bei 14:35.«

»Und wenn Jacy und Dyami nicht rechtzeitig fertig geworden sind?«

»Das klärste mit denen. Ist nicht mein Problem.«

Krakus sah, wie Alfonso mit fröhlicher Miene zurückkehrte.

»Entschuldigt mich 'ne Minute.«

Er wandte sich seinem Kumpel zu.

»Also?«, flüsterte er.

»Keine Führung, keine Autorität. Kannst ganz beruhigt sein. Élianta fragt sogar, wie sie sich organisieren wollen! Und rat mal, was das Beste ist …«

»Schieß los!«

»In ihrem Team sind Miezen.«

»Ist nicht dein Ernst …«

»Drei! Drei von sechs. Zum Schieflachen.«

»Klasse. Na, ich muss jetzt weitermachen. Geh zurück und halt mich auf dem Laufenden.«

»Okay.«

Mit einem triumphierenden Lächeln auf den Lippen beschäftigte sich Krakus wieder mit seinen Leuten. Er wies jedem seine Ziele zu, und jeder wollte verhandeln. Die Versammlung dauerte an, zog sich ewig in die Länge … Als sie schließlich endete, waren alle schlecht gelaunt, unzufrieden, schlapp und antriebslos. Krakus störte das nicht, im Gegenteil: umso besser, wenn jeder sich der Schwierigkeit seines Auftrags bewusst war.

Jacy und Dyami eilten in den Dschungel, um das passende Holz zu schlagen. Awan folgte ihnen in einigem Abstand. Sie hatten Glück, fanden rasch, wonach sie suchten, und begannen mit der Arbeit. Awan beobachtete sie.

»Greif dir die Stämme, die wir schon gefällt haben«, sagte Dyami nach einer Weile zu ihm. »So sparen wir Zeit.«

»Ausgeschlossen. Meine Frist läuft ab dem Moment, wo ich anfange, das Zeug zu tragen. Es liegt in meinem Interesse, auf den letzten Stamm zu warten und mir die Gänge einzuteilen.«

»Ach was, geh schon mal los! Die andern können dann die Hölzer zusammenfügen!«

»Nein, das gehört mit zu eurem Auftrag, nicht zu ihrem …«

»Kein Wort mehr«, sagte Jacy zu seinem Teamgefährten. »Du hältst uns nur auf.«

»Ich will doch bloß, dass wir zusammen schneller vorankommen …«

»Hör zu, wir interessieren uns dafür, unser Ziel zu erreichen und das Holz bereitzustellen. Der Rest …«

Auf diese Bemerkung von Jacy erwähnte Awan, dass dessen Axt unbedingt geschliffen werden müsste.

»Hab keine Zeit, muss weiterhacken«, erwiderte Jacy. »Außerdem weise ich dich darauf hin, dass ich den Wettkampf im Holzfällen gewonnen habe. Ich brauch keine klugen Ratschläge.«

In diesem Augenblick tauchte Krakus auf.

»Wie? Ist das alles, was du gefällt hast, Dyami? Willste mich auf 'n Arm nehmen?«

»Aber ich …«

»Du sollst 'n Siegertyp sein?«

»Lass mich dir's erklären …«

»Ich will keine Erklärungen, sondern Ergebnisse. Ich warne dich: Verfehlst du dein Ziel, biste gefeuert. Ist das klar? Viele wär'n glücklich, deine Stelle zu besetzen.«

Eine Stunde später nahm die Hütte allmählich Gestalt an. Alfonso kehrte erneut zu seinem Chef zurück.

»Was gibt's?«, fragte Krakus.

»Du lachst dich tot. Élianta hat ihren Leuten vorgeschlagen, die Arbeit abzubrechen.«

»Die Arbeit abzubrechen?!«

»Genau. Rat mal, warum.«

»Raus mit der Sprache.«

»Um was trinken zu geh'n und sich 'n bisschen zu entspannen, hat sie gesagt.«

»Ohne Witz ...«

»Ohne Witz. Trotzdem kann man nicht gerade behaupten, dass die sich abrackern. Die albern die ganze Zeit bloß rum ...«

»Ah ja? Und was macht sie, Élianta?«

»Sie sagt denen dauernd nette Dinge, umschmeichelt sie, macht ihnen Komplimente ... Kurzum, ein totales Larifari.«

»Gut, das beruhigt mich. Hier haben die Typen versucht, mich zu beschwatzen und 'ne Pause rauszuschinden. Ich lass mich natürlich nicht einseifen. Mich kriegt keiner dran.«

Sie gingen ein paar Schritte um den Bau. Die Männer argumentierten untereinander darüber, wie sie vorgehen sollten, wobei jeder überzeugt war, eine bessere Idee zu haben als der andere.

»Richtig so«, sagte Krakus. »Da wird gerangelt, da ist Leben in der Bude.«

»Stimmt. Verdammt, was für 'ne Hitze!«

»Gönnen wir uns 'n Schlückchen?«

»Einverstanden.«

Die zwei Männer setzten sich auf den Boden, tranken und schauten zu, wie die Hütte errichtet wurde. Krakus wischte sich mit dem Ärmel den Schweiß von der Stirn.

Kurz darauf kam Awan auf sie zu.

»Ich habe meine Arbeit in der vorgeschriebenen Zeit beendet und mein Ziel erreicht ... aber in einer solchen Hast, dass mir der Rücken wahnsinnig wehtut, ich kann mich kaum mehr bewegen.«

»Nicht weiter schlimm. Geht vorbei.«

»Und was ist mit meiner Prämie?«

Krakus hustete.

»In Anbetracht der Tatsache, dass dein Team in Verzug ist, kann ich mir nicht erlauben, sie dir jetzt gleich zu geben.«

»Aber …«

»Hilf den andern, leg dich ins Zeug, dann kriegste schon was ab, keine Sorge.«

»Aber …«

»Los, wirst nicht enttäuscht sein, glaub mir.«

Awan humpelte zur Baustelle zurück.

»Die versuchen doch immer wieder, alles für sich rauszuschlagen.«

»Du sagst es«, erwiderte Alfonso nachdenklich.

»Deshalb darfste denen nie nachgeben. Sonst fressen die dich auf.«

Alfonso legte die Stirn in Falten, als er die im Entstehen begriffene Hütte betrachtete.

»Na so was, findest du nicht, dass die sich komisch zur Seite neigt?«

»Kann uns egal sein. Wir veranstalten hier keinen Architekturwettbewerb.«

»Hast ja recht.«

Sie nahmen ein paar durststillende Schlucke.

»Was will'n der von mir? Ah, die sind echt unselbstständig«, seufzte Krakus, als er Jacy verärgert auf sie zukommen sah.

»Ituha meint, dass du sie aufgefordert hast, das Dach am Boden zu flechten und erst hinterher auf die Pfeiler zu setzen. Normalerweise aber flechten wir es direkt an Ort und Stelle. Hat er die Wahrheit gesagt?«

Krakus nickte.

»Das hättest du mir mitteilen sollen! Immerhin bin auch ich betroffen!«

»Der Lauf der Dinge erfordert manchmal eine Änderung der Strategie.«

»Ich hätte gern davon gewusst …«

»Jedem seine Aufgabe. Los, beweg dich, die strategischen Entscheidungen geh'n dich nichts an. Konzentrier dich weiterhin auf deine Ziele.«

Jacy entfernte sich nörgelnd und mit schleppendem Schritt. Krakus schüttelte den Kopf.

»Nicht leicht heutzutage, motiviertes Personal aufzutreiben.«

»Schau an, wer da kommt«, sagte Alfonso.

Élianta war auf dem Weg zu ihnen.

»Vielleicht kapituliert sie?«

»Vielleicht …«

Sie pflanzte sich vor ihnen auf.

»Wir haben aufgehört.«

Die zwei Männer tauschten einen einverständigen Blick aus.

»Du wirfst das Handtuch, oder?«

»Nein, wir sind fertig.«

In diesem Moment hörte man einen lauten Krach. Alle zuckten zusammen und drehten sich um: Die Hütte, die Krakus hatte bauen lassen, war eingestürzt.

27

Fass dich wieder, kehre zu dir selbst zurück, wach auf, gib zu, dass es deine Träume sind, die dich beunruhigen, und schau abermals den Tatsachen ins Gesicht …

Gewiss, sein Geist war zutiefst erschüttert, aber die sanften Worte, die Marc Aurel ihm unablässig ins Ohr flüsterte, reichten nicht aus, um seinen Blick auf die eigene Situation zu klären, ihn aus dem Wirrwarr widersprüchlicher Gefühle zu reißen, verwickelter als das Geflecht der Lianen, das den Baum vor seinem Fenster zu ersticken drohte.

Sein ganzes Wesen hasste dieses Volk und schrie nach Rache. In manchen Augenblicken jedoch fühlte sich ein Teil von ihm schuldig, bei diesen Menschen ein inneres Gleichgewicht zu zerstören, dessen Wert er anhand seiner Unfähigkeit, es zu erlangen, abschätzen konnte. Folglich waren in ihm Wut, schlechtes Gewissen, Missgunst, Neid, Abscheu, Achtung und Ablehnung untrennbar ineinander verwoben.

Ein grüner Vogel hatte sich auf dem Baumstumpf vorm Fenster der Hütte niedergelassen. Dieser Anblick belebte Sandro wieder, führte ihn in den Körper zurück, während seine Gedanken in Bann geschlagen waren von der Schönheit des Wirklichen. Mit seinen Sinnen plötzlich tief verbunden öffnete er sich der Intensität des Augenblicks, hellwach für das, was er sah, hörte, fühlte, und im Nu war sein Leben von einer ungeahnten Farbe und Würze durchdrungen.

Kurz darauf aber ließ er sich erneut in Besitz nehmen von seiner unwirklichen Innenwelt, wo die gewohnten Worte, Bilder und Regungen unangefochten über seine Seele herrschten.

Der Vogel stieß einen schrillen Ruf aus. Sein Federkleid war leuchtend grün, und der kleine gelbe Schopf schwankte hin und her, sobald er den Kopf bewegte. Er schien traurig, was die Zuneigung, die Sandro ihm gegenüber empfand, noch verstärkte.

In seinen Gedanken tauchte Éliantas Gestalt auf, aber er bemühte sich, sie so schnell wie möglich daraus zu verbannen.

Schritte waren zu hören und kamen näher. Der Vogel flog davon, jemand klopfte an die Tür.

Krakus stürmte herein wie ein Nashorn, quoll über vor abstoßender männlicher Energie. Sandro verschloss sich sofort.

Der andere ließ sich keuchend und schweißüberströmt auf einen Hocker fallen.

»Ah! Diese verdammte Hitze!«

Er holte seine Feldflasche hervor, trank in großen geräuschvollen Schlucken und wischte sich den Mund am Ärmel ab.

Schlagartig fühlte sich Sandro in seiner Privatsphäre verletzt. Ein gewisser Ekel schürte das verzweifelte Bedürfnis, wieder allein zu sein.

Er kehrte ihm achtlos den Rücken zu.

»Kann nicht so weitergeh'n«, sagte Krakus. »Wir müssen 'nen Gang höher schalten. Wenn sich die Schlacht ewig hinzieht, werden die Soldaten lahm und meutern.«

Sandro ließ den Blick durchs Fenster schweifen.

»Die Zeit der Verwandlung ist nicht die Zeit des Krieges.«

»Jedenfalls müssen wir schneller vorrücken. Was ist die nächste Etappe?«

Der Vogel hatte sich erneut auf den Baumstumpf gesetzt und das riesige Samenkorn einer Toulouri-Palme vor sich abgelegt. Er schaute sich um, indem er den Kopf ruckweise hin und her drehte, wie ein Automat. Dann begann er am Samen zu picken, den er bei jedem Bissen schüttelte, und wischte den Schnabel schließlich an der Holzkante ab.

Sandro wäre gern dieser Vogel gewesen, jeden Augenblick auskostend, ohne sich ständig Sorgen zu machen.

»Also?«, fragte Krakus ungeduldig. »Was ist die nächste Etappe?«

Sandro vernahm überdeutlich den gereizten Ton seines Gesprächspartners, der sich anmaßte, verärgert zu sein, obwohl er nichts durchleiden musste und nichts wusste von dem Schmerz und dem Dilemma, die sein Gegenüber peinigten. Er hatte Lust, ihn anzuschreien, ihn mitsamt seiner Feldflasche, seinem Schweiß und seinen schlechten Manieren aus der Hütte zu jagen …

Vergegenwärtige dir, dass die Kraft, die Energie und der Mut nicht dem zuteilwerden, der sich entrüstet und aufregt. Je näher man dem Gleichmut kommt, desto stärker wird man. Die Wut verrät Schwäche wie auch Betrübnis: Beide sind Verletzungen, Kapitulationen.

Genau, sagte sich Sandro, *ich bin schwach, betrübt, verletzt und kurz davor zu kapitulieren.*

Warum hatte er übrigens in diesem letzten Jahr seinen Studenten die Worte Marc Aurels so oft wiederholt, dass er sie schon auswendig kannte? Wollte er damit nicht sich selbst überzeugen? War nicht er der eigentliche Empfänger?

»Du musst mehr mitarbeiten«, sagte Krakus in vorwurfsvollem Ton. »Wir können nicht so weitermachen. Ich hab's satt, dir die Würmer aus der Nase zu zieh'n.«

Sandro ließ den grünen Vogel nicht aus den Augen. Er brannte darauf, Krakus am Kragen zu packen und hinauszuwerfen. Aber er fühlte sich bleischwer, als würde sein Körper drei Tonnen wiegen, unfähig zur kleinsten Bewegung.

Wäre er doch nur dieser Vogel – leicht und frei, befreit von seinem Tun, von seiner Existenz … um sich mit einem Flügelschlag aufzuschwingen und sein Leben zu ändern.

Krakus seufzte. Ein Seufzen von unerträglicher Grobheit.

»Verflixt noch mal, schließlich unternehmen wir das alles für dich! Du hast es gewollt! *Deine* Frau ist um die Ecke gebracht worden, nicht meine!«

Ein rasender Schmerz verstärkte Sandros Wut. Die Situation war nicht mehr auszuhalten. Er hätte niemals hierherreisen dürfen, in diesen höllischen Urwald, wo er ein Gefangener war seines gequälten Geistes, seiner destruktiven Gefühle, seiner ambitiösen Pläne und dieses unflätigen Vollstreckers. Er hätte New York niemals verlassen sollen, jene Stadt, die er kritisierte, wenn er dort war, die ihm aber fehlte, sobald er sich von ihr entfernte. Er musste schnellstens zum Ende kommen, um aufzubrechen, weit wegzufahren von diesen verfluchten Indianern, diesem Dschungel voller Unheil, und Krakus nie mehr wiederzusehen.

Krakus … Dessen Name war ihm zum ersten Mal genannt worden, als er mit der Versicherungsgesellschaft des Magazins telefonierte, bei dem seine Frau arbeitete. Zuvor hatte er zwei endlose Wochen lang vergeblich auf ihre überfällige Rückkehr gewartet und während dieser Zeit mit allen Mitteln versucht, die Verantwortlichen des Magazins zum Handeln zu bewegen. Daraufhin erteilte der Versicherer Krakus' Team den Auftrag, sie vor Ort zu suchen. Schließlich wurde sie, nach ihrer Flucht mitten in der Nacht, einen Tagesmarsch von der Siedlung entfernt, gefunden – dem Tode nah infolge der erlittenen Martern. Die Heimreise hatte sie nicht überlebt …

Das Geräusch eines umgekippten Hockers. Krakus war aufgestanden, bereit zu gehen.

»Warte«, murmelte Sandro, noch immer den Vogel betrachtend.

Der andere verharrte ein paar Momente und setzte sich wieder.

Sandro schluckte. Er fühlte das Blut in seinem Trommelfell pochen.

»Wir werden eine schreckliche Plage über sie bringen, schlimmer als Malaria und Denguefieber zusammen.«

Eine undurchdringliche Stille erfasste den Raum. Der Vogel draußen flatterte auf und verschwand.

Sandro drehte sich um zu Krakus und sprach weiter.

»Wir haben sie überhäuft mit schlechten Nachrichten und damit ihr Vertrauen in die Welt erschüttert. Wir haben sie durch Vergleiche untereinander mit ihren Handlungen sowie ihren Ergebnissen identifiziert und auf diese Weise ihr Vertrauen in sich selbst untergraben. Sie lieben ihren eigenen Körper nicht mehr. Sie haben keine Verbindungen mehr zur Natur und zu Gott, keine echten Beziehungen zu den anderen. Sie fürchten sich vor ihnen. Sie haben das Glück des gegenwärtigen Augenblicks eingebüßt, grübeln über die Vergangenheit und verlieren sich in der Zukunft … Da jetzt ihrem Leben der wunderbare Reiz abhandengekommen ist und sie sich im Wettkampf gegen die ganze Erde sehen, präsentieren wir ihnen eine Lösung, die sie unverzüglich akzeptieren werden. Sie werden sich daran klammern wie ein Schiffbrüchiger mitten auf dem Amazonas nach dem schuppigen Schwanz des ersten vorbeiziehenden Kaimans greift, um im schlammig braunen Wasser nicht unterzugehen …«

Sandro wandte den Blick ab, überlegte kurz und fuhr fort.

»Wir werden ihnen einreden, dass gewöhnliche Gegenstände die Macht haben, ihre betäubten Seelen zu verzaubern.«

Er hielt inne, plötzlich durchzuckt von einem Schmerz im Bauch. Er versuchte, tief durchzuatmen, und beendete seine Ausführungen.

»Da ihr Leben leer geworden ist, der Schönheit beraubt, der Liebe, des Bewusstseins, des Sinns, werden wir ihnen den Wunsch eingeben, diese Leere auszufüllen, indem sie sich vergebens mit … materiellen Dingen vollstopfen.«

Der Schmerz packte ihn erneut, diesmal heftiger. Er beugte sich leicht nach vorn, wartete und schloss die Augen. Als er sie wieder öffnete, war Krakus verschwunden. Er hatte die Hütte wortlos verlassen.

28

Am nächsten Tag trat Sandro schon beim ersten Schein der Morgendämmerung vor die Tür. Der stechende Schmerz hatte ihm nachts keine Ruhe gelassen, und so fühlte er sich jetzt dem Ersticken nah. Er wollte tief durchatmen, in reiner Luft umherwandern.

Die Natur, im Schlaf überrascht vom fahlen Licht der Aurora, war ruhig und still, gewiegt von noch kühler Luft, gehüllt in feinen Dunst. Die Jäger der Nacht hatten sich bereits zurückgezogen und die des Tages waren noch nicht erwacht.

Sandro rückte seinen Hut zurecht, ging ein paar Schritte unter den Bäumen und versuchte, den Schmerz zu vergessen. Ein leichter Geruch von feuchtem Moos schwebte in der Atmosphäre. Plötzlich erstarrte er. Ein Blätterrascheln in der Nähe zu seiner Rechten. Er hielt den Atem an, wartete einige Sekunden, ohne mit der Wimper zu zucken, und suchte mit den Augen die unergründliche Barriere der Pflanzen ab, aus der das Geräusch gekommen war.

Dann entdeckte er sie, nur wenige Meter entfernt: Élianta. Sie marschierte zur Siedlung, ihr schlanker Körper schlüpfte geschmeidig zwischen Ästen und Lianen hindurch. Kurz wandte sie das Gesicht in seine Richtung, und er glaubte, sie habe ihn gesehen. In diesem Moment erkannte er den Schleier der Traurigkeit, der ihren Blick umgab, den einer missmutigen und unglücklichen Frau. Schlagartig verstärkte sich sein Schmerz, als hätte sich ihm ein vergifteter, mit dem Blasrohr abgeschossener Pfeil in den Bauch gebohrt, wo das Gift sich ausbreitete und von den Eingeweiden bis ins Innere der Seele unsagbare Qualen hervorrief.

Eine heftige Scham überfiel ihn, während der Schraubstock des Schuldgefühls sich um ihn schloss. Er empfand einen solchen Ekel vor sich selbst, dass er, ohne weiter nachzudenken, die Flucht ergriff und geradeaus rannte, so schnell ihn die Beine trugen. Er drang in den Dschungel ein, die Zweige zerkratzten ihm die Haut, zerfetzten seine Kleidung, rissen ihm den Hut vom Kopf. Er rannte und rannte, verfing sich in Wurzeln, stürzte, stand auf und setzte seinen verzweifelten Lauf fort, das Gesicht gepeitscht vom Blattwerk. Er rannte bis zur völligen Erschöpfung, bis die Natur ihn in ihren Netzen zurückhielt und zwang, schwer keuchend zur Ruhe zu kommen.

Schweißüberströmt ließ er sich auf die Knie fallen, kippte entgeistert hintenüber auf den Rücken und atmete mehrmals tief durch …

Erst allmählich fand er seine Fassung wieder. Der Länge nach ausgestreckt betrachtete er, inmitten einer tiefen Stille, die alles aufzusaugen schien, durch die dunklen Wipfel der riesigen Bäume den blauen Himmel. Nun fühlte er sich unendlich klein, ein Reis im Urwald, ein Staubkorn im Universum. Welchen Sinn hatte das Leben des winzigen Geschöpfs, das er verkörperte? Was war er im Grunde? Ein Körper, aufgerufen zu altern und zu sterben? Ein Sammelsurium von Gedanken, dem Vergessen ausgeliefert? Eine endlose Reihe von Handlungen, dazu verdammt, durch die Zeit getilgt zu werden und im Nichts zu verschwinden?

Keine Antwort stellte sich ein, wohl aber ein Schwindel, eine Art metaphysischer Schwindel, der ihn, so ahnte er, in Abgründe reißen konnte, aus denen man nicht mehr zurückkehrt.

Durchforsche das Innere, flüsterte Marc Aurel ihm ein. *Im Innern befindet sich die Quelle des Guten. Sie kann in jedem Augenblick hervorsprudeln, wenn du nur unablässig forschst.*

Die Quelle des Guten … zweifellos sein Gewissen, erstickt von der Rachsucht, die ihn seit über einem Jahr peinigte. Eine zerstörerische Rachsucht, die ihr Versprechen auf Erleichterung und Befreiung nicht hielt, die aus ihm einen Übeltäter machte, dem buchstäblich daran lag, Übles zu tun.

Lange Zeit blieb er unbewegt, der Blick verloren in diesem unergründlichen Himmel, das Denken aufgelöst im Dunst der Morgendämmerung.

In dem Maße, wie dann der Dunst zu den Wipfeln der Bäume stieg, verstärkte sich in ihm das Gefühl, dass er nicht der Übeltäter war, nicht sein konnte, dessen Kleidung er sich übergestreift hatte. Das war ganz einfach nicht er selbst, sondern eine widernatürliche Rolle, in die er geschlüpft war. Eine falsche Identität, die sein Gewissen knebelte und seine Seele abwürgte.

Er musste einen Schlussstrich ziehen und das teuflische Räderwerk zum Stillstand bringen. Heimkehren, verzeihen, so schwer ihm dies auch fallen würde, sich aufraffen, keinesfalls den Lebensfunken löschen, mit dem eine wohltätige Hand zu Beginn seine Seele erleuchtet hatte, um ihr einen Körper zu verleihen. Mit anderen Worten: bewusst wieder ein Staubkorn des Universums werden und sich daran erfreuen in jedem Augenblick des Daseins …

Er machte sich auf den Rückweg, schritt still und gefasst voran, in sich den Embryo der Gelassenheit tragend, ebenso zart wie ein junger Trieb, der mitten im Urwald sein Glück versucht.

Nach einer Weile kamen ihm jedoch Zweifel: Hatte er wirklich die richtige Richtung eingeschlagen? Er hielt inne und schaute sich unsicher um. In Gedanken ließ er den Film seiner überstürzten Flucht ablaufen: Er war aus der Hütte gekommen, nach links gegangen, also nach … Westen oder Nordwesten. Als Élianta auftauchte, wandte er sich nach rechts, also eher nach Norden … Doch er war bestimmt nicht in ihre Richtung losgerannt, nein, natürlich nicht … Trotzdem hatte er den Eindruck, nach rechts abgebogen zu sein … Nachdem er ihrem Blick begegnet war, musste er sich zuerst umgedreht haben … aber wohin? Ihm schien jetzt, als habe er eine ganze halbe Drehung vollzogen, um dann in die entgegengesetzte Richtung zu fliehen, weg von der jungen Frau. In diesem Fall wäre er nach Süden ausgebrochen.

Demnach erfolgte die Rückkehr direkt in nördlicher Richtung. Dies einmal vorausgesetzt, stellte sich die Frage: Wo stand die Sonne? Unter dem Gewölbe des Blattwerks war sie nicht mühelos zu orten … Etwas angespannt begab er sich an eine Stelle, wo das Licht einfiel. Die Sonne war in seinem Rücken. Das entbehrte der Logik: Sie hätte zu seiner Rechten sein müssen, im Osten … Also marschierte er seit mindestens zehn Minuten direkt nach Westen statt nach Norden. Er spürte, wie eine leichte Unruhe in ihm aufstieg, sagte sich aber, dass alles wieder in Ordnung käme. Er schaute auf seine Uhr und merkte sich den Zeitpunkt. Gewillt, zuversichtlich zu sein, schlug er die nordöstliche Richtung ein, um den Fehler zu korrigieren. Wachen Sinnes ging er über eine Viertelstunde lang und blieb dann stehen. Mittlerweile musste er nahe dem Weg sein, den er anfangs hätte nehmen sollen, und bog also nach Norden ab.

Eine halbe Stunde später hielt er erneut inne und blickte unschlüssig umher. Nichts wiederzuerkennen … Aber war das nicht normal? Der Urwald bot keinerlei Orientierungspunkt, und die Sichtweite betrug nicht mehr als zehn oder fünfzehn Meter …

Er tat gut daran, sich zu besänftigen, denn die Angst wurde spürbarer …

Wie lang hatte die Flucht gedauert? Er war außerstande, sich daran zu erinnern …

Er setzte sich in Bewegung, suchte die Vegetation ringsum mit den Augen ab in der Hoffnung, endlich den Schatten einer Hütte oder den Umriss der *maloca* wahrzunehmen. Er achtete auf das kleinste Zeichen, das geringfügigste, ihm bekannte Detail, auf einen Bach oder einen Felsen, an dem er schon einmal vorbeigekommen war … Doch der Urwald blieb stumm, gab Rätsel auf, behielt seine Geheimnisse für sich. Je weiter er voranschritt, desto mehr fühlte er sich auf einer fremden Erde.

Nach und nach drängte sich ihm ein seltsamer und ungewohnter Eindruck auf, zunächst vage, dann immer deutlicher – nämlich in einen bislang unberührten Raum einzudringen und damit einen Ehrfurcht gebietenden Ort, ein Heiligtum zu entweihen. Jeder seiner Schritte erschien ihm nun als ein Sakrileg: eine Beleidigung, eine Übertretung.

Plötzlich hörte er ein Knacken. Er drehte den Kopf und brauchte über eine Sekunde, um sich zu vergegenwärtigen, dass gerade ein riesiger Baum in seine Richtung stürzte und dabei erbarmungslos die Äste all seiner Nachbarn abschlug. Die enorme Masse senkte sich auf ihn herab. Er sprang zur Seite und konnte sich kaum einige Meter entfernen, ehe ein ohrenbetäubender Lärm erdröhnte, als würde die Erde selbst beben. Die Druckwelle schleuderte eine ungeheure Menge von Ästen und toten Blättern in die Luft, die ihm Gesicht und Körper peitschten.

Er öffnete langsam die Augen und fand sich in einer dichten Wolke dunkelbraunen Staubs wieder, die nach Nadelhölzern roch und aus der jäh eine Art Wildschwein mit Furcht einflößendem Rüssel hervorbrach. Verstört raste es direkt auf ihn zu, die Ohren an den Schädel gelegt. Im letzten Moment konnte sich Sandro hinter einen Baum werfen. Und genauso schnell, wie die Bestie aufgetaucht war, verschwand sie im wirbelnden Durcheinander.

Mit einem Mal trat Stille ein. Die Pflanzen bewegten sich nicht mehr, als wollten sie alle Spuren des Vorfalls löschen. Der Urwald hatte seine trügerische Form von Gleichgewicht wiedergefunden. Nur die Milliarden Partikel in der Schwebe trieben weiterhin durch den Raum und erfüllten ihn mit ihrem geheimnisvollen, aber auch beunruhigenden Duft.

Sandro, dessen Herz so heftig schlug, als würde es gleich zerspringen, sah sich um. Aufs Äußerste angespannt kam er allmählich wieder zu Atem. Sein Mund war trocken, er hatte Durst, aber keine Möglichkeit, ihn zu stillen.

Vorsichtig und misstrauisch setzte er einen Fuß vor den andern. Plötzlich vom Aberglauben heimgesucht machte er einen weiten Bogen um den liegenden Baum, wie um den Leichnam eines Gegners, dessen Tod vielleicht nur vorgetäuscht war.

Er ging zögerlich, auf der Hut vor den Bedrohungen des Dschungels. Je weiter er voranschritt, desto geringer wurde seine Zuversicht, bis die Angst seine Gedanken zu zersetzen begann. Wie unbedacht er aus der Siedlung geflohen war! Welch ein Mangel an Scharfblick, welch eine Torheit! Er bereute es bitterlich … Seine Situation war jetzt völlig aberwitzig … Das konnte einfach nicht sein. Er musste träumen. Er hatte sich nicht verlaufen, nein, unmöglich. Er war nicht so dumm gewesen, bildete sich alles nur ein. Dennoch befand er sich sehr wohl an diesem Ort. Das war die grausame Realität.

Er blieb stehen. Der Urwald umschloss ihn, trieb ihn in die Enge, hielt ihn gefangen. Er war verloren. Er würde hier sterben, ganz allein. Eine entsetzliche Beklemmung ergriff von ihm Besitz. Er rief, schrie und brüllte um Hilfe. Er schaute in alle Richtungen, übermannt von einer panischen, unkontrollierbaren Angst. Ihm schien, dass die Pflanzen näher rückten, um ihn einzukreisen und zu verschlingen. Er fing an zu laufen, Barrieren zu durchbrechen, Geflechte zu zerreißen, wie ein Wahnsinniger erst in die eine Richtung zu preschen, dann in die andere, vergeblich sämtliche Kräfte anrufend, einfordernd, erflehend …

Nach einem langen verzweifelten Kampf kapitulierte er schließlich, völlig niedergeschlagen. In der dunklen Kathedrale des Urwalds fiel er auf die Knie und brach in Tränen aus. Die Pflanzen ringsum, unbewegt in ihre Würde gehüllt, betrachteten ihn ohne jedes Mitgefühl. Die Stämme ähnelten einer Reihe von Kreuzen auf dem Friedhof.

Er hörte nicht auf zu weinen … über sich, sein Leben, seinen sicheren Tod. Er weinte so heftig, dass sogar die Worte, die Marc Aurel ihm über die Beziehung zum Tod einflüsterte, vom Tränenfluss fortgespült und verschluckt wurden, ehe sie in sein Bewusstsein gelangen konnten.

»Aus dem Regenwald des Amazonas kehrt niemand zurück.« Dieser Satz trieb durch seine Gedanken, schwebte über seiner Hoffnungslosigkeit, verfolgte ihn im Innersten.

Als er sich irgendwann, nach einer halben Ewigkeit, beruhigte, hatten die Tränen seine Anspannung gelöst, seine Angst ebenso weggeschwemmt wie all seine Gemütsregungen. Er fühlte sich leer, extrem schwach. Er wusste, dass er sterben würde, aber das empörte ihn nicht mehr, stieß ihn nicht mehr ab. In gewisser Weise akzeptierte er es sogar.

Die Hitze war erdrückend. Schlagartig spürte er, dass seine Schutzkleidung überflüssig geworden war. Er zog seine Militärstiefel aus, seinen halb zerrissenen Drillichanzug, sein T-Shirt. Endlich befreite er sich von diesem schrecklichen Harnisch, der noch die kleinsten Körperbewegungen behinderte.

Er ging ein paar Schritte und erblickte ein Becken, größer als jenes, das er in der Nähe des Lagers kannte. Das Wasser von der schönen Farbe eines Milchkaffees schien in dieser Hitze umso verlockender, ja unwiderstehlich. Er hatte nichts mehr zu verlieren. Was hätte es ihm noch bedeuten können, von einem Kaiman, einer Anakonda oder einer Parasitenschar angegriffen zu werden?

Er wagte sich ins flüssige Element und tauchte ein. Sofort empfand er ein Wohlgefühl, das ihn mit heilsamer, befreiender, entspannender Frische umhüllte. Er schloss die Augen und genoss den Moment, ohne an etwas zu denken, ohne etwas zu tun … Nur fühlen, sich lebendig fühlen, atmen … sein.

Sein Körper löste sich im Wasser auf, verschmolz mit ihm und der eingeatmeten Luft, schwang im Rhythmus der Blätter, die sich unbekümmert im leichten Wind wiegten.

Er ließ die Zeit verstreichen, vergehen, verschwinden, und der Moment dehnte sich so weit aus, dass er unendlich wurde. Die Lider noch immer geschlossen, begann er zu lächeln, ekstatisch zu lächeln angesichts dessen, was sich ihm wie eine Offenbarung darbot: Jeden Moment in eine Ewigkeit zu verwandeln, ist das Geheimnis der Unsterblichkeit …

Als er, lange danach, die Augen wieder aufschlug, erschien ihm die Natur anders. Die Grüntöne waren zarter, die Äste feiner, die Lianen weicher, das Licht wunderbarer. Zum ersten Mal seit seiner Ankunft in Amazonien hörte er die Vögel singen. Melodische Gesänge, kristallklar und vergnügt, die die Seele zum Lächeln bringen und im Innern reine Freude wecken, indem sie helfen, sich einen Weg zu bahnen durch die dicke Kruste des Widerstands, die im Lauf der Jahre aus der Anhäufung von Enttäuschungen und Kümmernissen entstanden ist.

Verstreut inmitten der Blätter und Lianen sah er anmutige Blüten, die ohne jede Scham ihre Schönheit enthüllten und einen subtilen Wohlgeruch verströmten, der die Atmosphäre auf zauberhafte Weise erfüllte.

Sandro, tief bewegt von dieser göttlichen Harmonie, fühlte sich im Einklang mit der Welt ringsum. Er war kein Zuschauer der Natur mehr, er ging in ihr auf.

Plötzlich wurde er von einem Glitzern in Bann geschlagen. Etwa zehn Meter entfernt drehte sich am Baum ein Blatt um die eigene Achse und sandte Lichtblitze aus. Zweifellos wurde es vom Wind bewegt, aber die benachbarten Blätter blieben reglos. Sandro war derart fasziniert, dass er die Augen nicht davon abwenden konnte.

Nach einer Weile stieg er, von Neugier getrieben, aus dem Becken und näherte sich dem Baum. Hatte ein Insekt diese erstaunliche Bewegung hervorgerufen? Es war keines zu finden. Kurz darauf kam die Bewegung von selbst zum Stillstand, noch immer ohne ersichtlichen Grund.

Da entdeckte Sandro, nur wenige Schritte weg, ein anderes Blatt, welches das gleiche Phänomen zeigte. Auch diesmal wollte er es genauer betrachten, fest entschlossen, eine Erklärung dafür zu finden; doch abermals blieb das Geheimnis ungelöst.

Rasch wurde sein Blick von einem weiteren Schimmer in der Ferne angezogen. Das war umso verblüffender, als ihm derlei früher, seit Beginn seines Aufenthalts im Urwald, nie aufgefallen war.

Er hätte nicht zu sagen gewusst, ob er aus Aberglauben handelte, aus einer Intuition oder einfach deshalb, weil es sonst nichts zu tun gab. Jedenfalls folgte er diesem Zeichen und den nächsten, die nacheinander in Erscheinung traten. Er ging von Blatt zu Blatt, gehorchte dem Schimmer, fügte sich dem Licht, einigermaßen verwirrt durch die Unbegreiflichkeit des Phänomens.

Nach einer Stunde blieb ihm fast das Herz stehen: Ungefähr zwanzig Meter vor ihm durchquerte eine Gruppe von

Indianern in einer Reihe leise den Dschungel, Pfeil und Bogen auf dem Rücken. Sandro hielt den Atem an. Wie durch ein Wunder war er nicht bemerkt worden. Einen langen Moment verharrte er auf der Stelle – und sah dann, völlig perplex, durch die Vegetation hindurch eine Hütte zu seiner Rechten. Er brauchte mehrere Sekunden, um zu erkennen, dass es die seine war.

Ein heftiges, euphorisierendes Gefühl von Erleichterung überkam ihn. Er hatte erneut das Recht auf Leben, auf eine Zukunft. Seine Rettung war ebenso unglaublich wie das Versprechen auf seinen Tod einige Stunden zuvor.

Seine Entscheidung stand fest. Er würde dieses verhängnisvolle Kapitel abschließen, Krakus aufsuchen und ihm mitteilen, dass das ganze Projekt gestoppt sei, dass unter den Indianern keinesfalls mehr Unglück gesät werden dürfe.

Im Grunde stimmte es ihn froh, auf seine Rache zu verzichten, befreit von einer Last, die ihn erdrückte und allmählich umbrachte. Er war dazu bestimmt, das Gute zu verbreiten, nicht das Böse. War seine Wahl, Philosophie zu unterrichten, nicht dadurch motiviert, das Denken der Weisen mit anderen zu teilen und ihnen so zu einem besseren Leben zu verhelfen? Das war seine Berufung, sein Auftrag, ja sein Schicksal. Er konnte sich nicht ungestraft von ihm abwenden, um vergeblich einen unheilbaren Schmerz zu lindern.

Er schlüpfte zwischen den verschlungenen Pflanzen hindurch, um zu seiner Hütte zurückzukehren, wobei ihm wieder die Verse eines Gedichts von Kleanthes einfielen. Kleanthes … der Schüler von Zenon von Kition, Begründer der Philosophenschule Stoa, der in der gleichnamigen Säulenhalle – der Stoa Poikile – auf der Athener *Agora* gelehrt und über die Jahrhunderte hinweg Marc Aurel beeinflusst hatte. Die Wörter begannen in Sandros Kopf zu tanzen, während er leichtfüßig die letzten Schritte zurücklegte:

Führe mich, Zeus, und du, Schicksal,
An jenen Ort, den ihr für mich ausersehen habt.
Ohne Zögern werde ich folgen! Sollte ich, dem Bösen zugetan,
Mich sträuben, werde ich gleichwohl Folge leisten.

29

»Komm, mir nach!«
Der Mann mit schwarzen, langen, zu einem Zopf zusammengebundenen Haaren hob die Augen.

»Hab 'n Projekt für dich«, sagte Krakus. »Du kannst doch Taschen herstellen, oder?«

»So wie alle es können.«

Sie gingen am Bach entlang Richtung Dschungel. Krakus stellte seinen Kragen hoch.

Er hatte Hakan während der Wettkämpfe entdeckt. Der Indianer war durch seine wiederholten Misserfolge und die Art und Weise, wie man in der Öffentlichkeit darüber gelästert hatte, tief gedemütigt worden.

»Ich möchte, dass du Taschen anfertigst, um sie den Mitgliedern deines Stamms zu verkaufen.«

»Zu verkaufen?«

»Ja, und dafür verlangste Cupus, wie die Jungs, die Nachrichten zustellen.«

»Ah … und wozu?«

»Ich kümmre mich drum, dass Cupus von allen als Zahlungsmittel benutzt werden. Du verkaufst Taschen und kriegst ’ne ganze Menge Früchte.«

Sie sprangen über einen quer im Bach liegenden Baumstamm. Krakus brach einen kleinen Ast ab, den er in der Hand behielt.

»Und was mache ich mit diesen vielen Cupus?«, fragte Hakan.

»Damit kannste dir alles besorgen, was dein Herz begehrt.«

Krakus fing an, die Zweige vom Ast zu entfernen, um daraus einen Stock zu formen.

»Wenn ich Taschen habe und etwas benötige, dann genügt es, eine davon gegen den gewünschten Gegenstand einzutauschen.«

»Überhaupt nicht, Mann! So tauschste sie zu ihrem Wert, und dieser Wert entspricht der Zeit, die du zu ihrer Herstellung aufgewendet hast.«

»Nun, das ist doch normal, oder?«

»Aber nein, du musst *mehr* bekommen als das, was es dich gekostet hat, sonst lohnt sich das nicht!«

»Ah ja?«

»Natürlich, dann haste ’nen Überschuss an Cupus.«

»Und was nutzt mir das?«

»Damit kannste dir noch mehr Sachen kaufen.«

»Noch mehr Sachen?«

»Na logisch!«

»Aber … ich brauche nicht viel …«

Krakus stieß die Spitze seines Stocks mitten in das große Blatt einer Wasserpflanze. Sie durchbohrte es und tauchte unter.

»Du glaubst, du brauchst nichts?«

»Äh … ja.«

Krakus rührte mit seinem Stock das Wasser um, das sich mit Schlamm vermischte.

»Trotzdem siehste in letzter Zeit nicht grade aus, als ging's dir blendend.«

Hakan musste schlucken.

»Man würde meinen«, fuhr Krakus fort, »dass dich keiner mehr beachtet. Die andern lassen dich links liegen, als wärste unten durch …«

Sichtlich außer Fassung schüttelte Hakan verdrossen den Kopf.

»Schau, wenn du 'ne Menge Cupus hast, kannste dir dank meinem Projekt … was weiß ich … 'ne größere, höhere, schönere Hütte bau'n …«

Hakan betrachtete ihn verdutzt.

»Was hat das miteinander zu tun? Außerdem ist meine groß genug, um die ganze Familie zu beherbergen.«

»Sie würde nicht mehr bloß dazu dienen, deine Familie zu beherbergen.«

»Aber wen dann?«

Krakus fand jetzt Spaß daran, die Blätter mit dem Stock zu peitschen.

»Dein Selbstwertgefühl«, sagte er lachend.

»Ich verstehe nicht …«

»Stell dir vor: Wenn du 'ne größere Hütte hast, werden dich alle anders seh'n, dich mehr und mehr respektier'n.«

Hakan blieb erstaunt stehen.

»Was hat denn die Größe meiner Hütte mit mir zu tun?«

»Ist doch klar, oder?«

»Mhm …«

Krakus sah ihm direkt in die Augen.

»Du bist, was du hast.«

»Ich bin, was ich habe?«, murmelte Hakan nachdenklich. »Ich bin, was ich habe …«

»Überleg mal: Wenn du 'ne prächtige Hütte hast, heißt das, du hast viele Cupus verdient.«

»Ja …«

»Und wenn du mehr Cupus verdient hast als die andern, biste …«

»Was?«

»Der King.«

»Der King?«

»Genau, der King. Stärker, schlauer, talentierter …«

»Aha …«

»Jemand, der echt spitze ist. Die werden für dich den roten Teppich ausrollen.«

»Wenn du's sagst …«

»Jawohl, zwangsläufig.«

Die beiden gingen weiter, und Krakus ließ den Stock zwischen seinen Fingern hin und her gleiten.

»Schau, dein Problem heute ist Folgendes: Du besitzt nicht genug, um zu *sein.*«

»Vielleicht hast du recht …«

»Daher die Idee meines Projekts für dich.«

»Einverstanden.«

Sie setzten ihren Weg unter hohen Bäumen am Bach entlang fort.

»Also, wie stellt man's an, so 'ne Tasche zu fertigen?«

»Man flicht feine Lianen und bindet sie zusammen mit einer etwas dickeren Liane, die drumherum geschlungen wird.«

»Und welche Liane nehmt ihr dafür?«

»Diese da«, erwiderte Hakan, auf eine Pflanze deutend. »Die Mucuna-Liane. Sie gibt es überall, ist ziemlich biegsam und sehr robust.«

»Okay, wir werden 'n andres Material finden … Sag, wie viele Taschen kannste pro Tag schaffen?«

»Fünf, vielleicht sechs …«

Krakus zog eine Grimasse.

»Musst dich steigern auf sieben oder acht.«

Sie umrundeten Dornbüsche und kehrten dann in die Nähe des Bachs zurück.

»Allerdings frage ich mich«, bemerkte Hakan nach längerem Schweigen, »ob ich wirklich Lust habe, den ganzen Tag über Taschen herzustellen. Das ist nicht besonders abwechslungsreich.«

»Das ist der Preis, den du zahlst, wenn du richtig Kohle verdienen und dir 'n schönes Leben machen willst.«

»Mir ein schönes Leben machen?«

»Ja.«

»Aber ich habe bereits ein schönes Leben …«

»Hör auf, ständig nachzugrübeln! Mach lieber mal ’nen Schritt nach vorn. Ist ’n super Projekt. Also streng dich an.«

»Ich frage mich nur, welchen Sinn es hätte, von morgens bis abends Taschen zu fertigen …«

»Stell ich mir etwa Fragen über den Sinn meiner Aktionen? Wer macht das schon?«

Das Argument schien seine Wirkung nicht zu verfehlen, denn Hakan verstummte.

»Gut«, fuhr Krakus fort, »jetzt müssen wir deinen Taschen ’nen Namen geben.«

»Einen Namen?«

»Du hast's erfasst. Nämlich um sie zu unterscheiden. Ein Name, durch den man sie identifizier'n kann und den niemand anders benutzen darf.«

»Warum? Es genügt, sie zu zeigen. Jeder weiß, um was es sich handelt.«

»Weil wir keine Taschen verkaufen. Kein Mensch braucht Taschen. Außerdem haste selber gesagt, dass jeder die fabrizier'n kann.«

Hakan warf ihm einen verwirrten Blick zu.

»Ich verstehe nichts mehr.«

»Wir verkaufen Pflaster für die verletzten Egos, Flickzeug für die angeknackste Selbstachtung.«

»Wie bitte?«

»Wir verhökern die Illusion eines bestimmten Selbstbilds.«

»Aber wer braucht all das?«

»'ne immer größere Gruppe von Leuten, und in Zukunft wird ihre Zahl weiter steigen, glaub mir …«

Krakus benutzte inzwischen seinen Stock wie einen Spazierstock.

»Wir müssen noch den Preis für deine Taschen festlegen.«

»Nun ja, ich würde sagen … dreißig Cupus.«

»Dreißig Cupus? Bei dir tickt's wohl nicht richtig! Viel zu billig …«

»Nein, wenn man bedenkt, wie zeitaufwendig es ist, Cupus zu finden, scheint mir das durchaus angemessen.«

»Hab dir doch erklärt, dass wir keine Taschen verkaufen, also verkaufen wir sie auch nicht zu dem Wert, den Taschen haben. Wie soll'n die Leute, die sie tragen, 'ne tolle Meinung von sich haben, wenn 'ne Tasche nur das kostet, was sie wert ist?«

»Aber …«

»Wie könnten die sich unterscheiden, wenn jeder Dödel sie sich bequem leisten kann? Nee … Die müssen schuften … den ganzen Tag durch 'n Dschungel latschen, um diese verfluchten Cupus einzusammeln. Die soll'n sich ruhig mal den Arsch aufreißen.«

Hakan war sprachlos.

»Da schau her, die sind echt hübsch«, sagte Krakus und zeigte auf zierliche Lianen mit sehr feiner Rinde. »Die könnten passen.«

Hakan schüttelte den Kopf.

»Die Lianen dieser Pflanze sind nicht reißfest genug.«

»Umso besser! Dann müssen deine Kunden regelmäßig neue Taschen kaufen!«

»Aber diese Pflanze ist selten. Man findet sie nicht so leicht.«

»Perfekt! Das erhöht noch den Wert der Taschen!«

»Es gibt einen weiteren Punkt.«

»Und der wäre?«

»Sie ist heilig.«

»Aber alle eure Pflanzen sind heilig! Hört auf, mir mit diesem Dünnschiss auf 'n Wecker zu geh'n!«

»Damit hast du, ohne es zu wissen, den Nagel fast auf den Kopf getroffen. Die Pflanze ist nämlich ein Abführmittel.«

»Ein Abführmittel?«

»Ja. Außerdem wird sie einer Mixtur beigegeben, die nur Schamanen zubereiten dürfen.«

»Was?«

»Sie ist ein Bestandteil des *Woorara.*«

Krakus wiegte den Kopf. Das *Woorara.* Jenes Kurare oder Gift, in das die Indianer ihre Pfeile tauchten … Jetzt erinnerte er sich daran. Diese Liane war ihm früher schon einmal aufgefallen …

»Ich glaub, ich hab ihn gefunden«, sagte er und bohrte seinen Stock langsam in die Erde.

»Wen?«

»Den Namen.«

»Ah ja?«

»Wir nennen sie ›Woorara-Taschen‹.

Hakan betrachtete ihn ein wenig erstaunt, erwiderte aber nichts.

»Klingt gut«, fügte Krakus hinzu.

Er machte sich bereits lustig bei dem Gedanken, die Indianer schwer schuften zu sehen, damit sie sich schöne Taschen umhängen konnten, geflochten aus jener Liane, der ganz Amazonien den Beinamen gab: *der Strick des Teufels.*

30

Ozalee betrachtete im Wasser des Bachs die Widerspiegelung ihres nackten Oberkörpers, und auf ihrem Gesicht erschien ein Lächeln: Bald würde sie die Brüste haben, die sie sich sehnlich wünschte. Feste Brüste, aufgerichtet und aufgebläht wie reife Papayas kurz vor dem Zerplatzen.

Geduldig hatte sie gewartet, jeden Tag hart gearbeitet, um die nötigen Cupus zu sammeln.

Sie war ein wenig besorgt gewesen wegen der möglichen Nebenwirkungen auf ihre Gesundheit, aber Gody hatte sie beruhigt: Bis zum heutigen Tag gebe es, versicherte er, keine wissenschaftliche Studie, die beweise, dass die Implantation gewölbter Holzscheiben schädlich sei. Jedenfalls würde er, wenn ein Problem aufträte, ein passendes Heilmittel erfinden. Man könne ihm vorbehaltlos vertrauen.

Zwar werde Ozalee anfangs einige Schmerzen verspüren, hatte man ihr mitgeteilt; aber sie verschwänden kurze Zeit später, sobald sich der Körper an die Implantate gewöhnt habe.

Beglückt nahm sie die kleinen Kissen aus Blättern, die sie normalerweise unter ihrem Kleid versteckte, öffnete sie und verstreute die Blätter auf der Wasseroberfläche. Zeugnisse natürlicher Schönheit, trieben sie einen Augenblick dahin und verschwanden dann für immer, fortgetragen von der Strömung des Tages.

31

»Zu was ist das nütze?«

»Nun ja …«

Krakus ergötzte sich daran, dass die Frage Gody, seine neueste Kreation in Händen, ein wenig verlegen machte. So wurde er auf die Erde zurückgeholt, denn mit jeder weiteren Erfindung hielt er sich umso mehr für Gott.

»Ist zu nichts nütze?«, hakte Krakus nach.

Der Medikus fuhr sich mit der Hand über den kahlen Schädel.

»Ohne jeden Nutzen, stimmt's?«

Gody stellte seine Kreation auf den Boden.

»Sagen wir … sie ist nicht dazu berufen … wirklich nützlich zu sein«, gestand er schließlich.

»Irre! Wir werden dafür sorgen, dass die nicht mehr drauf verzichten können! Was sonst?«

Alfonso, stumm dasitzend und gegen einen Busch gelehnt, unterdrückte ein Lächeln. An seiner Seite Marco, den Blick zu Boden gerichtet, nach wie vor in schlechter Stimmung.

»Ich habe ein Verfahren entdeckt, die Lendenschurze zu färben«, erwiderte Gody.

»Ah, endlich! Dann können wir auch die Lianen färben, um daraus Halsketten zu mach'n. Hab vor, mit denen 'ne Mode zu entwerfen.«

»Aber die einzige rote Frucht, deren Gerbstoff das Gewebe … nachhaltig durchdringen kann … ist sehr gefährlich. Deshalb übrigens findet man sie mühelos, da kein Tier davon frisst.«

»Umso besser.«

»Schon, doch um die Stoffe zu färben, müssen wir dann … in den Bach Wasser zurückleiten, das äußerst … giftig geworden ist … Dadurch werden die Fische krepieren …«

»Ist uns schnuppe. Wir werden weiter oben angeln.«

Krakus fielen wieder Sandros Überlegungen über den materiellen Besitz ein. Im Prinzip stimmte das, aber er, Krakus, war auf die geniale Idee gekommen, sie auf besonders niederträchtige Weise in die Tat umzusetzen: Nicht nur hatte er den Indianern eingeredet, das Materielle könne ihre existenzielle Leere ausfüllen, sondern auch dafür gesorgt, dass sie nicht Zugang zu all dem erhielten, was sie von nun an begehrten. Er erzeugte immer mehr künstliche Bedürfnisse, weckte in ihnen ständig neue, unerfüllbare Wünsche, um sie in einen Zustand fortwährenden Mangels zu versetzen. Schließlich gelang es ihm, sie um das zu bringen, was sie eigentlich gar nicht brauchten. Sie waren unglücklich, nicht das zu besitzen, was sie nicht glücklich gemacht hätte.

»Was sonst noch?«, fragte er Gody.

»Ich hab's geschafft, aus den Samen der Balsambaumgewächse Zucker zu extrahieren und zu konzentrieren.«

»Sind da viele Kalorien drin?«

»Natürlich.«

»Kann man den kochen?«

»Zweifellos.«

»Klasse! Werd sofort 'ne Indianerin dafür engagier'n. Die soll riesige Mengen von Süßigkeiten aller Art herstell'n. So wird das Sortiment an Naschzeug vervollständigt, das unsre kleinen Briefträger verkaufen.«

Marco hob die Augen zum Himmel und seufzte. Krakus achtete nicht darauf.

»Wird echt fies«, fuhr er fort, ein hämisches Grinsen auf den Lippen. »Einerseits weck'n wir den Wunsch nach diesen Süßigkeiten, indem wir sie den Indios dauernd unter die Nase halten, andrerseits reden wir denen weiterhin ein, dass 'n schöner Körper total schlank sein muss. Kurzum, nachdem wir's hingekriegt hab'n, die Schlankheit als Schönheitsideal durchzusetzen, drängen wir die jetzt mit aller Kraft dazu, immer dicker zu werden!«

Alfonso gluckste. Krakus ergriff erneut das Wort.

»Und damit ist die Sache noch nicht vorbei ... Sobald wir merken, dass die süchtig geworden sind nach Zucker, führ'n wir sie weiter in Versuchung und machen ihnen gleichzeitig 'n schlechtes Gewissen. Das heißt, die Jungs sollen die anlocken mit Süßigkeiten, aber auf der Stelle ermahnen, nicht zu viele davon zu futtern, weil's auf die Gesundheit schlägt. Auf die Weise, glaubt mir, werden die wirklich kirre …«

Allein diese Vorstellung gab Krakus enormen Auftrieb. Bisher war es ihm noch nie gelungen, einen derart starken Einfluss auf Menschen auszuüben. Natürlich hatte er im Krieg die Euphorie der Schlacht gekannt, jene intensiven Momente, in denen der Gegner unter Trommelfeuer zusammenbrach. Doch solchen Siegen haftete etwas Mechanisches an, da die Körper fielen, sobald auf den Abzug gedrückt und das Magazin leer geschossen wurde. Das den Indianern zugefügte Unglück hingegen war wesentlich ausgeklügelter, durchdachter, befriedigender. Krakus konnte deutlich spüren, welche Macht er über dieses Volk hatte, und deren Folgen täglich abschätzen.

Das größte Vergnügen bereitete ihm, die Indianer zu beobachten, wie sie ihr aufkeimendes Unbehagen kompensieren wollten durch die Annahme seiner Vorschläge, ohne darin die Ursache ihrer künftigen Probleme zu sehen – als wären sie abhängig von einer Droge, die das Leiden zwar kurzzeitig lindert, aber den Abgrund eines noch größeren Leidens vertieft. Sie suchten Trost in Godys letzten Erfindungen – wie jemand, der seinen Durst mit einem perfiden Gifttrank löscht.

Ihre Sucht war so stark, dass sie ohne Widerrede akzeptiert hatten, für die Benutzung des bislang kostenlosen Vidophors eine Gebühr zu entrichten, welche ausschließlich damit begründet wurde, dass die neuen Gehäuse die dreifache Menge an Blasen verbreiteten …

Krakus richtete den Blick auf seine Truppe.

»Ich muss euch was sagen. Sandro hat mich besucht. Er fordert uns auf, das ganze Projekt abzubrech'n und sofort nach Hause zu fahr'n.«

Alfonso lächelte naiv, Marco hob ein Auge, Gody eine Braue.

»Wann geht's los?«, wollte Alfonso wissen.

Krakus überhörte die Frage. Er musterte seine Männer der Reihe nach und schaute dann in Richtung der Siedlung. Von Weitem sah er die Dächer der Hütten, den Schatten der *maloca*.

»Ich weig're mich, jetzt abzureisen«, sagte er schließlich.

Alfonsos Augen wurden kugelrund, die beiden anderen erstarrten.

»Ich will zuerst die Arbeit hier beenden«, fügte Krakus hinzu.

»Aber wenn Sandro es will«, warf Marco ein.

»Darauf pfeif ich. Wir dampfen ab, wenn die Sache erledigt ist.«

Das Schweigen erfüllte die Atmosphäre mit einer deutlich fühlbaren Verlegenheit.

»Wenn wir uns Sandro widersetzen«, erwiderte Marco nach einer Weile, »wenn wir bleiben, obwohl er wegwill … Bist du sicher, dass er uns dann trotzdem bezahlen wird?«

Alle Augen ruhten auf Krakus. Alfonsos Blick zeugte von Stumpfsinn, der Godys von Sorge, der Marcos von aufsteigender Wut.

Wie sollte er ihnen die Lage begreiflich machen? Wie ihnen eingestehen, dass es mit Sandro zum Streit gekommen war, dass der ihm genau damit gedroht hatte, die Rechnung nicht zu begleichen, und dass er – mit dem Rücken zur Wand, vor eine Entscheidung gestellt, die treffen zu müssen er sich nie hätte träumen lassen – sich weigerte einzulenken, den Launen eines unberechenbaren Intellektuellen nachzugeben? Wie ihnen erklären, dass er seine Rolle als Unheil bringender Guru, der das ganze Volk einem ständigen Wechselbad aussetzte, über alles liebte? Wie ihnen auseinanderlegen, dass er sich in solchen Machtspielen völlig verwirklichte und dass er, zur eigenen Überraschung, beschlossen hatte, auf die so begehrte Goldgrube zu verzichten mit dem Ziel, seinen teuflischen Einfluss weiterhin auszuüben? Wie konnten diese unfähigen Rüpel ihn verstehen und etwas anderes schätzen als Blut, Sex und Geld?

»Wir werden einen Ausweg finden«, sagte er.

»Wie, einen Ausweg finden? Warum sollte er zahlen, wenn wir ihn gegen seinen Willen zwingen zu bleiben?«

Krakus spürte, wie die Anspannung wuchs.

»Auf keinen Fall zieh'n wir Leine, bevor wir fertig sind.«

»Was soll denn fertig werden? Hat doch überhaupt keinen Sinn, was wir treiben!«

»Mach die Augen auf und guck dich um. Merkste nicht, was sich hier alles verändert? Schau genau hin, verdammt! Die schuften tagaus, tagein, um sich Cupus zu beschaffen und damit 'n Haufen Dinge zu kaufen, die ihnen nichts nutzen. Die seh'n nicht mal mehr ihre Kinder. Wir hab'n sie von allem abgeschnitten, es ist uns gelungen, ihnen das Leben zur Hölle zu machen, und du, du wagst zu behaupten, dass das keinen Sinn hat?«

»Willste mich mit so 'nem Kinkerlitz beeindrucken? Mir bringt das null Komma nichts. Ich langweil mich rund um die Uhr. Wir alle, außer dir, haben's satt. Der Herr amüsiert sich über Spielchen, die nur ihm 'nen Adrenalinstoß geb'n, derweil wir die Tage zähl'n. Und jetzt hast du auch noch die Frechheit, uns zu sag'n, es macht dir so viel Spaß, dass du bereit bist, unsre Kohle zu opfern? Hältste uns etwa für die letzten Deppen, oder was?«

Krakus schluckte. Alfonso zerrieb einen Grashalm zwischen den Fingern und stierte wie immer einfältig vor sich hin. Gody, offenbar geistesabwesend, blieb stumm.

»Du drehst Däumchen, weil du dich an dem, was wir leisten, nicht beteiligst. Schau dir Alfonso an: Er ist mehr bei der Sache, und daher langweilt er sich nicht.«

»Ah ja? Unter vier Augen redet er aber ganz was andres«, erwiderte Marco und wandte sich seinem Kumpan zu.

Alfonso zeigte keine Reaktion. Die Worte schienen über ihn zu fließen wie Wasser über den Panzer einer Schildkröte, die einen großen Joint geraucht hat.

»Alfonso?«, rief Krakus ihm zu.

Sein Gegenüber antwortete nicht und fixierte matt lächelnd weiterhin den Grashalm. Gody versank vollends im Schweigen.

»Mir reicht's«, sagte Marco. »Du wirst Sandro also mitteilen, dass wir seinen Vorschlag akzeptier'n und zusammen zurückfahr'n.«

»Unmöglich«, entgegnete Krakus und stand auf.

»Wieso?«

»Hab ihn bereits abgelehnt.«

Er drehte sich um und ging von dannen. Sogleich verließ er das Lager und schlug den Weg zur Siedlung ein.

Die Situation wurde kompliziert. Seine Männer würden nicht lockerlassen. Zu sehr waren sie auf die versprochene Goldgrube erpicht. Er selbst konnte kaum glauben, dass er, ungeachtet seiner Gier nach Geld, so schnell darauf verzichtet hatte …

Unterwegs traf er eine Frau von etwa fünfzig Jahren, die ihn entrüstet ansprach.

»Hakan plündert gerade den Urwald, um seine Taschen herzustellen. Anscheinend hast du ihn aufgefordert, diese Pflanze zu wählen!«

Es war wirklich nicht sein Tag. Sie hatten sich alle verbündet, um ihm Vorwürfe zu machen.

Er zwang sich, seine Fassung wiederzufinden.

»Wirst schon seh'n, die Sache hat Erfolg.«

»Aber die Pflanze ist heilig!«

»Na und, ist nicht weiter schlimm … Diese Taschen gefall'n jedem … Bin sicher, dass auch du dir eine gekauft hast …«

Sie starrte ihn an.

»Ich kann selber Taschen fertigen … Warum also sollte ich mir eine kaufen?«

»Um topmodern zu sein.«

»Topmodern?«

»Genau.«

»Aber warum sollte ich einer Mode folgen?«

Krakus lächelte.

»Begreifste nicht? Wenn du mit fünfzig noch keine Woorara hast, haste dein Leben verpfuscht …«

Sie sah ihn schief an.

»Bist du dir eigentlich bewusst, dass es sich um eine seltene Pflanze handelt? Was tun wir, wenn sie ausstirbt und die Kranken ein Abführmittel brauchen?«

»Keine Sorge. Wir haben Gody. Ihm können wir vertrau'n, oder? Er ist total erfinderisch und entdeckt immer wieder was Neues, um die Leute zu nerven …«

32

Sorgfältig verbarg Mojag seine weißen Haare unter der Federhaube, wie jeden Tag seit Wochen. Ein Greis führte in der Siedlung kein angenehmes Leben mehr. Aufgeblähte Brüste und hervortretende Muskeln waren nun begehrter als die Größe der Seele. Die allgegenwärtige Begierde hatte die Liebe verdrängt. Dynamik wurde höher bewertet als Gelassenheit. Und was die Weisheit betraf, das Privileg des hohen Alters inspirierte niemanden mehr, und keinem jungen Menschen wäre es eingefallen, aus der Erfahrung der Älteren wertvolle Lektionen zu ziehen.

Da kaum noch Erwachsene kamen, um ihm zu lauschen, hatte Mojag beschlossen, sich vor allem an die Kleinen zu wenden. Sie konnten die äußere Erscheinung des Alters weiterhin übergehen. Die Reinheit ihres Herzens war nur zu vergleichen mit der Unschuld ihres Blicks. Mojag wollte dazu beitragen, ihre innere Schönheit vor jenem Wahn ringsum zu bewahren, den offenbar niemand sah und dem er zu widerstehen versuchte – allein, ganz allein, indem er Geschichten erzählte. Es war ein bescheidener, fast lächerlicher Widerstand, gewiss … Dennoch glaubte er daran, überzeugt, dass sein unauffälliges Tun irgendwann ein Echo in der Welt finden und sich wie kleine Bewusstseinswellen auf sanfte Weise ausbreiten würde …

Mojag trat aus seiner Hütte und durchquerte langsam die Siedlung. Er war sich noch unschlüssig über den Titel seiner Geschichte für diesen Tag. Ein Titel ist wichtig, er hilft, der Geschichte einen Sinn zu geben, die Aufmerksamkeit der kleinen Zuhörer zu fesseln. *Schauen wir mal* … Einen Titel zu wählen war ihm eindeutig zuwider, jedenfalls nicht seine Stärke. *Nun gut, los, sei's drum*, er würde wieder einmal darauf verzichten.

Er erreichte den Platz. Die Kleinen, im Kreis versammelt, erwarteten ihn ungeduldig. Er nahm die Federhaube ab und enthüllte seinen weißen Schopf. Zwecklos, die Kinder anzulügen, ihr Blick dringt hinter die Masken. Er setzte sich und begrüßte sie, glücklich, ihnen wiederzubegegnen. Ihre Augen funkelten vor Neugier.

In aller Ruhe machte er es sich bequem, um die Spannung absichtlich zu steigern. An diesem schönen Spätnachmittag war die Luft lind und das Licht zauberhaft. Eine Brise trug die warmen Düfte von Nadelholz herbei.

»Es war einmal ein Gürteltier, das lebte mitten im Urwald. Ein entzückendes kleines Gürteltier mit Ohren, die aufrecht standen wie Blüten. Sein Bau befand sich unter einem großen Baum, so hoch, dass er fast den Himmel berührte und des Nachts die Sterne streichelte. Ringsherum boten ihm Pflanzen und Büsche reichlich Nahrung. Aber das kleine Gürteltier war unglücklich.

›Was fehlt mir, um glücklich zu sein?‹, fragte es sich oft.

Eines Tages, als es unter dem großen Baum wieder einmal sein Schicksal beklagte, hörte es die Stimme des Blaureihers, der auf seinem Ast zwischen schimmernden Blättern saß. Im Dschungel ging das Gerücht um, dieser Vogel kenne das Geheimnis der Götter, das Geheimnis des Glücks.

›Fehlt dir etwas, kleines Gürteltier?‹

Vor seinem Bau spitzte das Gürteltier die Ohren. Der große Blaureiher hatte zu ihm gesprochen.

›Wirst du mir dein Geheimnis verraten?‹, fragte es neugierig.

Der prächtige Vogel schüttelte den Kopf.

›Du bist nicht bereit, es zu hören.‹

Enttäuscht verzog das Gürteltier sein Gesicht.

›Jedenfalls hab ich nie das, was ich möchte‹, sagte es sich. ›Niemand liebt mich. Wenn ich wenigstens schön wäre, aber meine Schuppen sind winzig klein im Vergleich zu denen der anderen Gürteltiere. Ich hab wirklich kein Glück … Ah, wenn ich doch nur einen Mantel aus Blumen hätte. Ja, einen Blumenmantel, der würde mir so gut stehen.‹

Doch nur der Affe mit seinen geschickten Fingern konnte einen solchen Mantel flechten, und er verlangte viel dafür. Also begann das kleine Gürteltier hart zu arbeiten, sehr hart. Es verbrachte ganze Tage damit, Cashewnüsse, Bananen und Fruchtkerne der Maripa-Palme zu sammeln, die es schließlich dem Affen im Tausch gegen den kostbaren Mantel übergab.

Daraufhin legte es ihn an und fühlte sich äußerst stolz in seinem stattlichen Gewand.

Am nächsten Tag hatte seine Begeisterung schon ein wenig nachgelassen. Drei Tage später dachte es nicht einmal mehr daran. Es hockte wieder vor seinem Bau unter dem großen Baum und klagte.

›Was fehlt mir, um glücklich zu sein?‹

Und es hörte die Stimme des Blaureihers, der murmelte:

›Fehlt dir etwas, kleines Gürteltier?‹

Es richtete sich auf.

›Wirst du mir das Geheimnis der Götter verraten?‹, fragte es.

›Du bist nicht bereit‹, erwiderte der Vogel.

Beleidigt kehrte das Gürteltier in seinen Bau zurück. Wie dunkel er war, dieser Bau, wie ungemütlich! Der Erdboden fühlte sich hart und kalt an. Also begann das Gürteltier vom Komfort zu träumen. Es wünschte sich einen Moosteppich, weich und flauschig, in den es sich kuscheln konnte.

Aber Moos war kaum vorhanden. Also verbrachte das Gürteltier ganze Tage damit, es hier und da behutsam abzutragen, zu sich nach Hause zu bringen und Stück um Stück einen großen Teppich wiederherzustellen, der den Boden bedeckte. Dann musste es täglich Wasser holen, um für die Feuchtigkeit zu sorgen, deren das Moos bedurfte.

In der ersten Zeit wusste es seinen neuen Komfort zu schätzen, bald aber gewöhnte es sich daran und schenkte ihm keine Beachtung mehr. Viele Tiere beneideten es um seinen

Blumenmantel und seinen Moosteppich, doch deswegen fühlte es sich noch nicht geliebt. Allmählich bekam es sogar Angst, bestohlen zu werden.

Am Ende der langen Arbeitstage fand es sich unter dem großen Baum wieder, erschöpft, in seinen Blumenmantel gehüllt.

›Was fehlt mir, um glücklich zu sein?‹, klagte es eines Abends verzweifelt.

Und der Blaureiher auf seinem Ast fragte von oben:

›Fehlt dir etwas, kleines Gürteltier?‹

Das Gürteltier hob ohne rechte Überzeugung die Augen.

›Willst du mir immer noch nicht das Geheimnis anvertrauen?‹

Der prächtige Vogel beugte sich zu ihm herab.

›Bist du bereit, deinen Mantel und deinen Teppich aufzugeben, um dieses Geheimnis zu erfahren?‹

›Mein Hab und Gut aufgeben?‹, rief das Gürteltier. ›Ich hab mich endlos abgemüht, um es zu besitzen …‹

›Du hast dich abgemüht?‹, erwiderte der Reiher erstaunt. ›Aber warum verzichtest du nicht darauf, um das Gute zu empfangen?‹

Das Gürteltier zuckte mit den Schultern und kehrte in seinen Bau zurück. Niemand verstand es. Niemand respektierte es. Wenn es ihm doch nur gelänge, die anderen ein wenig zu beeindrucken, seinen Wert vor aller Augen unter Beweis zu stellen. Dann würde man es vielleicht respektieren … Plötzlich kam ihm eine Idee. Es eilte nach draußen, begab sich zum Bach und folgte dessen Lauf über mehrere Kilometer auf der Suche nach den schönsten Kieselsteinen am Grund des Wassers. Immer wieder tauchte es unter, um sie zu ergreifen, und steckte die Fundstücke in seinen großen Rucksack. Anschließend zog es los, um nach den kostbaren Zweigen des Mangobaums Ausschau zu halten, der in diesem Teil des Urwalds selten war und dessen Holz hoch geschätzt wurde.

Mit all diesen Dingen gestaltete es den Eingang zu seinem Bau. Es entstand ein herrlicher und beeindruckender Bereich, den jeder im Vorbeigehen bewundern konnte. Kein Bau war großartiger als der seine.

Eine Zeit lang fühlte sich das Gürteltier wichtiger. Doch tief im Innern war es genauso unglücklich wie vorher. Als es eines Tages erneut über sein Schicksal klagte, hörte es die Stimme des Reihers und schaute zu ihm auf.

›Glaubst du, dass dir immer noch etwas fehlt, kleines Gürteltier?‹

Das Gürteltier wusste nicht mehr, was es denken sollte. Ihm war durchaus klar, dass all seine Anstrengungen kaum etwas verändert hatten.

›Möchtest du das Geheimnis der Götter erfahren?‹, fragte der Vogel.

Da das Gürteltier nicht antwortete, fuhr er fort:

›Bist du bereit, dich all dessen zu entledigen, was du besitzt, um dieses Geheimnis zu empfangen?‹

Ohne den Blaureiher aus den Augen zu lassen, schwieg das Gürteltier eine ganze Weile. Es vergegenwärtigte sich seine verzweifelte Lage und nickte schließlich. Daraufhin sprang der Reiher von seinem Ast, schlug einmal mit den Flügeln und setzte sich neben das kleine Geschöpf.

›Selbst wenn du nichts hast, verfügst du über einen außergewöhnlichen Schatz von unsagbarem Wert: das Leben. Und das Leben, Kleiner, liebt den, der liebt, und es vergisst die, die vergessen zu lieben.‹

›Es liebt den, der liebt …‹, wiederholte das Gürteltier nachdenklich. ›Aber wer liebt … was?‹

Der blaue Vogel lächelte.

›Erinnere dich: Ist nicht die Liebe am Ursprung deines eigenen Lebens? Die Liebe ist die Quintessenz des Lebens. Ohne Liebe gibt es kein Leben.‹

›Aber wie hängt das mit meiner Situation zusammen?‹

›Wenn du den Blick auf die Schönheit der Welt richtest, wird die Liebe, die du fühlst, dein Leben erleuchten.‹

Das kleine Gürteltier runzelte die Stirn.

›Und wo finde ich sie, die Schönheit der Welt? Wo versteckt sie sich?‹

›Du siehst sie nicht, weil du es nicht mehr gewohnt bist, sie wahrzunehmen, aber sie ist da, in diesem Moment, rings um dich.‹

Das Gürteltier drehte sich überrascht um und suchte mit den Augen die Umgebung ab.

›Wo denn?‹

›Im Regentropfen, der auf einem Blatt ruht, im Marienkäfer, der an einem Grashalm hochklettert, in den Wattewolken und dem reliefartigen Stamm der Bäume, im Duft einer Blüte oder im Gesang eines Vogels, in der milden Luft, die du einatmest, und dem Licht, das dich badet, im Fruchtfleisch, das du isst, und im kristallklaren Ton des Wassers, in den Augen eines Tieres und in denen der Menschen, in den Falten der Greise und dem Lachen der Kinder. Die Schönheit ist überall, aber du erkennst sie nicht, vollauf damit beschäftigt, Illusionen nachzujagen.‹

Von diesen Worten getroffen, blieb das kleine Gürteltier lange Zeit still. Dann traf es Vorbereitungen, seine Besitztümer einzusammeln und so sein Versprechen zu halten.

›Du kannst sie lassen, wo sie sind‹, sagte der Reiher, ›denn du weißt jetzt, dass sie keinen Wert haben …‹

Das kleine Gürteltier wandte sich ihm zu, während der Reiher fortfuhr:

›Vergiss nicht: Das Geheimnis liegt darin zu lieben. Liebe dein Leben, ohne etwas zu wünschen, das du bereits hast, und du wirst die heitere Gelassenheit der Götter auskosten. Und wenn du es dazu noch schaffst, all das zu lieben, was dich umgibt, dich zu lieben und diejenigen, denen du begegnest, dann wirst du nicht nur die heitere Gelassenheit der Götter auskosten, sondern auch an ihrer Ekstase teilhaben.‹

Der prächtige blaue Vogel schwang sich empor und verschwand mit einigen Flügelschlägen im Himmel.«

33

Élianta hängte ihre Tasche der Marke Woorara um die Schulter, besann sich dann aber um und legte sie wieder ab. Seitdem sie wusste, dass Krakus diese kreiert hatte, sah sie sie mit anderen Augen. Fast machte sie sich Vorwürfe, bei diesem Artikel schwach geworden zu sein, und war zugleich erstaunt, wie schwer es ihr fiel, sich davon zu lösen. Warum fühlte sie sich ohne diese Tasche wie nackt, irgendwie unsicher?

Sie verließ ihre Hütte. Die warme Luft war erfüllt von dem Geruch des Regens, der frühmorgens gefallen war, und den Düften der Pflanzen, die er geweckt hatte.

Sie traf einen der Jungen, die Nachrichten überbrachten. Der Arme bewegte sich humpelnd fort. In der vergangenen Woche war er von einem anderen Jugendlichen der Siedlung malträtiert worden. Ein völlig unmotivierter Angriff. Der Täter hatte mit jeder Geste eine Szene nachgeahmt, die am Vorabend in einem gewalttätigen Schauspiel gezeigt worden war.

Élianta kaufte dem Kleinen eine Süßigkeit. Seit sie darauf verzichtet hatte, Schamanin zu werden, verbrachte sie selbst die meiste Zeit damit, etwas zu knabbern.

Mit zögernden Schritten ging sie durch die Siedlung, obwohl ihre Entscheidung feststand. Sie würde Sandro aufsuchen. Offenbar hatte unter den Fremden nur er eine hinreichend erwachte Seele, um ein solches Gespräch zu akzeptieren. Sie ahnte, dass er über die Macht verfügte, Krakus Einhalt zu gebieten bei der Umsetzung jener absurden Ideen, die ihr Volk zunehmend ins Verderben führten, ins Unglück stürzten – vergleichbar einem Kaiman, der über das Ufer gleitet, um sich auf seine Beute im schlammigen Flusswasser zu stürzen.

War im Übrigen nicht auch sie selbst betroffen? Sie spürte deutlich, dass sie immer weiter in die Irre gelockt wurde. Fast hatte sie das Gleichgewicht des Lebens vergessen, das ihm eigen gewesen war, den Gedanken an seine Fülle, die ihr im Alltag so vertraut gewesen war. Angesichts dieser rasanten Entwicklung würde sie den Zustand latenter Unzufriedenheit, in dem sie sich nun befand, bald ebenso als normal betrachten wie die beginnende Abhängigkeit von all dem, was ihr zum Ausgleich sinnlose Vergnügungen bescheren konnten.

Sie musste mit Sandro sprechen. Doch eine Art Lampenfieber hielt sie zurück, ein verwirrendes Gefühl, das auftauchte, sobald sie an ihn dachte. Trotzdem *musste* sie ihn sehen, unbedingt.

Nachdem sie die Siedlung durchquert hatte, nahm sie nicht den direkten Weg zum Lager der Fremden, sondern drang in den Urwald ein, um es zu umrunden. Sie wollte deren Gebiet zunächst beobachten, um sich zu vergewissern, dass Sandro allein war.

Als sie sich den Hütten näherte, war lautes Stimmengewirr zu hören. *So ein Pech* … Dann öffnete sich Sandros Tür, und Krakus erschien, sichtlich verärgert. Mit schnellen Schritten ging er in Richtung der Siedlung. Allmählich kam die Stille wieder zu ihrem Recht. Élianta wartete einen langen Moment und trat dann zwischen den Bäumen hervor.

Zaghaft klopfte sie zweimal, erhielt aber keine Antwort. Also schob sie die Tür vorsichtig auf. Im Innern warf das gedämpfte, vom Bambus gefilterte Sonnenlicht blasse senkrechte Streifen auf die Wand gegenüber. Einsam am Boden stand ein angeschlagener Napf, in dem ein Räucherstäbchen herunterbrannte und langsam feine, wohlriechende Rauchspiralen verbreitete.

Sandro lag in der Hängematte, die Lider geschlossen. Seine schwarzen Haare waren zerzaust, er schien eingeschlafen zu sein. Der Oberkörper hob sich sanft im Rhythmus der Atmung. Élianta verharrte eine Zeit lang reglos, um ihn still zu betrachten; dann bemerkte sie, dass er die Augen geöffnet und den Blick, von unergründlichem Blau wie ein Abendhimmel vor dem Aufgang des Mondes, auf sie gerichtet hatte. Dabei hatte er nicht reagiert, sich nicht im Geringsten überrascht gezeigt, aber die Falte zwischen seinen Brauen war erneut hervorgetreten.

Sie ging einige Schritte auf ihn zu.

»Mein Volk ist krank, Sandro.«

Die Falte wurde tiefer, und sein Blick verlor sich im Ungewissen, als wäre er nicht ganz bei sich.

»Ich bin es auch«, murmelte er.

»Ich wollte sagen … Es ist unglücklich.«

Mit noch immer trübem Blick zwang er sich weiterzusprechen.

»Sehe ich etwa glücklich aus?«

»Es leidet …«

Die blauen Augen wandten sich wieder ihr zu, schauten sie durchdringend an.

»Ich auch.«

Sie verstand seine Reaktion nicht. Warum weigerte er sich zu hören, was sie sagte? Warum bezog er alles auf sich?

»Die Ursache all dessen liegt in den Ideen, die Krakus sich ausgedacht hat. Ich weiß nicht, ob er sich über sein Handeln im Klaren ist, aber die Folgen sind verheerend. Er macht uns alle unglücklich … Man muss ihn daran hindern, Sandro.«

Er fixierte sie kurz mit einem ebenso zwiespältigen wie gequälten Gesichtsausdruck. Offenbar wurde er von tausend widersprüchlichen Gedanken und Gefühlen heimgesucht.

»Krakus ist vielleicht nicht dafür verantwortlich«, entgegnete er schließlich mit Grabesstimme.

»Wer soll es dann sein? Sandro, er muss gestoppt werden. Das kann nicht so weitergehen.«

»Der Schuldige ist nicht der, den du im Sinn hast …«

»Ich suche nicht nach einem Schuldigen, sondern nach der Wiederherstellung eines natürlichen Gleichgewichts, das zerstört worden ist. Hilf mir, Sandro.«

Er wirkte noch gequälter, als hätte sie ihn aufgefordert, einen Freund zu verraten. Wie konnte er die Verteidigung dieses Grobians übernehmen, der sich von ihm so grundlegend unterschied?

Sie trat dicht an ihn heran.

»Bitte, Sandro, tu etwas.«

Missmutig bewegte er leicht den Kopf hin und her. Sie konnte seine Atmung hören. Das Stäbchen im Napf am Boden verströmte weiterhin seinen Rauch, der um sich selbst zu kreisen schien.

»Ich habe von Krakus verlangt, alles zu beenden«, sagte er nach einer Weile. »Er hat abgelehnt.«

Élianta erstarrte, und ihre Hoffnung schwand dahin. Sie hatte zu spüren geglaubt, dass Sandro über ein Mittel verfüge, ihn zu beeinflussen. Hatte ihr Instinkt sie getäuscht?

»Was jetzt passiert, übersteigt meine Kräfte«, fügte er hinzu.

Sie war sprachlos, zutiefst enttäuscht und betrübt. Den Blick ins Leere gerichtet bemühte sie sich, die richtigen Worte zu finden.

»Es sind nicht die Ereignisse, die den Menschen übersteigen, es ist der Mensch, der vor den Ereignissen zurückweicht.«

Die Stille verschlang die Silben, nahm den Augenblick in Besitz.

»Ich habe nicht die Macht, um gegen Krakus zu kämpfen«, erwiderte er. »Hier bin ich völlig abhängig von ihm. Mein Schicksal liegt in seinen Händen …«

»Man wächst über sich hinaus, indem man sich vergisst zugunsten der Sache, die man verteidigt.«

Sie sah, dass diese Aussage ihn verletzt hatte, und bereute sie sogleich. Trotz seines Fatalismus und seines manchmal zum Ausdruck gebrachten Egoismus war sie nach wie vor berührt von der Tiefe und Schönheit der Seele, die sie in ihm wahrnehmen konnte.

Sandros Gesicht verzerrte sich plötzlich, als würde er einen Schmerz unterdrücken.

»Was ist mit dir?«

»Nichts«, sagte er geschwind, obwohl sein Körper fast unmerklich zusammengezuckt war.

Ohne zu überlegen, dem gewohnten Reflex des Heilers folgend, legte sie ihm die Hand auf den Bauch. Überrascht drehte er ihr den Kopf zu, und ihre Blicke begegneten sich.

In seinen Augen erspähte sie den gleichen Schmerz, der ihr früher schon einmal aufgefallen war, der sie bewegt hatte und der nun ungewollt in ihr das Bedürfnis weckte zu handeln, zu pflegen, zu trösten.

Sie fing an, ihm behutsam den Bauch zu massieren, schloss die Augen und … ließ sich in Trance gleiten, als würde ihr eigener Körper in Schwingung treten mit dem anderen, den sie betastete. Während die Hände instinktiv ihr Werk verrichteten, spürte sie, wie im Innern ein Gefühl wiedererwachte, das seit Langem verborgen gewesen war, das sie vernachlässigt und verdrängt hatte. Ihre aufgegebene Berufung machte sich wieder bemerkbar, tat sich kund, rief sich in Erinnerung wie ein Schicksal, das nicht verleugnet werden wollte.

Unter ihren Fingern löste sich die Verkrampfung allmählich. Da ergriff Sandro zärtlich ihre Hand.

»Nein«, sagte er. »Bitte nicht.«

Seine blauen Augen spiegelten jetzt eine innere Zerrissenheit wider, die ihm das Herz peinigte.

So verharrten sie eine ganze Zeit lang, unbewegt, schweigsam, die Blicke ineinander versunken.

Schließlich wandte Élianta sich ab und ging langsam zur Tür. Als sie im Begriff war, die Hütte zu verlassen, wurde sie von Sandros tiefer Stimme zurückgehalten.

»Ich bin es … Ich bin der Urheber des Übels, das deinem Volk widerfährt.«

Élianta blieb stehen.

»Ich weiß«, sagte sie, ohne sich umzudrehen.

Es folgte ein ausgedehntes Schweigen … Sie rührte sich nicht von der Stelle, als wäre dieser Augenblick der letzte, den sie in Gegenwart des Mannes verbringen sollte, der sie derart in Verwirrung brachte.

»Wer hat es dir gesagt?«

»Dein Körper.«

34

Alfonsos Finger glitten in die Tasche, suchten fieberhaft in den Winkeln und kamen ruckartig wieder zum Vorschein. Er nahm die Tasche, öffnete sie weit und traute seinen Augen nicht: Kein einziges Kokablatt mehr!

Er sprang auf, überwand abrupt seine übliche Lethargie, drehte die Tasche um und entleerte den Inhalt über dem Boden.

Nichts. Kein irgendwo vergessenes Beutelchen. Ungläubig schüttelte er den Kopf. Er hatte nicht vorhergesehen, so lange auf Mission zu sein … Wie sollte er damit fertigwerden?

Ein Gefühl von Wut stieg in ihm auf, das er kaum kannte. Plötzlich stellte er alles wieder infrage: den Sinn seines hiesigen Aufenthalts, der sich seit Monaten hinzog, seine sonderbaren Tätigkeiten, die endlose Dauer der Tage, die schlechten Lebensbedingungen. Derlei Dinge gingen ihm durch den Kopf, drangsalierten ihn. Auf einmal hatte er Lust, alles über den Haufen zu werfen, alles zu ändern. Sein dringendster Wunsch aber war, sofort aufzubrechen …

Dann dachte er an das Geld, das nur Sandro ihnen geben konnte, und seine Energie sank wieder auf den Nullpunkt.

»Wir werden nie unsre Kohle kriegen, der Zug ist abgefahr'n«, lamentierte er.

»Hör auf rumzujammern, ist ja nicht auszuhalten«, sagte Marco und wischte sich mit dem Ärmel den Schweiß von der Stirn.

Die beiden befanden sich am Rand des Urwalds, etwas abseits des Lagers, der Siedlung und indiskreter Ohren.

»Und wenn wir Sandro erpressen?«, fragte Alfonso. »Entweder er gibt uns das Geld, oder wir erzählen alles den Bullen.«

Marco hob die Augen zum Himmel.

»Und was erzählste denen, du Schlauberger?«

»Na alles. Dass er's war, der Krakus angestiftet hat.«

»Angestiftet? Wenn du jemandem die Karre klaust, wanderste ins Kittchen, aber wenn du ihn sein Leben lang unglücklich machst, sagt keiner was. Steht dir sogar frei, dein Spiel weiter mit ihm zu treib'n.«

»Mist.«

An diesem Tag war es extrem heiß. Unter den Militäranzügen brieten die Männer in ihrem Saft.

»Oder man macht daraus was Illegales …«

»Du willst das Gesetz ändern?«, fragte Alfonso mit einem Hauch von Bewunderung in den Augen.

»Mensch, bist du blöd. Ich will ändern, was Sandro getan hat.«

Alfonso runzelte die Stirn.

»Wir brauchen die Indios bloß umzulegen«, fuhr Marco fort, »und danach erpressen wir Sandro.«

»Schon, aber der wird sagen, dass wir's war'n.«

»Nee, wird er nicht.«

»Er wird keine Hemmungen haben.«

»Er kann's nicht sagen.«

»Wieso?«

»Niemand wird ihm glauben. Warum hätten wir's tun soll'n? Wir haben kein Motiv. Er dagegen, er hat eins …«

»Ah ja, stimmt.«

»Also genügt's, die Indios abzumurksen, und damit packen wir ihn an den Eiern.«

Marco holte seine Feldflasche hervor und trank ein paar Schlucke lauwarmes Wasser. Alfonso blieb eine Weile still.

»Werden wir das wirklich tun?«, fragte er schließlich.

»Warten wir den Gang der Ereignisse ab und entscheiden dann. Gib zu, das wird uns nicht weiter jucken. Wir hab'n doch schon lange nicht mehr 'n bisschen Sport gemacht, oder?«

* * *

»Verdammt, wo haste denn all die Cupus her?«

Krakus tauchte die Hand in den großen Krug und ließ die kostbaren Früchte zwischen seinen Fingern hin und her rollen. Es gab insgesamt Tausende davon.

»Ganz egal«, erwiderte Gody. »Gehen wir zu Mittag essen … die andern erwarten uns.«

»Aber haste diese Menge geseh'n? Von wo kommt die?«

Gody fuhr sich mit der Hand über den Schädel und kratzte sich langsam den Nacken.

»Ich verkaufe ihnen … Medikamente.«

»Du verkaufst denen Mittelchen? Red keinen Stuss …«

»Sehe ich so aus?«

»Und die blech'n so viel dafür?«

»Wahrscheinlich sind wir mit einer nie da gewesenen Vermehrung von Mikroben konfrontiert und …«

»Nee, nee, nee, ich glaub nicht, dass es deshalb ist …«

»Weshalb dann, deiner Meinung nach?«

»Muss 'nen andern Grund geben. Würd mich nicht wundern, wenn das auf unsre Aktionen zurückzuführ'n wär, ihr Leben so richtig aus 'm Gleichgewicht zu bringen …«

»Ich erkenne nicht den … Zusammenhang.«

»Sag, sind die nicht zufällig abhängig geword'n von diesen Mittelchen?«

»Drücken wir es einmal so aus … Eine leichte Abhängigkeit ist unter Umständen feststellbar …«

»Genau, das ist's, die müssen total süchtig sein …«

Gody tat einen Schritt zum Tor seiner Festung.

»Gehen wir essen?«

Krakus, in Gedanken versunken, rührte sich nicht.

»Wir hab'n die von ihr'm Körper abgetrennt, vom Gefühl für ihre wahren Bedürfnisse, ihre tiefen Wünsche. Heutzutage krieg'n sie alles von außen geliefert, wir bombardier'n sie mit Informationen, Emotionen, Passionen …«

»Na und?«

»Da sie kein Vertrau'n mehr zu sich selber hab'n, gelingt's denen wohl nicht mehr, ihre inneren Kräfte zu sammeln … Ebendaher beschäftigen die sich ständig mit äuß'ren Dingen, also auch mit Medikamenten …«

»Was für ein Quatsch.«

»Auf jeden Fall war'n die schon süchtig nach 'm Vidophor, nach Zucker, deiner letzten Erfindung, und jetzt sind sie's nach Medikamenten. Wahnsinn!«

»Ich gehe essen, tschüs.«

Gody entfernte sich, und Krakus sah ihm nach. Als er ihm folgen wollte, bemerkte er in der Ferne seine beiden Handlanger, die auf ihn zukamen. Marco hatte wie üblich seine mürrische Miene aufgesetzt, während Alfonso erstaunlich entschlossen hinter ihm herging.

An manchen Tagen bereute er, von solchen Schwachköpfen umgeben zu sein. Doch die waren letztlich weniger anstrengend als jene Typen, die zu viel nachdachten und dauernd verhandelten.

»Pack deinen Rucksack zusammen«, sagte Marco, »wir fahr'n heim.«

Krakus seufzte.

»Was soll'n dieser Blödsinn schon wieder?«

»In drei Tagen brech'n wir das Lager ab.«

»Hier entscheide ich.«

»Mach, was du willst, wir hau'n ab und hab'n fest vor, Sandro mitzunehmen.«

Krakus schluckte.

»Sandro ist mein Klient. Und ihr könnt nicht für ihn entscheiden.«

»Okay, sieht aber ganz danach aus, als hätte dein Klient ebenfalls Lust, sofort abzureisen. Hast du uns selber gesagt.«

»Das ist 'ne Angelegenheit zwischen ihm und mir.«

»Aber er schuldet uns Geld, dein Klient. Also geht das auch uns was an. Außer du zahlst für ihn.«

Krakus starrte sie an. Alfonso schien der gleichen Meinung zu sein. Es war zu spät, ihn umzustimmen.

»Gut, Jungs, ich werd bloß noch zu Ende bring'n, was ich begonnen hab. Wir geben uns drei Wochen und fahr'n dann alle zusammen zurück.«

»Drei Tage.«

»Zwei Wochen.«

Marco betrachtete ihn grimmig. Seine Stirn glänzte vor Schweiß. Die Schläfenadern traten hervor, als würden sie jeden Moment platzen. Er hatte wieder den gleichen Gesichtsausdruck wie damals auf den Schlachtfeldern in Mittelamerika.

»Eine Woche und keinen Tag mehr. Liegt in deinem Interesse, 'nen Zahn zuzulegen.«

35

Sandro blieb nun zusammengerollt auf dem Boden seiner Hütte liegen, wobei ihm der Schlafsack als Matratze diente. Sein Leiden hatte sich verschlimmert, die Bauchschmerzen waren kaum zu ertragen, und so konnte er sich nicht einmal mehr in der Hängematte ausstrecken.

Er machte sich bittere Vorwürfe, diese verhängnisvolle Maschinerie in Gang gesetzt zu haben, eine Maschinerie mit vielerlei Zahnrädern und teuflischen Verkettungen, deren ein anderer sich bemächtigt hatte, um sie bis an die Grenze seiner Möglichkeiten zu treiben, eine Maschinerie, die er, Sandro, nicht mehr zum Stillstand bringen konnte.

Schließlich wurde er sich der Abscheulichkeit seiner Rache bewusst, gegen ein Volk gerichtet, das er wie ein Individuum betrachtete, ohne Unterscheidungen zu treffen, ohne den Versuch zu unternehmen, etwaige Unschuldige zu verschonen. All das in der Hoffnung auf eine Erleichterung, eine Linderung, die indes nicht eingetreten waren.

Scham und Reue quälten ihn Tag und Nacht, raubten ihm den Schlaf.

Einige Tage zuvor war eine Idee in ihm aufgekeimt, um Krakus eine Falle zu stellen und die Indianer zu befreien, aber er hatte sie schnell wieder verworfen. Deren Ergebnis war zwar äußerst zweifelhaft, denn es ging dabei um eine ziemlich wahnwitzige Wette, doch der Grund für seine Ablehnung lag anderswo: Das Ganze hätte für ihn Folgen, die anzunehmen er nicht bereit war.

Allerdings entledigt man sich nicht so einfach einer Idee, und besonders diese geisterte regelmäßig durch seinen Kopf, als wollte sie ihn umso nachdrücklicher an seine Verantwortung erinnern: Vielleicht gab es eine Lösung in Form jener *wahnwitzigen Wette*, aber Sandro weigerte sich, sie zu wagen und den Preis dafür zu zahlen … Éliantas Worte hallten in ihm wider: *Man wächst über sich hinaus, indem man sich vergisst zugunsten der Sache, die man verteidigt.* Sie hatte recht. Er war nichts weiter als ein kleiner Egoist.

Mit angezogenen Beinen auf der nackten Erde zusammengekrümmt brütete er über seiner Schmach.

Plötzlich hörte er ein Geräusch und drehte langsam den Kopf. Im dämmrigen Licht stand Élianta mit ernster, sorgenvoller Miene. Ihre Gestalt trat kaum aus der Dunkelheit hervor, doch ihre Gegenwart strahlte, als würde ihre Aura weit über die Umrisse des Körpers hinausgreifen. Sie schauten sich wortlos an. Ohne zu grüßen, ging sie leisen Schrittes zu ihm.

»Trink das«, sagte sie in kühlem Ton und reichte ihm eine Tonschale.

Mühsam richtete er sich auf. Die Schale war halb gefüllt mit einer grünlichen Flüssigkeit. Er hob die Augen zu ihr. Der eisige Blick der jungen Frau erteilte ihm den Befehl, sich zu fügen.

Er brauchte mehrere Sekunden, um zu begreifen. Anstatt ihn bei den Männern der Siedlung zu denunzieren, bot sie ihm die Gelegenheit, seinem Leben selbst ein Ende zu setzen.

Bestürzt und sprachlos betrachtete er das Gift. Damit hatte er wirklich nicht gerechnet.

Das Schicksal konfrontierte ihn mit seiner Schuld. Unsere Handlungen haben einen Preis. Früher oder später präsentiert uns das Leben immer die Rechnung.

Er musste bezahlen.

»Nimm.«

Die Schale drängte sich ihm auf. Mit einer langsamen Bewegung ergriff er sie.

Er fühlte sich wie Sokrates, im Begriff, den Schierlingsbecher zu trinken und dadurch zu sterben. Sokrates, den man angeklagt hatte, die Jugend zu verderben und neue Götter in die Stadt einzuführen. Im Grunde genau das, was auch Sandro getan hatte … der gleichen Verbrechen bezichtigt, zur gleichen Strafe verurteilt. Nur dass er, Sokrates, unschuldig war …

Bedächtig führte Sandro die Schale an den Mund.

Der griechische Philosoph hatte das Gift in einem Zug ausgetrunken, ohne mit der Wimper zu zucken, ungeachtet der zutiefst ungerechten Strafe, die man ihm auferlegte. Würde er ebenso viel Mut aufbringen, er, dessen erwiesene Schuld allein durch das Leiden abgemildert wurde, das ihm seine eigenen Opfer zufügten?

»Trink.«

War es die Erschöpfung, die ihn zögern ließ? Die Niedergeschlagenheit infolge des seit Monaten vergeblich ausgetragenen Kampfes, des erstickenden Schuldgefühls, der quälenden Gewissensbisse?

Er legte die Lippen auf den Rand der Schale, schloss die Augen und trank … einen Schluck. Der äußerst bittere Geschmack durchfuhr ihn wie ein Blitz. Er hielt inne und hustete.

»Trink.«

Er starrte sie an. Ihr Blick drückte keinerlei Mitgefühl aus. Dieser völlige Mangel an Empathie empörte ihn plötzlich, veranlasste ihn, seine Benommenheit mit einem Schlag zu überwinden. Ja, er hatte sich schlecht verhalten und schlimmes Unheil angerichtet. Doch was er selbst durch dieses Volk hatte erleiden müssen, war ebenso schlimm.

»Du musst wissen«, erklärte er, bemüht, seine Fassung zu bewahren, »Tiffany war meine Frau.«

»Trink. Du wirst später sprechen.«

Sandro war außer sich.

»Ich sage dir, dass es meine Frau war, die ihr letztes Jahr umgebracht habt, und du hast nichts weiter darauf zu erwidern?«

Élianta wich zurück und riss die Augen auf.

»Warum sagst du so etwas?«

»Sie hat sich in eurer Siedlung aufgehalten und …«

»Ich erinnere mich sehr gut an sie.«

»Ihr habt sie geopfert.«

Entsetzt machte Élianta mehrere Schritte rückwärts.

»Tiffany? Aber sie ist … ungehindert … abgereist.«

»Du lügst!«

»Sandro …«

»Ihr habt sie umgebracht.«

»Wenn du mir nicht glaubst, dann frag Krakus …«

»Krakus? Wie könnte er …«

»Frag ihn.«

Sandro schluckte, bis ins Innerste aufgewühlt.

»Hat er sie in deiner Gegenwart gesehen?«

»Natürlich, als er in die Siedlung gekommen ist, um sie abzuholen …«

»Krakus …«

Sandro setzte die Schale auf den Boden.

»Nein! Trink!«

»Keinesfalls.«

Er versuchte aufzustehen, wurde aber vom Schmerz übermannt und sank zurück.

»Trink, dann wirst du gesund.«

»Wie bitte?«

»Die Mixtur ist bitter, aber du musst sie ganz austrinken, wenn du gesund werden möchtest.«

»Mein Gott, Élianta …«

»Was?«

»Nichts.«
»Doch. Was?«
»Ich liebe dich.«

36

Mit viel Liebe und ein wenig Geduld kann man die Welt verändern. Davon war Mojag fest überzeugt.

Er ließ die Tür seiner Hütte offen und ging in Richtung des großen Platzes. An diesem Tag war das Licht besonders schön, und die Blüten schenkten dem, der danach verlangte, ihre köstlichen Düfte.

Mit seinem Herzblut hatte er eine weitere Geschichte geschrieben.

Er wollte unbedingt, dass die Seinen die Einfachheit des Glücks wiederentdeckten, dass sie erkannten, wie sehr sie ihr Leben umsonst verkomplizierten, dass sie im Grunde nicht viel brauchten, um glücklich zu sein … Er sehnte sich so sehr danach, die Unbekümmertheit in ihren Augen, die Liebe in ihren Gesten wiederzusehen … Sie sollten die Fähigkeit zurückerlangen, die Schönheit der Welt und all der Wesen, die sie bevölkern, in jedem Moment zu genießen, abermals jene tiefe Genugtuung empfinden, lebendig zu sein, und sich daran erfreuen, ohne eine andere Erwartung als die zu schauen, zu spüren, zu berühren und zu hören, was unseren Sinnen dargeboten wird.

Seine Geschichte würde zwar nur ein Zweiglein in einem Wald aus Dornbüschen sein, aber niemand kennt das Schicksal eines Zweigleins …

Mojag erreichte den Platz, wo die Kinder ihn erwarteten. Drei Erwachsene hatten sich unter sie gemischt. Ihresgleichen hatte er hier schon lange nicht mehr zu Gesicht bekommen.

Es blieb ihm kaum mehr Zeit für die schwierigste Aufgabe, nämlich einen Titel für seine Geschichte zu finden. Oder sollte er diesmal, nur dieses eine Mal, nicht doch auf ihn verzichten?

* * *

Die Sonne im Zenit übte ihre absolute Herrschaft aus und zwang den meisten Menschen und Tieren die Mittagsruhe auf. Sogar der Wind hatte kapituliert und gestattete den Düften des Dschungels, in betörender Stille Besitz zu ergreifen von der heißen Atmosphäre.

Auf dem Boden sitzend und an den Stamm einer Patawa-Palme gelehnt sammelte Sandro langsam wieder Kräfte.

Er hatte seine Hose abgeschnitten, um daraus Shorts zu machen, die er barfuß trug, ein leichtes T-Shirt um die Schultern geschlungen.

Éliantas Heiltrank, derart abscheulich, dass er ihn dreimal fast ausgespuckt hatte, war von durchschlagender Wirkung gewesen. *Sobald du wieder gesund bist, musst du dich von dei-*

nen Fehlern reinwaschen, hatte sie ihm mit ergreifender Zärtlichkeit gesagt. Nur sie wusste, wie das geschehen sollte.

Die ganze Nacht hatte er über das Geheimnis sinniert, das den Tod seiner Frau umgab, und sich schuldig gefühlt, als ihm klar wurde, wie unlogisch die offizielle Version war. Demnach traf Tiffany, nachts aus der Siedlung entflohen, mitten im Dschungel auf ihre Retter … Das aber würde voraussetzen, dass sie sich auf dem Hinweg die Route genau eingeprägt hatte und imstande war, sie dann auch auf dem Rückweg einzuschlagen. All das in einem Urwald, dessen Gestalt sich ständig verändert … Nahezu unmöglich. Er selbst wäre niemals dazu fähig gewesen.

Ein Schatten näherte sich ihm. Große Militärstiefel aus schwarzem Leder ließen die Zweige knacken, die sie auf der trockenen Erde zertraten. Sandro hob die Augen und versteifte sich, als er Krakus sah.

»Na, Philosoph, anscheinend geht's dir besser?«

Sandro blieb angespannt.

»Kannst mir sicher berichten«, fuhr Krakus fort, »welche weiteren Vergnügungen du dir für unsere Indios ausgedacht hast.«

Sandro schwieg.

»Los, Mensch, entspann dich, wir werd'n ja bald nach Hause fahr'n. Aber vorher, verstehste, ist mir dran gelegen, dass wir 'n letztes Ding dreh'n, um die Geschichte zum krönenden Abschluss zu bringen. So 'n fieses Ding, das wie 'ne Bombe einschlägt.«

Sandro reagierte nicht. Die einzig mögliche Haltung – oder ihm an die Gurgel springen.

»In 'ner Woche brech'n wir das Lager ab. Das wollteste doch? Also, passt's dir?«

Krakus' Stimme verriet allmählich seine Nervosität.

»Um's offen zu sagen: Wir brech'n das Lager erst dann ab, wenn ich meine Arbeit beendet hab.«

Sandro betrachtete den Boden. Einige Ameisen bahnten sich einen Weg zwischen den zerbrochenen Zweigen.

»Wenn du mir nicht hilfst, dauert's länger. Zwangsläufig …«

Eine Ameise krabbelte in die riesige Ritze von Krakus' Profilsohle und kam einige Sekunden später auf der anderen Seite wieder heraus.

»Also, was unternehmen wir?«, fragte er in einem Ton, der seinen wachsenden Ärger ausdrückte.

Die Ameise bemühte sich, das schwarze Monstrum zu ersteigen. Sie tastete das Terrain an verschiedenen Stellen ringsum ab und kletterte dann bis zum höchsten Punkt; dort angekommen, begann sie unverzüglich mit dem Abstieg.

»Verdammt!«, explodierte Krakus.

Die Ameise schien nicht im Geringsten beeindruckt.

»Du wirst mir jetzt mitteil'n, wie wir denen eins auswisch'n, sonst …«, brüllte er.

»Sonst wirst du mit mir machen, was du mit meiner Frau gemacht hast?«

Krakus erstarrte sofort wie ein angeschlagener Boxer.

Mit verschlossenem Gesicht schwieg er einen langen Moment, um dann in ruhigerem Tonfall wieder das Wort zu ergreifen, den Blick zu Boden gerichtet.

»Seh schon … Marco, dieser Verräter, hat mit dir geredet, oder dieser Idiot Alfonso …«

Sandro schaute ihm tief in die Augen.

»Warum hast du sie umgebracht?«

Krakus hielt seinem Blick stand, ohne zu antworten.

»Na? Warum?«

Der andere musterte ihn stumm.

»Raus mit der Sprache!«

Ein perverses Lächeln zeichnete sich auf Krakus' Gesicht ab.

»Hab den Mut, es zuzugeben!«

Diese abscheuliche Person lächelte weiterhin, ungerührt.

»Ist nervig, keine Antwort auf seine Frage zu bekommen, stimmt's?«

Sandro, rot im Gesicht, kochte vor Hass.

Vor ihm stand der Mörder seiner Frau. Der war nicht einmal versucht, die Tat zu leugnen. Aber warum hatte er diejenige umgebracht, die er retten sollte?

Er wollte sich beruhigen, um seine Kräfte wiederzufinden, sich wieder zu fassen. Er zwang sich, die Atmung zu verlangsamen und seine Anspannung nach und nach zu verringern.

»Wenn du mir erzählst, was passiert ist«, sagte er schließlich mit unterkühlter Stimme, »gebe ich dir deine letzte Anweisung für die Indianer.«

»Ah, siehste, musst nur woll'n …«

Krakus trat mit dem Fuß heftig gegen einen trockenen Erdklumpen. Der Staub rieselte auf seinen Stiefel, der sich braun färbte.

»Deine Frau hat die Siedlung mit uns verlassen«, fuhr er fort.

»Warum ist sie nicht wie geplant früher zurückgekommen?«

»Ihr Begleiter hatte sich 'n Knöchel gebroch'n und musste noch 'n paar Wochen vor Ort bleiben. Deine Frau ist also mit uns zusammen abgereist. Einige Tage später sind wir unterwegs auf 'ne Indianerin gestoß'n, die Früchte gesammelt hat. Sie war allein … Die Typen wollten … Sie hab'n versucht …«

»… sie zu vergewaltigen.«

»Deine Frau hat sich eingemischt. Hätt' sie nicht soll'n. Sie wollte die andre verteidigen, ist blöd gelauf'n, und sie hat 'nen kräftigen Schlag abgekriegt. War 'n Unfall, nichts weiter. Da wir keinen Ärger wollten, haben wir's vertuscht, damit's wie 'n rituelles Opfer aussieht. Aber das ändert nichts an der Tatsache, dass es 'n Unfall war. Wär nicht passiert, wenn sie sich um ihren eig'nen Kram gekümmert hätte.«

»Du lügst.«

Krakus warf ihm einen finsteren Blick zu.

»Beweis es.«

»Die Autopsie hat ergeben, dass die Schnittwunden ihrem Körper vor Eintritt des Todes zugefügt wurden, nicht danach.«

Erneuter Fußtritt gegen den Erdklumpen. Der Stiefel wurde beige.

»Was schert's dich jetzt? Sie ist tot, aus und vorbei, oder?«

»Ich will wissen, was vorgefallen ist.«

Krakus seufzte.

Er schlug die Stiefel aneinander, und sie wurden wieder schwarz.

»Wir hab'n sie überwältigt, und sie war dabei …«

»Bei der Vergewaltigung.«

»Sie hat geschrie'n wie am Spieß, total hysterisch. Gody hat das nicht ausgehalt'n. Der verträgt keine Schreie von Frau'n. War aber unmöglich, sie zum Schweigen zu bring'n, sie hat weitergebrüllt und sich mit Händen und Füßen gewehrt. Daher hat er sie mit Chloroform betäubt …«

»Mein Gott …«

»Trotzdem saß'n wir in der Falle, sie hatte zu viel geseh'n.«

»Also habt ihr meiner Frau die Schnittwunden zugefügt und sie dann umgebracht.«

»Gab nicht dreißig andre Lösungen …«

»Ihr Mistkerle«, zischte Sandro.

»Sie hat nichts gespürt, war ja eingeschlaf'n.«

»Halt den Mund!«

Sandro erhob sich. In der Ferne sah er die Hütten der Siedlung.

»Und du hast zugelassen, dass ich Unschuldige anklage … sie bestrafe … Tag für Tag … all diese Zeit …«

»Apropos, du schuldest mir die letzte Anweisung …«

Sandro schüttelte angewidert den Kopf.

»Armes Schwein.«

Die Augen von Krakus funkelten vor Wut.

»War abgemacht!«

Sandro schaute ihm wieder in die Augen.

»Verrecke.«

Krakus erwiderte unbeeindruckt den Blick.

»Wenn du mir nicht hilfst, dauert das bloß länger. Meine Jungs werd'n vergrätzt sein.«

»Zum Teufel mit ihnen.«

»Außer ich biete denen, um sie 'n bisschen hinzuhalt'n, diese Schamanin an, die sonst zu nichts nütze ist, damit sie sich 'n kleines Vergnügen gönnen und die Wartezeit vertreib'n.«

»Ich untersage dir, Élianta auch nur anzurühren!«

Krakus antwortete mit einem widerlichen Lächeln.

Sandro fixierte ihn empört und schaute dann weg. Innerlich brodelnd ließ er den Blick über den Urwald schweifen. Er *musste* eine Lösung finden, unbedingt. Er sah hinüber zur Siedlung, stellte sich die Indianer mit ihrer neuen Lebens- und Denkweise vor, beherrscht von Illusionen, die fortan ihren Geist förmlich verhexten. All das war seine Schuld … wiewohl Krakus das ganze Unheil überhaupt erst heraufbeschworen hatte.

Er überlegte hin und her, doch es fiel ihm nichts ein. Allein die Idee der *wahnwitzigen Wette*, einige Tage zuvor in Betracht gezogen, blieb weiterhin in seinem Bewusstsein haften. Diese für ihn allzu folgenschwere Lösung ließ ihn nicht mehr los, ungeachtet seiner hartnäckigen Bemühungen, sie zu verdrängen.

Wie reagiert dein Bewusstsein?, fragte Marc Aurel. *Alles ist darin. Der Rest, das also, was unabhängig von deinem Willen existiert, ist nur Schall und Rauch.*

Die Bäume ringsum, völlig unbewegt, denn es wehte keinerlei Hauch, schienen auf seine Entscheidung zu warten.

Er schloss die Augen und atmete langsam tief ein.

»Ich werde dir die letzte Anweisung geben«, murmelte er schließlich.

Krakus runzelte die Stirn, ohne auf sein schreckliches Lächeln zu verzichten.

»Ich höre …«

Sandro zögerte ein wenig und schwang sich dann auf.

»Entziehe ihnen alles, was du ihnen gegeben hast.«

Das Lächeln erlosch schlagartig, während die Stirn gerunzelt blieb.

»Entziehe ihnen, woran sie sich allmählich gewöhnt haben, was sie nun für die Quelle ihres Glücks halten, und sie werden alle Tränen der Erde vergießen.«

Krakus war fassungslos und stierte ihn lange und wie apathisch aus leeren Augen an. Plötzlich aber brach er in Lachen aus, ein schallendes und grausames Lachen, das nicht mehr aufhörte.

37

An diesem Tag herrschte reges Treiben auf dem großen Platz der Siedlung. Die Indianer, die immer mehr arbeiteten, hatten nur einen freien Tag pro Woche, den Sonntag. Alle nannten ihn »Gody's Tag«. Jeden Sonntag präsentierte Gody nämlich seine neuen Kreationen, und die Stammesmitglieder eilten herbei, um jene Dinge zu entdecken, für die sie ihre während der Woche schwer verdienten Cupus eintauschen konnten.

Heute war die Menge noch größer als üblich, denn bei der *Jungle Time* am Vorabend war angekündigt worden, dass Krakus käme, um eine Erklärung abzugeben. Das Leben in der Siedlung solle sich ändern, hatte man bereits erfahren.

Sandro mischte sich unter die Indianer. Sie waren behangen mit geflochtenen Lianen, die sie als Halsketten, Gürtel oder Armbänder trugen – und natürlich mit Taschen der Marke Woorara. Außerdem hatten die meisten Männer ihren Bogen über die Schulter gehängt. Das gleißende Sonnenlicht ließ die feuchten Leiber glänzen, sodass die Farben der traditionellen Bemalung auf den Gesichtern betont und herbe, säuerliche Gerüche ausgeströmt wurden. Die Körperwärme der Menschen verstärkte noch die sengende Hitze.

Lebhafte Gespräche erzeugten überall auf dem Platz eine geräuschvolle Kakophonie. Vereinzelte Wolken durchquerten geschwind den Himmel, und ihre Schatten breiteten sich über die Menge wie die riesige Hand eines bedrohlichen Gottes.

Plötzlich erschien Krakus in Begleitung seiner Kumpane auf der Bühne, bald gefolgt von Gody. Die Gespräche verstummten, und jeder sammelte sich. Die Stille nahm nun den ganzen Platz in Besitz. Krakus ließ langsam einen geheimnisvollen, aus unergründlichen Gedanken hervorgegangenen Blick über das Publikum schweifen.

Dann erhob er die Stimme, kühler als sonst, und die Zuhörer erstarrten instinktiv.

»Ich hab eine Entscheidung getroffen«, verkündete er. »Von heute an beenden wir den Verkauf von Godys Kreationen. Ihr werdet lernen, drauf zu verzichten.«

Die Menge blieb völlig still. Sandro konnte das Unverständnis auf den Gesichtern lesen. Krakus musterte sie, lauerte offensichtlich auf ihre Reaktionen.

»Auch habe ich beschlossen, den Verkauf der Woorara-Taschen zu verbiet'n.«

Die Indianer rührten sich nicht, wie geschlagen mit sprachlosem Erstaunen angesichts dieser unerwarteten Mitteilungen, die sie nicht begriffen.

Die Wolken beschleunigten das Tempo, ihre gigantischen Schatten fegten über das unbewegte Publikum hinweg wie der Kegel eines Scheinwerfers, der Halbdunkel verbreitet.

Aus dem Nirgendo drang auf einmal Hakans Stimme.

»Ich habe das Recht, so weiterzumachen wie bisher! Daran kannst du mich nicht hindern!«

Ein Murmeln ging von einem Ende des Platzes zum anderen und verwandelte sich rasch in eine Welle des Protests.

Krakus musste damit gerechnet haben, denn seine frostige Miene gestattete sich ein kaum wahrnehmbares Lächeln, das eine gewisse Befriedigung ausdrückte.

»Noch was«, fügte er mit lauterer Stimme hinzu. »Ab sofort sind die Shows verboten, in denen Gewaltszenen vorkommen.«

Ein Sturm der Entrüstung erhob sich aus dem Publikum. Von überallher erschallten Einwände und Vorwürfe. Auf den Gesichtern zeichnete sich Bestürzung ab.

Die Feindseligkeit, die seine Ankündigungen hervorriefen, schien Krakus förmlich zu berauschen. Er betrachtete die Masse der Unzufriedenen mit einem Anflug von Jubel in den Augen.

Seine Handlanger neben ihm beobachteten die Wendung der Ereignisse indes mit einiger Besorgnis.

Krakus ergriff wieder das Wort und nannte nacheinander die weiteren Maßnahmen zum Abbruch all der Aktivitäten, die er seit seiner Ankunft veranlasst hatte. Bei jeder Bekanntmachung vervielfachten und verstärkten sich die Reaktionen und zwangen ihn, mit der Fortsetzung ein wenig zu warten. In weniger als einer Stunde war die Menge, in der grollender Zorn sich in verzweifelten Schreien entlud, zum Aufstand bereit.

Krakus schien fasziniert von dieser Revolte, all diesen Menschen, auf die seine Ausführungen eine magische Wirkung ausübten, die sich gegen ihn verschworen, deren Klagelaute und Ausrufe er als unwiderlegbaren Beweis für seine Macht auffassen musste. Eine Macht, die er gewöhnlich nur mit größter Mühe durchsetzen konnte, die er sich vielleicht sein ganzes Leben gewünscht hatte.

Er stand auf der Bühne, unerschütterlich, einem Volk gegenüber, dem er die Stirn bot. Man spürte, dass er seine Allmacht nach dem Widerstand bemaß, den sie auslöste.

Sandro sah, wie dichter Rauch zum aufgewühlten Himmel stieg. Die schwarze Fahne kam aus dem Lager der Fremden, die ihre Hütten in Brand gesteckt hatten.

Plötzlich war ein krachendes Geräusch zu hören. Wütende Jugendliche hatten die Pfeiler der *maloca* niedergerissen, und diese war gerade eingestürzt.

Krakus, beflügelt durch die von ihm verursachte Katastrophe, verkündete mit kräftiger und zugleich finsterer Stimme die nächste seiner neuen Vorschriften.

»Ab heute sind die Vidophore verboten …«

Der Protest schlug in Aufruhr um. Unter einer Lawine von Schreien und Drohungen brach Panik aus, wobei die Leute heftig gegeneinanderstießen.

Der anthrazitfarbene Himmel begann zu donnern. Ein Gewitter zog auf, ohne dass ein einziger Regentropfen fiel.

Krakus geriet in Ekstase.

Da durchquerte ein Zischen den Raum, während ein Pfeil mit Blitzesschnelle die Luft über der Menge zerteilte. Alles geschah wie im Zeitraffer. Sandro sah, wie sich das Geschoss in den Bauch von Krakus bohrte, der die Augen weit aufriss, eher aus Überraschung als aus Schmerz. Die Menge verstummte schlagartig. In jäher, totaler Stille stockte dem ganzen Platz der Atem. Sofort aber wurde sie zerrissen von drei weiteren Zischgeräuschen: Die Pfeile trafen Krakus' Männer mitten ins Herz, und sie brachen zusammen.

Krakus krümmte sich und sank auf die Knie. In diesem Moment begegnete sein Blick, über das Publikum schweifend, Sandros Blick und ließ ihn nicht mehr los. Seine Augen, angefüllt mit Hass, drückten aus, dass er verstand: Sandro hatte sich seiner bedient. Er öffnete ein wenig die Lippen, um zu sprechen, doch kein Laut drang hervor. Nur ein schreckliches Grinsen verzerrte seinen Mund. Langsam hob er einen anklagenden Zeigefinger in Sandros Richtung. Sein Arm begann zu zittern, zunächst leicht, dann immer stärker, bis er vornüber in den Staub fiel.

Sandro sah den Mann sterben, der als Einziger imstande war, ihn in die Zivilisation zurückzuführen. Langsam, sehr langsam richtete er die Augen auf den Urwald, diese dunkle und abgründige Welt. Oben, am gepeinigten Himmel, waren die geballten Wolken schwarz geworden.

Aus dem Regenwald des Amazonas kehrt niemand zurück.

38

Eine Hand. Eine Hand nahm die seine und zog ihn sanft zur Seite.

Sandro drehte den Kopf. Neben ihm stand Élianta mit ernster Miene. Ihre Augen baten darum, ihr zu folgen.

Sie schlängelten sich zwischen den Menschengruppen durch, die noch geschockt waren von den Ereignissen, überquerten den überfüllten Platz, dann die verlassene Siedlung und drangen in den Urwald ein. Schweigsam bahnten sie sich einen Weg durch das Dickicht.

Éliantas zarte Hand führte ihn mit instinktiver Sicherheit. Als die letzten Hütten außer Sichtweite waren, verlangsamten sie den Schritt. Sandro war aufgeregt, bewegt durch den Kontakt zwischen seiner Handfläche und der der jungen Frau, die ihn festhielt. Er konnte es nicht fassen, sie zu berühren, ihre Sanftheit, ihre Wärme zu spüren. Er hätte alles dafür gegeben, in diesem Zustand zu bleiben – für immer seine Hand in der ihren, während die Zeit stillstand.

Wortlos gingen sie ein langes Stück, schlüpften durch zahllose Schattierungen von Grün mit ebenso feinen wie vielfältigen Düften. Plötzlich erspähte Sandro durch die Vegetation in der Ferne ein diffuses Licht, begleitet von leisem Murmeln. Das Licht wurde klarer, je weiter sie voranschritten. Das Grundgeräusch verwandelte sich in ein Raunen, bald in ein dumpfes Brausen. Sie erreichten einen ziemlich breiten Wasserlauf, gebadet in den Glanz eines aufgehellten Himmels. Das Gewitter hatte sich verzogen und nur einige zerzupfte Wolken hinterlassen.

Élianta zog Sandro am Ufer entlang, wo sich mit einem Mal ein atemberaubendes Schauspiel bot. An dieser Stelle nämlich wurde die ganze Breite des Flussbetts von einer riesigen Felsplatte ausgefüllt, über die das Wasser strömte. Dahinter schoss es über zwanzig Meter senkrecht in die Tiefe, um dort in einem gewaltigen Schwall zu versprühen.

»Ich komme oft hierher«, sagte sie zu ihm. »Dieser Ort ist magisch.«

Sie stiegen den steilen Abhang hinab, setzten die nackten Füße auf die mit Wurzeln durchzogene Erde, um nicht zu stürzen. Dann umrundeten sie eine niedrige Böschung und gelangten unterhalb der Felsplatte, die weit hinaus ins Leere ragte, zum Wasserfall. Dieser Vorsprung bildete ein Dach, unter dem eine etwas zurückgesetzte steinerne Fläche die sichere Überquerung zu gestatten schien – in einem lang gestreckten Gang mit zwei Wänden, die eine aus Fels, die andere aus Wasser, das wie ein durchsichtiger Vorhang herabfiel.

Sandro spürte einen sanften Druck in seiner Hand, während Élianta ihm im Durchlass voranging.

Er bückte sich ein wenig, um den Kopf nicht anzustoßen, und tastete sich an der Wand entlang, um der Leere möglichst fernzubleiben. Zwischen dem Felsrand und dem feinen Wasservorhang klaffte eine fast ein Meter breite Lücke. Durch den Wasservorhang hindurch hatte man von oben eine verzerrte Aussicht auf das Tal, den Urwald und den Himmel.

Der Durchlass, durch den vorspringenden schwarzen Felsen vor der Sonne geschützt, gewährte eine überraschende, äußerst wohltuende Kühle. Auf halbem Weg ließ Élianta seine Hand los, und beide setzten sich auf den Boden, direkt gegenüber der blau und grün schimmernden Leinwand. Einen langen Moment verharrten sie in Schweigen. Trotz der verblüffenden Friedlichkeit des Ortes und der betörenden Gegenwart Éliantas an seiner Seite wurden Sandros Gedanken immer wieder von den Bildern der aufgebrachten Menge heimgesucht.

»Wo bist du?«, fragte ihn die junge Frau zärtlich.

Er seufzte.

»Krakus' Tod gibt deinem Volk nicht die Freiheit, die Unbekümmertheit und die Lebensfreude zurück. Das weiß ich nur zu gut.«

Élianta erhob keinerlei Widerspruch.

»Ich habe«, fuhr er fort, »eine Welt aus Illusionen geschaffen, die sich gegenseitig vervielfältigen, eine sinnlose Welt, die sich von selbst in Gang hält.«

Die Schamanin erwiderte nichts.

Sandros Blick verlor sich im Blau und Grün des fließenden Vorhangs, in all diesem Wasser, das strömte und strömte, ohne je zum Stillstand zu kommen. Ein Wasser so rein wie die Seele der Indianer vor seiner Ankunft, so flüssig wie ihr früheres Leben.

»Eine Welt voller Unglück«, fügte er hinzu.

Weder dieser außergewöhnliche Ort noch Éliantas Anwesenheit konnten ihn, und sei es nur für einen Augenblick, die Schwere seiner Taten vergessen lassen. Wohin er auch ginge, würden sie ihn verfolgen und beschmutzen, an ihm haften bleiben, als hätten sie sich festgesetzt in seiner Kleidung, in den Poren seiner Haut.

»Du hast so gehandelt, weil Krakus dich belogen und in die Irre geführt hat. Er ist der wahre Schuldige, nicht du.«

Sandro antwortete nicht.

»Deine einzige Verantwortung liegt darin, dass du nicht verzeihen konntest.«

Er nickte langsam, ohne die Augen vom Wasserfall abzuwenden. Schreckliche Rache üben zu wollen – das war wirklich das Schlimmste gewesen.

»Schlag ein neues Kapitel auf«, sagte sie. »Deine vergangenen Taten gehören nicht mehr zu dir. Es zählt nur, was du heute machst.«

Sandro seufzte.

»Leider verschwinden die Gewissensbisse nicht durch eine bloße Entscheidung … Diese Welt, die ich geschaffen habe, die das Bewusstsein auflöst und den Geist entfremdet, hat einen Punkt erreicht, an dem es kein Zurück mehr gibt. Was kann ich jetzt noch daran ändern?«

»Ich weiß, ich habe ihre Auswirkungen am eigenen Leib erfahren … und sie belasten mich weiterhin. Aber unser Bewusstsein kann erwachen. Ich werde mit allen sprechen …«

»Nein, tu das nicht! Sie werden dich kreuzigen …«

Élianta schwieg eine ganze Weile. Vor ihnen floss das Wasser herab, unentwegt, unbesorgt um das Getöse, das es zwanzig Meter tiefer erwartete.

Schließlich sagte sie mit äußerst ruhiger Stimme:

»Was wider die Natur ist, ist dem Untergang geweiht. Diese Welt wird an sich selbst zugrunde gehen, auch wenn das zwangsläufig lange dauert.«

Sandro betrachtete sie. Ihre schönen schwarzen Augen spiegelten das Licht des strömenden Wassers wider. Ihre Lippen waren voll und samtig wie reife Himbeeren. Ihre entspannten Gesichtszüge offenbarten keinerlei Unruhe oder Angst. Sie wirkte derart ausgeglichen und zuversichtlich, dass er sich unversehens erleichtert fühlte.

»*Ich* verzeihe dir«, sagte sie.

Er schloss die Augen, ließ sich von ihren sanften Worten durchdringen und bewunderte ihre Weisheit. Die junge Frau sprach und verhielt sich wie ein Philosoph. Er hingegen trug nur dessen Bezeichnung.

Minutenlang verharrte er so, ohne die geringste Bewegung. Mit geschlossenen Augen spürte er ihre Gegenwart neben sich.

Dann hörte er, wie sie aufstand, und öffnete die Augen. Sie kam näher, ergriff behutsam sein T-Shirt und zog es ihm über den Kopf. Er schauderte, als ihre Hände seinen Oberkörper berührten. Sie war so dicht an ihm, dass er den anmutigen Duft ihrer Haut riechen konnte.

Nun erhob er sich. Élianta umfasste seine Shorts, um sie nach unten zu ziehen, was ihr jedoch misslang. Rasch bemächtigten sich ihre Finger des Knopfs und des Reißverschlusses. Offenbar kannte sie diese westlichen Kleidungsstücke nicht, denn trotz ihrer Geschicklichkeit ließ keiner der beiden sich öffnen. Sandro, zunehmend aufgewühlt, beobachtete die zarten Finger, die sich hingebungsvoll der Aufgabe widmeten.

Die Indianerin stand leicht gebeugt vor ihm, sodass er den natürlichen Geruch ihrer Haare einatmen konnte, dessen sinnlicher Reiz seine letzten Widerstände betäubte und tief in ihm das Verlangen entfachte.

Einige Augenblicke später erreichte Élianta ihr Ziel und streifte mit sanfter Geste seine Hose herunter. Sandro war nackt, unfähig, seine Erregung zu verbergen, überwältigt von einer unsagbaren Mischung aus Scham und Stolz.

Sie schien seiner unpassenden Leidenschaft keinerlei Beachtung zu schenken. Ihre heitere Miene verriet nicht die geringste Regung. Er neigte sich langsam zu ihr, um sie zu küssen, aber sie ergriff seine Hand und zog ihn sacht hinter sich her. Er folgte ihr; zwei Schritte weiter, direkt am Rand des Abgrunds, hielt sie inne. Das Licht war schöner denn je. Das

Blau des Himmels nahm eine rosa Färbung an. Er näherte sich ihr.

»Spring, Sandro«, sagte sie mit sanftester Stimme.

Er dachte, sie würde scherzen, und lächelte ihr zu. Doch der besonnene Gesichtsausdruck der jungen Frau gab ihm zu verstehen, dass sie es ernst meinte.

Seine Erregung verschwand schlagartig.

»Ich glaube, du brauchst das«, fügte sie hinzu.

Er schaute in die Tiefe. Zwanzig Meter unter seinen Füßen brauste das Wasser und wirbelte Schaum auf.

»Aber das wird mich umbringen«, protestierte er.

Éliantas Blick verlor sich im Wasserschleier vor ihr.

»Unsere jungen Leute tun dies, um den Übergang ins Erwachsenenalter zu vollziehen«, erklärte sie, ungerührt auf das Wasser starrend. »Ein reinigendes Initiationsritual. Wer es schafft, wird zum Mann.«

»Wer es schafft …«, wiederholte Sandro nachdenklich.

Er hatte ebenso wenig Lust zu sterben wie in Éliantas Augen als Feigling zu erscheinen. Éliantas Augen … Sie spiegelten weiterhin das Licht des fließenden Wasserschleiers, den sie betrachtete. Augen, die Sandros Drang nach dem Leben weckten, nicht nach dem Tod. Ohne sie wäre ihm die Entscheidung wohl leichter gefallen. Von Schuldgefühlen verzehrt befand er sich in einer Sackgasse. Sich von all dem reinwaschen oder sterben – eine durchaus erwägenswerte Wette. Doch mittlerweile hatte die Situation eine andere Wendung genommen.

Er beugte sich noch einmal über den Abgrund. Tief unten wurde das Wasser unerbittlich umgewälzt, gepeitscht … Aus dieser Höhe zu springen war reiner Wahnsinn … Doch die Indianer taten es …

Marc Aurel … Wie hatte er angesichts eines Dilemmas reagiert? Marc Aurel … Marc Aurel … Das Bild des Philosophen tauchte nicht mehr auf … Seine Gedanken, seine Worte waren verschwunden … unzugänglich geworden. Marc Aurel, Berater und Leitfigur, ließ ihn im Stich …

Plötzlich fühlte Sandro sich allein; er allein musste über sein Handeln bestimmen, sein Leben wählen. Er zog die Hand zurück und schloss die Augen.

In diesem Zustand blieb er eine Weile, bis dann ein äußerst seltsames Gefühl sich in ihm regte. Ein neues, unbekanntes Gefühl, das aus dem Innersten aufstieg. Sein lange unterdrückter Instinkt machte sich wieder bemerkbar und flüsterte ihm zu, was er tun musste. Jetzt.

Er öffnete die Augen – und sprang in die Leere.

Élianta wartete einen Moment, beugte sich nach vorn und suchte das wild aufschäumende Wasser mit den Augen ab. Sie sah keinen Körper, forschte intensiv weiter nach ihm. Einige Zeit später richtete sie sich auf, die Kehle wie zugeschnürt. Aus Erfahrung wusste sie, dass es keine Hoffnung mehr gab. Sandro musste umgekommen sein, die Geister hatten es beschlossen. Das war so, sie konnte nur versuchen, die Wahrheit zu akzeptieren und sich damit abzufinden. Tränen schossen ihr in die Augen, und Élianta tat nichts, um sie zurückzuhalten.

Tief betrübt taumelte sie bis zum Ende des Durchgangs. Auf der anderen Seite fand sie die Wärme und die Düfte der Pflanzen wieder. Im rosafarbenen Abendhimmel stieg schon eine dünne Mondsichel auf. Bald würde die Nacht diesen traurigen Tag auslöschen, aber ihr Schmerz würde andauern, auch das wusste sie.

An diesem Ufer war der Hang zu steil für den Abstieg. Also schlug sie einen Rundweg durch den Wald ein, der genau zu der Stelle führte, wo der Fluss diejenigen ausspie, die er verschlungen hatte.

Sie näherte sich dem schrecklichen Ort. Sandros lebloser Körper, auf dem Rücken liegend, sanft gewiegt von den Wellen, die ans Ufer schwappten, erwartete sie.

Sie schob die Arme unter den Körper, zog ihn mühsam auf feste Erde und kniete sich daneben. Sein schönes Gesicht war entspannt, endlich befreit von den Qualen, die ihn heimgesucht hatten. Erneut spürte sie, wie ihr die Tränen kamen und über die Wangen liefen. Sie strich zärtlich über seine Haare, ließ ihre Finger durch die anmutigen schwarzen Locken gleiten. Sie hatte diesen Mann geliebt und liebte ihn, gegen ihren Willen, noch immer. Mit tränenüberströmten Augen drückte sie ihm einen Kuss auf die kalten Lippen, legte dann den Kopf auf seinen Oberkörper, schmiegte sich verzweifelt an ihn, sog seinen Geruch ein, presste ihn heftig an sich, seinen Tod verweigernd … Und da sah sie, was ein

Toter gewiss nicht mehr zu zeigen imstande ist. Jäh richtete sie sich auf.

»Sandro!«

Er rührte sich nicht, aber ein winziges Lächeln zeichnete sich um seinen Mund ab. Sie warf sich auf ihn und bedeckte seine Lippen mit Küssen. Sandro, Sandro war lebendig! Lange umarmten sie sich ungestüm, zärtlich, leidenschaftlich. Dann löste sie mit sanfter Geste ihren Lendenschurz, vergaß alles, vergaß sich selbst und vereinigte sich mit ihm. Die Zeit unterbrach ihren Gang, die Erde drehte sich nicht mehr. Élianta legte den Kopf in den Nacken. Der rosafarbene Himmel war zu Purpur geworden. Die einverständigen Sterne funkelten mit all ihrer Macht.

Dank

An dieser Stelle möchte ich meinen Verlegern Philippe Robinet und Pierre Dutilleul herzlich danken. Es ist ein wahres Glück, von positiv gestimmten und kompetenten Experten umgeben zu sein.

Dank auch an die Teams bei den Verlagen Kero und Plon, insbesondere an Mathieu Quéré, Béatrice Calderon, Camille Lucet, Stéphane Billerey, Caroline Rasmont und Catherine Eveno. Ebenso gilt mein Dank den Teams bei Interforum für ihre vollendete Arbeit.

Dank an Malika Whitaker für die grafische Gestaltung des Buches und an Philippe Marchand für den Umschlag.

Dank an Maria Guitart, Patrick Fichaux, Babeth Desplats, Isabelle Abbadie-Baousson und Carine Haniche für ihre hellsichtigen Hinweise.

Und schließlich danke ich meiner Frau Zoé für ihre unermüdliche Unterstützung und wertvolle Hilfe.